高等职业教育路桥工程类专业系列教材

道路与桥梁工程BIM建模基础

DAOLU YU QIAOLIANG GONGCHENG BIM JIANMO JICHU

主　编　王　凯　郭志峰　张　翠
副主编　陈　静　邵亚丽　韩兆辉
参　编　赵嘉玮　刘　渊　高　升
　　　　李东升　辛梦瑶　高　强
主　审　赵雪峰　高明星

重庆大学出版社

内容提要

本书结合道路与桥梁工程项目特点,从 BIM 技术相关理论、政策及发展趋势出发,结合实际应用案例介绍 BIM 技术在道路与桥梁工程中的应用,基于 Revit、Civil 3D、Dynamo、Navisworks、InfraWorks、BIM-FILM 等常用软件,详细介绍模型创建、施工模拟、碰撞检查、模型展示等相关应用及操作,引导读者快速入门,充分掌握各软件工作要点,发挥 BIM 技术优势。全书共 5 章,包括概述、道路工程建模、桥梁工程建模、参数化建模、模型整合与展示。

本书可作为高等职业院校道路与桥梁工程技术等相关专业教材,也可供相关专业工程技术人员参考使用。

图书在版编目(CIP)数据

道路与桥梁工程 BIM 建模基础/王凯,郭志峰,张翠
主编. 一 重庆:重庆大学出版社,2022.8
高等职业教育路桥工程类专业系列教材
ISBN 978-7-5689-3431-2

Ⅰ. ①道… Ⅱ. ①王… ②郭… ③张… Ⅲ. ①道路工
程—计算机辅助设计—应用软件—高等职业教育—教材②
桥梁设计—计算机辅助设计—应用软件—高等职业教育—
教材 Ⅳ. ①U412.6-39②U442.5-39

中国版本图书馆 CIP 数据核字(2022)第 119674 号

道路与桥梁工程 BIM 建模基础

主 编 王 凯 郭志峰 张 翠
副主编 陈 静 邵亚丽 韩兆辉
主 审 赵雪峰 高明星
责任编辑:肖乾泉   版式设计:肖乾泉
责任校对:刘志刚   责任印制:赵 晟

*

重庆大学出版社出版发行
出版人:饶帮华
社址:重庆市沙坪坝区大学城西路 21 号
邮编:401331
电话:(023) 88617190 88617185(中小学)
传真:(023) 88617186 88617166
网址:http://www.cqup.com.cn
邮箱:fxk@ cqup.com.cn(营销中心)
全国新华书店经销
重庆市联谊印务有限公司印刷

*

开本:889mm×1194mm 1/16 印张:17 字数:590 千
2022 年 8 月第 1 版   2022 年 8 月第 1 次印刷
印数:1—2 000
ISBN 978-7-5689-3431-2 定价:59.00 元

前　言

2021 年 12 月，国务院印发的《"十四五"数字经济发展规划》指出，数字经济是继农业经济、工业经济之后的主要经济形态，是以数据资源为关键要素，以现代信息网络为主要载体，以信息通信技术融合应用、全要素数字化转型为重要推动力，促进公平与效率更加统一的新经济形态。在充分发挥数据要素作用的同时，优化升级数字基础设施，明确有序推进基础设施智能升级，稳步构建智能高效的融合基础设施，提升基础设施网络化、智能化、服务化、协同化水平。高效布局人工智能基础设施，提升支撑"智能+"发展的行业赋能能力。加快推进能源、交通运输、水利、物流、环保等领域基础设施数字化改造。推动新型城市基础设施建设，提升市政公用设施和建筑智能化水平。

交通运输是国民经济中的基础性、先导性、战略性产业，是重要的服务型行业，也是社会进步的重要保障和标志。党的十八大以来，我国交通发展取得历史性成就、发生历史性变革，进入基础设施发展、服务水平提高和转型发展的黄金时期，进入高质量发展的新时代。"十四五"规划纲要提出要加快数字化发展、建设数字中国，构建现代综合交通运输体系，是适应把握引领经济发展新常态、推进供给侧结构性改革、推动国家重大战略实施、支撑全面建成小康社会并在此基础上全面建设社会主义现代化国家的客观要求，是完成"一带一路"建设、京津冀协同发展、长江经济带发展等规划的重要组成部分。

随着以云计算、大数据、物联网、移动互联网、人工智能等为代表的新兴数字技术快速发展、加快成熟和商业转化，数字经济成为经济发展中创新最活跃、增长速度最快、影响最广泛的产业领域。以信息技术为代表的科技革命持续推进的同时，我们又迎来了"智能时代"——互联网产业化、工业智能化、工业一体化人工智能、清洁能源、无人控制技术、量子信息技术、虚拟现实技术、生物技术等。BIM 技术作为实现建设工程项目全生命周期信息化、协同化、智能化的重要手段，也是工程建设领域向数字化转型、创新发展的强大动力。BIM 技术在交通领域的引入和发展较建筑业晚，目前仍处于起步阶段，但在国家政策不断推动和行业内部需求不断增强的大环境下，BIM 技术在交通领域的应用已势不可挡。

BIM 技术的应用可以贯穿交通基础设施的规划、勘察、设计、施工、运营维护等各个阶段，实现项目全生命周期各参与方在同一多维建筑信息模型基础上的数据共享，为精细化设计、工业化建造和产业链贯通提供技术保障；也可对工程环境、能耗、经济、质量、安全等方面进行分析、检查和模拟，为项目全过程的方案优化和科学决策提供依据；支持各专业协同工作，项目实现基于 BIM 技术的资源共享、协同管理；项目的整体虚拟建造也可解决道路、桥梁等里程较长、作业点多难以表现的难题，也可以为行车仿真、车辆行驶路线追踪、三维动态交通情况仿真模拟、停车模拟等奠定模型基础；项目 1:1 数字场景还原也可直观形象展示项目整体效果，辅助完成宣传展示工作。

本书结合道路与桥梁工程项目特点，从 BIM 技术相关理论、政策及发展趋势出发，结合实际应用案例介绍 BIM 技术在道路与桥梁工程中的应用，基于 Revit、Civil 3D、Dynamo、Navisworks、InfraWorks、BIM-FILM 等常用软件，详细介绍模型创建、施工模拟、碰撞检查、模型展示等相关应用及操作，引导读者快速入门，充分掌握各软件工作要点，发挥 BIM 技术优势。

本书由内蒙古建筑职业技术学院王凯、郭志峰和北京住总建设安装工程有限责任公司张翠担任主编，内蒙古建筑职业技术学院陈静、邵亚丽和北京中邦辉杰工程咨询有限公司韩兆辉担任副主编，内蒙古建筑职业技术学院赵嘉玮、李东升,内蒙古公路交通投资发展有限公司高升和北京中邦辉杰工程咨询有限公司刘渊、辛梦瑶、高强担任参编。北京工业大学赵雪峰教授、内蒙古农业大学高明星教授担任主审。

全书共分为 5 章,每章都由高校教师和企业专家合作编写,第 1 章由郭志峰、韩兆辉、辛梦瑶、李东升共同编写,包括 BIM 技术概念、国内外发展现状、常见 BIM 软件介绍等;第 2 章由王凯、刘渊共同编写,主要介绍 Civil 3D 的基本操作与应用;第 3 章由张翠、陈静共同编写,主要介绍 Revit 基础操作及应用;第 4 章由王凯、赵嘉玮共同编写,主要介绍 Dynamo 的基础应用;第 5 章由高升、邵亚丽、高强共同编写,主要介绍 Navisworks 进度模拟、InfraWorks 模型展示等基本操作与应用,以及 BIM-FILM 施工模拟制作基本操作与应用。全书由王凯统稿。本书在编写过程中,得到主审专家和行业同仁的大力支持和帮助,在此致以诚挚的感谢!

限于编者水平及经验,书中难免存在不足之处,恳请读者指正。

编　者
2022 年 4 月

目　录

第 1 章　概　述

1.1　BIM 技术发展及简介

1.1.1　BIM 技术发展

1）国外发展

BIM 的全称是"建筑信息模型（Building Information Modeling）"，BIM 技术被称为"革命性"的技术。1975 年，美国佐治亚理工学院查克·伊斯曼教授提出 BIM 概念。他在研究课题"Building Description System"中提出"a computer-based description of a building"，利用计算机对建筑物进行表达。建筑信息模型包含不同专业的所有信息、功能要求和性能，将一个工程项目的所有信息，如设计、施工、运营管理过程等全部整合到一个建筑模型中，以实现建筑工程的可视化和量化分析，提高工程效率。20 世纪末，BIM 技术进入发展阶段，随后在欧美等国家建筑、水利、交通等领域得到一定程度的应用。21 世纪初，BIM 技术率先在美国得到推广和应用，随后进一步推广到欧洲各国、韩国、日本、中国等国家。

美国是最早推广 BIM 技术的国家，也是颁布 BIM 标准最早的国家。早在 2007 年，美国国家建筑信息模型标准（National Building Information Modeling Standant，NBIMS）第一版颁布，于 2012 年颁布第二版，在 2015 年又颁布了第三版，推动美国建筑业 BIM 技术的应用与发展。一些美国政府机构应用 BIM 技术时间较早，如美国总务管理局（General Service Administration，GSA）、陆军工程兵团、Building SMART 联盟等都有相关要求，如所有招标的大型项目都必须应用 BIM 技术，所有军事建筑项目都使用 BIM 技术，所有建筑人员都必须会应用 BIM 技术等。此外，美国威斯康星州政府是美国第一个制定政策推广 BIM 技术的州政府，要求州内造价超过 500 万美元的新建大型公共建筑项目必须使用 BIM 技术。

英国政府要求强制使用 BIM 技术。2011 年 5 月，英国内阁办公室发布政府建设战略（Government Construction Strategy）文件，明确要求：到 2016 年，政府要求全面协同 3D·BIM，并将全部的文件以信息化管理。政府要求强制使用 BIM 技术的文件得到了英国建筑业 BIM 标准委员会［AEC（UK）BIM Standard Committee］的支持。迄今为止，英国建筑业 BIM 标准委员会已发布了英国建筑业 BIM 标准［AEC（UK）BIMStandard］、适用于 Revit 的英国建筑业 BIM 标准［AEC（UK）BIM Standard for Revit］、适用于 Bentley 的英国建筑业 BIM 标准［AEC（UK）BIM Standard for Bentley Product］，还在制定适用于 ArchiACD、Vectorworks 的 BIM 标准。这些标准的制定为英国的 AEC（Architecture、Engineering、Construction）企业从 CAD 过渡到 BIM 提供切实可行的方案和程序。

新加坡在推广 BIM 技术应用上也走在世界前列。BIM 技术的高速发展，离不开新加坡政府大力的推动。20 世纪末，新加坡政府就启动 CORENET（Construction and Real Estate NETwork）项目，用电子政务方式推动建筑业采用信息技术。2011 年，新加坡建设与工程局（Building and Construction Authority，BCA）颁布 2011—2015 年 BIM 路线图，目标是到 2015 年，新加坡整个建筑行业广泛使用 BIM 技术，路线图对实施的政策和相关措施都做了详细规划。2012 年，新加坡又颁布了《新加坡 BIM 指南》，要求新加坡政府部门必须带头在所有新建项目中应用 BIM 技术，并且鼓励在大学开始 BIM 相关课程，鼓励建筑行业从业者进行 BIM 技术再教育培训，还积极举办 BIM 设计大赛，吸引不同国家和地区的组织参加，从政府到企业再到高校都积极推动 BIM 技术应用，重视 BIM 技术人才的培养。

北欧国家如挪威、丹麦、瑞典和芬兰，是一些主要的建筑业信息技术的软件厂商所在地。这些国家是全球最早采用 BIM 模型做设计的国家，也在推动建筑信息技术的互用性和开放标准。北欧国家冬天漫长多雪，这使得建筑的预制化非常重要，也促进了包含丰富数据、基于 BIM 技术的发展，并推动这些国家及早进行 BIM 技术的部署。

由于北欧国家当地气候的要求以及先进建筑信息技术软件的推动，BIM 技术的发展主要是企业的自觉行为。如 2007 年，Senate Properties 发布一份建筑设计的 BIM 要求（Senate Properties' BIM Requirements for Architectural Design），自 2007 年 10 月 1 日起，Senate Properties 的项目仅强制要求建筑设计部分使用 BIM 技术，其他设计部分可根据项目情况自行决定是否采用 BIM 技术，但目标是全面使用 BIM 技术。

2009 年，大量的日本设计公司、施工企业开始应用 BIM 技术。日本国土交通省也在 2010 年 3 月表示，已选择一项政府建设项目作为试点，探索 BIM 技术在设计可视化、信息整合方面的价值及实施流程。日本建筑学会于 2012 年 7 月发布日本 BIM 技术指南，从 BIM 团队建设、BIM 数据处理、BIM 设计流程、应用 BIM 进行预算及模拟等方面为日本的设计院和施工企业应用 BIM 技术提供指导。

此外，韩国、澳大利亚等国家均在政府层面发布推广 BIM 技术的相关标准及政策，对我国 BIM 技术的发展与推广有很大的借鉴意义。

2）国内发展

香港房屋署自 2006 年起，已率先试用建筑信息模型，为成功地推行 BIM 技术，自行订立 BIM 标准、用户指南、组建资料库等设计指引和参考。这些资料有效地为建立模型、管理档案，以及用户之间沟通创造良好的环境。中国香港在 2009 年成立了香港 BIM 学会。2009 年 11 月，香港房屋署发布 BIM 应用标准。2010 年，中国香港的 BIM 技术应用已经完成从概念到实用的转变，处于全面推广的最初阶段。香港房屋署提出，在 2014、2015 年，BIM 技术将覆盖香港房屋署的所有项目。

自 2011 年起，住房和城乡建设部就开始发布多项相关政策推广 BIM 技术，交通运输部、国务院等也相继发布 BIM 技术有关政策，助推 BIM 技术在国内的推广与应用。

2014 年，住房和城乡建设部建筑领域也逐步掀起学习和应用 BIM 技术的热潮，国家和地方层面分别出台相关标准及政策扶持，大力推动 BIM 技术在国内的推广与研究。同年，住房和城乡建设部发布《建筑工程设计信息模型分类和编码标准》《建筑工程设计信息模型交付标准》《建筑工程信息模型应用统一标准》相关征求意见稿。

2015 年，住房和城乡建设部发布《关于推进建筑信息模型应用的指导意见》，明确提出推进 BIM 技术应用的发展目标，即"到 2020 年末，建筑行业甲级勘察、设计单位以及特级、一级房屋建筑工程施工企业应掌握并实现 BIM 与企业管理系统和其他信息技术的一体化集成应用。到 2020 年末，以下新立项项目勘察设计、施工、运营维护中，集成应用 BIM 技术的项目比例达到 90%：以国有资金投资为主的大中型建筑；申报绿色建筑的公共建筑和绿色生态示范小区"。同年，交通运输部发布《对我国桥梁技术发展战略的思考》，研发基于 BIM 技术的桥梁设计、管养系统。

2016 年，住房和城乡建设部发布《2016—2020 年建筑业信息化发展纲要》，重点指出：大力推进 BIM、GIS 等技术在综合管廊建设中的应用，建立综合管廊集成管理信息系统，逐步形成智能化城市综合管廊运营服务能力。在海绵城市建设中积极应用 BIM、虚拟现实等技术开展规划、设计，探索基于云计算、大数据等的运营管理，并示范应用。加快 BIM 技术在城市轨道交通工程设计、施工中的应用，推动各参建方共享多维建筑信息模型进行工程管理。在"一带一路"重点工程中应用 BIM 技术进行建设，探索云计算、大数据、GIS 等技术的应用。

2017 年，交通运输部发布《关于推进公路水运工程应用 BIM 技术的指导意见》。同年 9 月，交通运输部颁发《关于开展公路 BIM 技术应用示范工程建设的通知》，要求在公路项目设计、施工、养护、运营管理全过程开展 BIM 技术应用示范，或围绕项目管理各阶段开展 BIM 技术专项示范工作。

2018 年，交通运输部发布《关于推进公路水运工程 BIM 技术应用的指导意见》，为提升公路水运工程建设品质，落实全生命周期管理理念，决定在公路水运工程中大力推进 BIM 技术的应用。

2019 年，住房和城乡建设部印发《住房和城乡建设部工程质量安全监管司 2019 年工作要点》的通知，明确指出：稳步推进城市轨道交通工程 BIM 技术应用指南实施，加强全过程信息化建设。制定城市轨道交通工程创新技术导则,提升城市轨道交通工程质量安全保障水平。

2020 年,住房和城乡建设部印发《住房和城乡建设部工程质量安全监管司 2020 年工作要点》的通知,明确指出:推动 BIM 技术在工程建设全过程的集成应用。

2021 年,住房和城乡建设部发布《中国建筑业信息化发展报告(2021)》,指出要大力发展数字设计、智能生产、智慧施工和智慧运维,加快建筑信息模型(BIM)技术研发与应用。

随着 BIM 技术的影响不断深入,应用范围不断扩大,各地方政府也先后推出 BIM 技术相关政策。北京市、上海市在 2014 年先后发布《民用建筑信息模型设计标准》《关于推进建筑信息模型技术应用的指导意见》。上海市在该意见中明确指出,自 2015 年起,选择一定规模的医院、学校、保障性住房、轨道交通、桥梁(隧道)等政府投资工程和部分社会投资项目进行 BIM 技术应用试点。2016 年,BIM 管理技术应用成为《上海市重大基础设施建设管理"十三五"专项规划》七大重点指标之一。在之后发布的推广 BIM 技术应用的文件中,上海市更是将应用补贴政策列入其中,鼓励工程项目在设计、施工和运营阶段全部应用 BIM 技术。随后,广东、天津、湖南等省市也相继发布 BIM 技术推广指导意见,大力加快推进 BIM 技术的应用。

1.1.2　BIM 技术概念

《建筑信息模型应用统一标准》(GB/T 51212—2016)中,将 BIM 定义为:建筑信息模型(Building Information Modeling, BIM),是指在建设工程及设施全生命期内,对其物理和功能特性进行数字化描述与表达,并依此设计、施工、运营的过程和结果的总称(图 1.1)。

BIM 技术是一种多维(三维空间、四维时间、五维成本、N 维更多应用)模型信息集成技术,可以使建设项目的所有参与方(包括政府主管部门、业主、设计、施工、监理、造价、运营管理、项目用户等)从概念产生到完全拆除的整个生命周期内都能够在模型中操作信息以及在信息中操作模型,从而在根本上改变从业人员依靠符号、文字、图纸等传统形式进行项目建设和运营管理的工作方式,其信息库不仅包括描述建筑物构建的几何信息、专业属性以及状态信息,还包括非构件对象(如空间、运动行为)的状态信息,大大提高工程建设的信息集成化程度,从而实现在建设项目全生命周期内提高工作效率和质量的同时减少错误和降低风险。

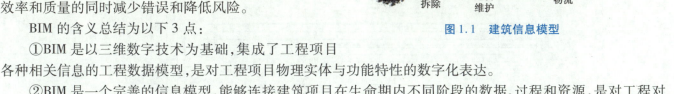

图 1.1　建筑信息模型

BIM 的含义总结为以下 3 点:

①BIM 是以三维数字技术为基础,集成了工程项目各种相关信息的工程数据模型,是对工程项目物理实体与功能特性的数字化表达。

②BIM 是一个完善的信息模型,能够连接建筑项目在生命期内不同阶段的数据、过程和资源,是对工程对象的完整描述,提供可自动计算、查询、组合拆分的实时工程数据,可被建设项目各参与方普遍使用。

③BIM 具有单一工程数据源,可解决分布式、异构工程数据之间的一致性和全局共享问题,支持建设项目生命期中动态的工程信息创建、管理和共享,是项目实时的共享数据平台。

1.1.3　BIM 技术应用的特点

CAD 技术实现了工程设计领域的第一次技术革命,从手工绘图转向计算机辅助制图。BIM 技术既包括建筑物全生命周期的信息模型,同时又包括工程管理行为的模型,将两者结合起来实现集成管理,实现了工程建设领域的第二次技术革命。BIM 技术已广泛应用在工程建设行业的各个领域,具有可视化、协调性、模拟性、优化性和可出图性等特点。

1）可视化

可视化即"所见所得"的形式,指建筑及构件、环境条件,包括相关设施、设备和材料的施工方案和建造过程以三维方式呈现出来,而不是在二维条件下抽象表达。BIM 技术的可视化能够反映构件之间的互动性和反馈性,不仅可以展示效果,还能生成图纸和报表,同时将整个项目全生命期内的设计、施工、建造、运维等相关活动信息都在可视化的状态下进行。实践证明,可视化是工程建设中的一项重要内容,图 1.2、图 1.3 所示为二维图纸与三维模型展示对比。

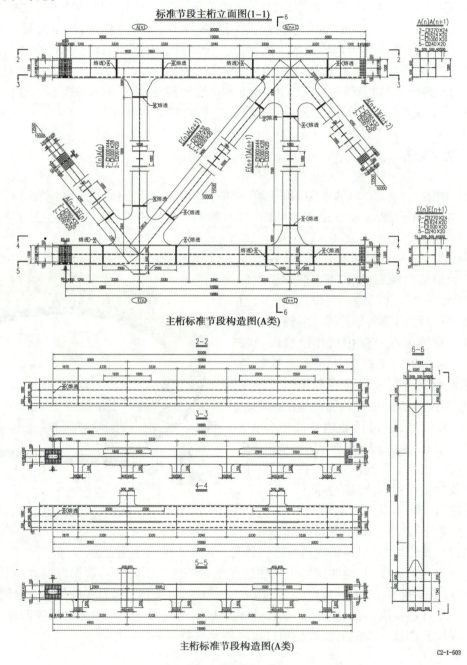

图 1.2　二维图纸(单位:mm)

2）协调性

协调性是工程建设中的重点内容,也是难点问题。它不仅包括各参与方内部的协调、各参与方之间的协调,还包括数据标准的协调和专业之间的协调。借助建筑信息模型,在一个数据源基础上,可以极大减少矛盾和冲突的产生。这是 BIM 技术最重要的特点和在实践中发挥广泛作用的价值体现,图 1.4 所示为交通导改模拟示意图。

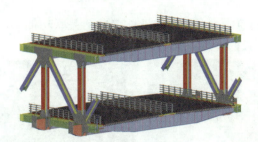

图 1.3　三维模型

图 1.4　交通导改模拟示意图

3）模拟性

BIM 技术的模拟性体现在设计阶段将虚拟建筑模型、环境等信息导入相关分析软件，借助这些信息和规则的设置，计算机可以按照要求自动完成分析，形成分析结果。与人工处理相比较，可以缩短分析时间，保证质量。在招标及施工阶段，相关技术人员可进行重点和难点部位施工方案的模拟，审视施工工艺过程，优化施工方案，验证可施工性，进行施工模拟、施工现场布置方案模拟等，从而提高施工的质量和效率，图 1.5 所示为场景模拟。

图 1.5　场景模拟

4）优化性

整个设计、施工、运营过程就是一个不断优化的过程，在 BIM 技术的基础上可以做更好的优化，图 1.6 所示为管线优化前后的对比图。没有全面、完整、准确、及时的信息，就不能在一定时间内做出判断并提出合理的优化方案。BIM 技术不仅可以解决信息本身的问题,还具有自动关联功能、计算功能,可最大限度地缩短优化过程时间,支持有利于相关方自身需求的优化方案。

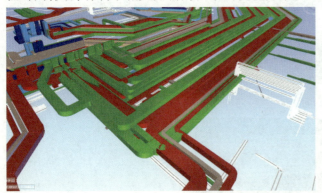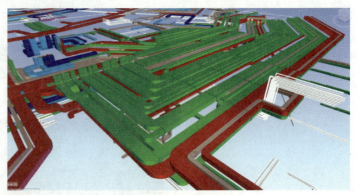

图 1.6　管线优化图

5)可出图性

运用 BIM 技术,不仅能进行建筑平面、立面、剖面及详图的输出,还可以生成碰撞报告及构件加工图等,也可以通过对建筑物进行可视化展示、协调、模拟、优化后,输出综合管线图(经过碰撞检查和设计修改,消除相应错误后)、综合结构留洞图(预埋套管图)、碰撞检查侦错报告和三维构件图,图 1.7 所示为桥梁构件图纸。

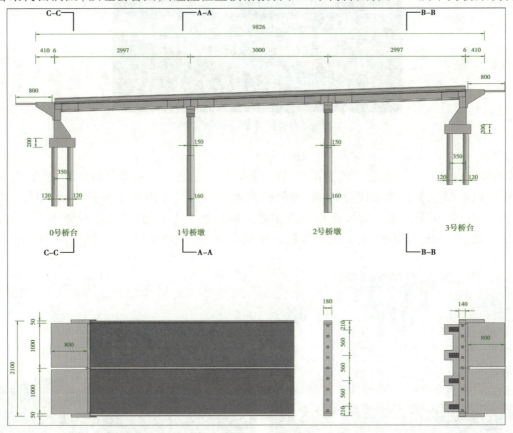

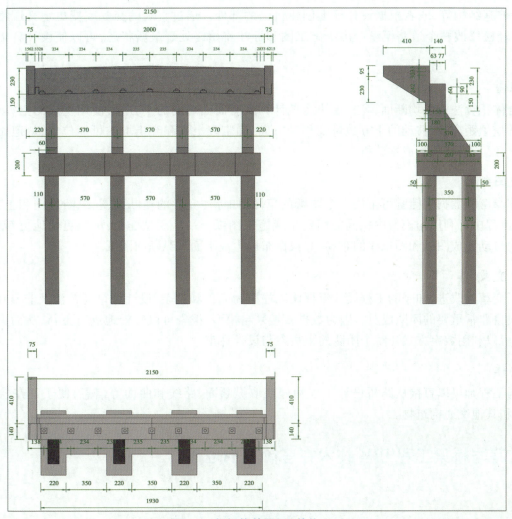

图1.7　桥梁构件图纸(单位:cm)

1.2　道路与桥梁工程 BIM 技术概述

1.2.1　道路与桥梁工程 BIM 技术发展历程与现状

与建筑行业相比,BIM 技术在交通领域的应用起步较晚,但在近几年发展迅速,很多企业已经完成 BIM 技术调研、软硬件采购、技术探索等过程,一些项目率先应用 BIM 技术,如北京奥运会奥运村空间规划及物资管理信息系统、南水北调工程以及港珠澳大桥项目等。BIM 技术的应用贯穿于项目的设计阶段、施工阶段以及维护管理阶段。目前,BIM 技术已受到广泛重视,BIM 技术应用的最大价值在于打通道路与桥梁建设的全生命周期。国内一些具有前瞻性与战略眼光的施工企业开始思考如何应用 BIM 技术来提升项目管理水平与企业核心竞争力。

科技部"十二五"的重点研究项目《路桥行业信息化关键技术研究与应用》将 BIM 技术列为关键技术。同时,BIM 技术也被住房和城乡建设部认可,称其为"建筑信息化的最优解决方案"。由此可见,BIM 技术对工程建设行业有着举足轻重的作用,交通行业也可以对其进行引入。在这样的背景下,道路与桥梁工程和 BIM 技术结合成为必然。巨大的建设体量带来大量沟通和实施环节的信息流失,BIM 技术带来的信息整合重新定义了设计流程,能够很大程度上改善这一状况。此外,建筑生命周期管理和节能分析也在很大程度上满足了可持续发展和国家资金规划管理信息化的需求。BIM 技术在道路与桥梁工程中应用如下。

1)高效建模

BIM 技术可以更高效地设计道路和工程模型,同时可以利用内置的部件,根据常用设计规范更迅速地设计交通标识、桩基结构等,或者根据设计标准创建自己的部件。通过直观的交互或变更定义道路横断面的输入参数,即可轻松修改整个道路模型。由于施工图和标注将始终处于最新状态,可以使设计者集中精力优化设计。

2)计算工程量

利用复合体积算法或平均断面算法,更快速地计算现有曲面之间的土方量;使用生成的土方调配图表,用以分析合适的挖填距离;取移动的土方数量及移动方向,确定取土坑和弃土堆的可能位置;从道路模型中可以提取工程材料数量,进行项目成本分析。

3)快捷生成图纸

使用外部参考和数据快捷键可生成多个图纸的草图,如标注完整的横断面图、纵断面图和土方施工图等。这样,在工作流程中可利用与模型中相同的图例生成施工图纸。一旦模型变更,可以更快地更新所有施工图,按照路线走向自动完成图纸和图幅线的布局,并根据布局生成平面和纵断面图纸。

4)响应设计变更

经过不断变革与改进,如今的工程设计流程比以往更为完善和复杂,设计评审通常涉及非 CAD 使用者,但同时又是对项目非常重要的团队成员。因为数据直接来自模型,报告可以轻松地进行更新,从而更迅速响应设计变更,并且可以利用数字方式让整个团队的人员参与设计评审。

5)多领域协作

路桥结构工程师可以直接从路桥设计工程师处获取纵断面、路线和曲面等信息,便于其在软件中设计桥梁、箱形涵洞和其他交通构筑物。

1.2.2 道路与桥梁工程 BIM 技术在各阶段的应用

1)设计阶段

BIM 技术下的建模设计过程是以三维状态为基础,不同于 CAD 基于二维状态下的设计。在常规 CAD 状态下的设计,绘制墙体、柱等构件没有构件属性,只是由点、线、面构成的封闭图形。而在 BIM 技术下绘制的构件本身具有各自的属性,每一个构件在空间中都通过 X、Y、Z 坐标标记各自的独立属性。设计过程中,设计师能通过计算机屏幕虚拟出三维立体图形,达到三维可视化下的设计,同时构建的模型具有各自的属性,如桩、柱,点击属性可知柱子的位置、尺寸、高度、混凝土强度等。这些属性可以保存为信息模型,为后续设计提供数据支撑。

(1)全新三维状态下可视化的设计方法

传统条件下,道路与桥梁工程建筑结构概念设计主要依靠建筑师的设想构建出建筑平面和立面体型,但是直观表述建筑师的设想较为困难,通常借助制作幻灯片向业主表达自己的设计概念,业主有时不能直接理解设计概念的内涵。

在三维可视化条件下进行设计,三维状态的建筑能够借助计算机呈现,并且能够从各个角度全方位观察,虚拟阳光、灯光照射下建筑各个部位的光线视觉均可模拟,为道路与桥梁工程建筑结构概念设计和方案设计提供方便;同时,设计过程中,通过虚拟人员在道路与桥梁工程内的活动,直观地再现人在真正建筑中的视觉感受,使建筑师和业主的交流变得直观。

在传统的二维状态下进行设计,对于高、大、新、奇的道路与桥梁工程建筑物,道路与桥梁工程建筑师、结构师都很难理解各个构件在空间上的位置和变化,设备工程师、电气工程师更难在空间建筑内进行设备、管线的准确定位和布置,使得道路与桥梁工程建筑、结构与设备、管线位置关系容易出现矛盾,影响设计图纸的质量。在三维可视化条件下进行设计,各个构件的空间位置都能够准确定位和再现,在共享平台实现各个专业之间的协同设计。设备工程师等能够在建筑空间内合理布置设备和管线位置,并通过专门的碰撞检查,消除各种构件之间的矛盾。通过软件的虚拟功能,设计人员可以在虚拟道路与桥梁工程建筑物内对各位置进行细部尺寸的观察,方便进行图纸检查和修改,从而提高图纸的质量。

（2）提供不同专业之间协同设计的数据共享平台

传统条件下，各个专业间的建筑模型设计数据不能相互导出、导入，使各个专业间缺乏协作沟通，即使设计院内部通过大量的技术把关，也只能解决建筑和结构间的构件尺寸统一问题，水电、暖通和建筑、结构间的构件冲突都只能在施工过程中再进行修改。因此，各专业图纸间的矛盾众多，导致施工过程中变更加大，施工单位在施工过程中协调的难度可想而知；设计单位不断调整设计变更增加工作量，造成工程成本增加，达不到业主要求。

运用 BIM 技术的设计，各个专业通过相关的三维设计软件协同工作，能够最大限度地提高设计速度，并且建立各个专业间共享的数据平台，实现各个专业的有机合作，提高图纸质量。

（3）方便、迅速地进行方案经济技术优化

在 BIM 技术下进行设计，专业设计完成后将工程各个构件的基本数据导入专门的工程量计算软件，可以分析出拟建建筑的工程预算和经济指标，能够立即对建筑的技术、经济性进行优化设计，提高方案选择的合理性。

2）施工阶段

在施工阶段，运用 BIM 技术建立虚拟施工和施工过程控制、成本控制模型。该模型能够将工艺参数与影响施工的属性联系起来，以反映施工模型与设计模型间的交互作用。通过 BIM 技术，实现 3D+2D（三维+时间+费用）条件下的施工模型，保持了模型的一致性及模型的可持续性，实现虚拟施工过程各阶段和各方面的有效集成。BIM 技术在施工阶段具体应用价值体现在以下 5 个方面：

（1）三维渲染，宣传展示，给人以真实感和直接的视觉冲击

根据施工计划，形象地展示场地和大型设备的布置情况、复杂节点的施工方案、施工顺序的选择。进行 4D 模拟，对不同的施工方案进行对比选择等。建好的 BIM 模型可以作为二次渲染开发的模型基础，显著提高三维渲染效果的精度与效率，给业主更为直观的宣传介绍，提高中标可能性。

（2）快速算量，大幅提升精度

BIM 数据库的创建，通过建立 6D 关联数据库，可以准确快速计算工程量，提升施工预算的精度与效率。由于 BIM 数据库的数据精细度达到构件级，可以快速提供支撑项目各条线管理所需的数据信息，有效提升施工管理效率。通过 BIM 模型提取材料用料、设备统计、管控造价，预测成本造价，从而为施工单位项目投标及施工过程中的造价控制提供合理的依据。

（3）精确计划，减少浪费

施工企业精细化管理很难实现的根本原因在于海量的工程数据无法快速准确获取以支持资源计划，导致经验主义盛行。而 BIM 技术可以让相关管理人员快速准确地获取工程基础数据，大大减少资源、物流和仓储环节的浪费，可为施工企业实现限额领料、消耗控制等提供有效技术支撑。

（4）模拟施工，有效协同

三维可视化功能再加上时间维度，可以进行虚拟施工。随时随地、直观快速地将施工计划与实际进展进行对比，同时进行有效协同。施工方、监理方，甚至非工程行业出身的业主都能够对工程项目的各种问题和情况了如指掌。通过 BIM 技术结合施工方案、施工模拟和现场视频监测，大大减少建筑质量、安全问题，减少返工和整改的次数。

（5）碰撞检查，减少返工

BIM 技术最直观的特点在于三维可视化，利用 BIM 三维技术在前期可以进行碰撞检查，优化工程设计，减少在施工阶段可能存在的错误导致损失和返工的可能性，而且提供优化净空、优化管线的排布方案。施工人员可以利用碰撞优化后的三维管线方案，进行施工交底、施工模拟，提高施工质量，同时也提高与业主之间沟通的能力。

3）运维阶段

运维阶段应用包括提供空间管理、设施管理、隐蔽工程管理、应急管理、节能减排管理等。

1.2.3 道路与桥梁工程 BIM 技术应用发展方向

随着 BIM 技术在交通领域的应用向务实应用期转变，建设、设计、施工等单位加快推进 BIM 技术在交通领

域应用的步伐,涌现出一大批典型示范项目。BIM 技术作为各业务底层的集成可视化工具,在交通领域的应用逐渐出现协同化、轻量化、全生命周期应用等发展方向。

1)协同化

目前,基于 BIM 技术的底层基座,多单位用户、多源数据融合的平台协同价值逐步体现出来,如设计院大量应用的数字化设计协同管理平台、施工期的 BIM 施工综合管理与协同平台、运营期的 BIM 数字化管养一体化协同平台以及交付协同平台等。基于 BIM 技术的底层基座工程应用协同化逐步得到推广。

2)轻量化

随着云服务、移动互联网的不断深入应用,目前基于 B/S 架构的网页端 BIM 应用已成为一个重要的应用趋势和方向,对 BIM 模型的轻量化提出更高要求。

BIM 模型包含的构件数量多、几何信息和属性量大,模型打开耗时长、浏览不畅,模型交互体验差。模型轻量化是 BIM 技术应用中需要解决的关键问题。BIM 技术交付标准中一般规定模型的精度等级,精度等级越高,包含的信息越多。在模型显示交互时,通过降低精度等级的方式可以实现模型轻量化。面向设计平台的 BIM 模型轻量化处理技术包括部件删减、部件合并、部件减面、Engineering IP Control 轻量化模块、导出用于复核的 3DXML、分区域分专业建模等。面向 Web 浏览器的轻量化技术包括 WebGL(Web graphics library)轻量化、"数据网格划分与重组-几何数据压缩"轻量化、基于 Web3D 的 BIM 轻量化等。

3)全生命周期

BIM 技术应用的最大价值在于打通建筑的全生命周期。随着三维建筑信息模型数据从规划、设计到施工、运营维护各个阶段不断得到完整、丰富、整合与升级,其核心价值如可持续设计、海量数据管理、数据共享、工作协同、碰撞检查、造价管控等也不断得到体现。

1.3 常见 BIM 软件介绍

近年来,随着 BIM 技术的不断发展,BIM 技术的应用领域从单一的建筑领域向交通基础设施领域广泛延伸,涵盖道路、桥梁、隧道及交通工程等多专业,并覆盖设计、施工和运维等多阶段。由于建筑结构与交通基础设施结构形式差异巨大,现有建筑领域的 BIM 技术还不能全面应用于交通基础设施领域。目前,交通基础设施领域 BIM 技术应用实践较短,技术沉淀不足,存在着建模困难、可视化程度不高、难以在工程中有效应用等问题。

在 BIM 技术引进前期,不可回避的是 BIM 软件平台选取的问题。目前,市场上应用广泛的 BIM 建模平台软件厂商有 Autodesk、Bentley、Nemetschek、Dassault 等(图 1.8)。

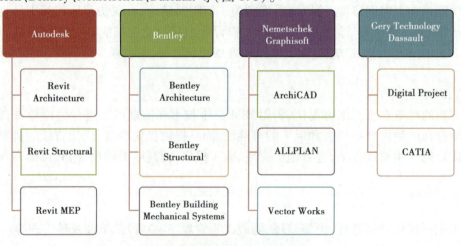

图 1.8　主流商用 BIM 软件平台

1.3.1 常用软件平台介绍

1）Autodesk

目前,Revit 是国内比较主流的 BIM 软件,因为其强大的族功能,上手容易,深受设计和施工企业喜爱。旗下包括 Architecture、Structure、MEP、Naviswork、Quantity Takeoff、Robot Structural Analysis、Ecotect Analysis 等。其特点是,国内建筑市场占有率高,通用性强,功能强大,且易学易用;支持多种类型文件;基于 CAD 基础,国内最为常见,学习资料比较丰富。

2）Bentley

Bentley 建筑、结构和设备系列在工厂设计(石油、化工、电力、医药等)和基础设施(道路、桥梁、市政、水利等)领域优势明显。Bentley 主要应用在基础设施建设、海洋石油建设、厂房建设等。旗下包括 Architecture、Structual、Building、Mechanical Systems、Building Electrical Systems 等。其特点是,可以支持 DNG 和 DWG 两种文件格式。这两种格式是全球 95% 基础设施文件格式,可直接编辑,非常便利;可以将模型发布到 GoogleEarth,可以将 Sketchup 模型导入其中;支持任何形体较为复杂的曲面;能记录编修流程,可比较图形编修前后的差异。

3）Nemetschek

2007 年,Nemetschek 公司收购 Graphisofty 以后,ArchiCAD、ALLPLAN、VectorWorks 3 个产品就归属同一个公司。其中,国内同行最熟悉的是 ArchiCAD,属于一个面向全球市场的产品,应该说是最早的一个具有市场影响力的 BIM 核心建模软件,但是在中国由于其专业配套的功能(仅限于建筑专业)与多专业一体的设计院体制不匹配,很难实现业务突破。ArchiCAD 是最早的 3D 建模软件,可以自动生成报表,通过网络可以共享信息,在建模应用方面较有优势。旗下包括 ArchiCAD、Artlantis Studio、Eco Designer、MEP 等。其特点是,支持 MacOS 系统;彩显工具简单易用;拥有丰富的物件资料库以及支持外部程序。

4）Dassault

Dassault(达索)公司的 CATIA 是全球最高端的机械设计制造软件,在航空、航天、汽车等领域应用广泛。应用到工程建设行业,无论是对复杂形体还是超大规模建筑,其建模能力、表现能力和信息管理能力都较传统的建筑类软件有明显优势,不足之处是与工程建设行业的项目特点和人员特点的对接问题。Digital Project 是 Gery Technology 公司在 CATIA 基础上开发的一个面向工程建设行业的应用软件(二次开发软件),其本质还是 CATIA。对于大型桥隧工程三维设计实施方法,已有利用达索平台中的 CATIA 软件,研究 BIM 三维设计实施方法,建立一套基于骨架驱动理念的三维设计流程。

近年来,在《科技部关于发布国家重点研发计划"信息光子技术"等"十四五"重点专项 2021 年度项目申报指南的通知》和《交通基础设施重点专项 2021 年度项目申报指南》中,提出研究交通基础设施数字化工业软件体系架构;开发具有全生命周期、数字信息交互和多模态运输基础设施互通能力的交通基础设施数字化工业软件。国内部分企业也在搭建国产 BIM 建模与协同平台软件,如上海鲁班、上海同豪土木、晨曦科技、橄榄山软件等。除此之外,部分大型设计院与研究机构探索搭建 BIM 协同应用平台软件,如交通运输部公路科学研究院智慧桥梁团队开发的 BIM 平台已实现通过 IFC 文件完成 BIM 各商业软件 Autodesk、Bentley、Tekla(钢结构)的融通,各商业软件模型均可用 IFC 格式导入平台、IFC2X3 结构数据。

1.3.2 本书使用主要软件介绍

目前,常用 BIM 软件已多达几十种。但对这些软件,却很难给出一个科学、系统、精确的分类。在国内 BIM 技术应用行业产生一定影响的主流分类为何氏分类法。各类型 BIM 软件总体相互关系如图 1.9 所示。

图 1.9　各类型 BIM 软件总体相互关系图

1）Revit

Revit 是国内民用建筑领域里，最为常用的 BIM 建模软件，原属于 Revit Technology 公司，现为 Autodesk 的 BIM 软件，是以 Revit Architecture 为核心。Revit Architecture 位居 BIM 软件市场领导地位，主要可搭配 Revit Structure、Revit MEP，进行结构分析及管线设计。Autodesk 旗下所开发的软件互操作性强，均可与 Revit 整合，如 Autodesk Quantity Takeoff（数量计算）、Autodesk Navisworks（施工排程）、Autodesk Robot Structural Analysis（结构分析）、Autodesk Ecotect Analysis（能源分析）等，以达到完全整合建筑信息的目的。

Revit 的特色是学习过程较为简易，其各项功能是经过良好设计并具备人性化操作，且软件内部包含由第三方软件所发展而成的广大对象数据库。此外，Revit 允许以更新变动绘图以及模型的浏览视角为基础多方位地产生及管理其对应信息，也支持在相同项目中同时进行模型作业与操作，其中更包含一个出色的对象数据库，以支持多重用户的需求。

2）Navisworks

Autodesk Navisworks 软件能够将 AutoCAD 和 Revit 系列等应用创建的设计数据，与来自其他设计工具的几何图形和信息相结合，将其作为整体的三维项目，通过多种文件格式进行实时审阅，而无须考虑文件的大小。Navisworks 软件可以帮助所有相关方将项目作为一个整体来看待，从而优化从设计决策、建筑实施、性能预测和规划直至设施管理和运营等各个环节。它能将很多种不同格式的模型文件合并在一起，基于该能力产生了 3 个主要的应用功能：漫游、碰撞检查、施工模拟。

Autodesk Navisworks 软件系列包括 3 款产品，能够加强对项目的控制，使用现有的三维设计数据透彻了解并预测项目的性能，即使在最复杂的项目中也可提高工作效率，保证工程质量。Autodesk Navisworks Manage 软件可供设计和施工管理专业人员全面审阅解决方案，用于保证项目顺利进行。Autodesk Navisworks Manage 将精确的错误查找和冲突管理功能与动态的四维项目进度仿真和照片级可视化功能完美结合。

Autodesk Navisworks Simulate 软件能够精确再现设计意图，制定准确的四维施工进度表，超前实现施工项目的可视化。在实际动工前，就可以在真实的环境中体验所设计的项目，更加全面地评估和验证所用材质和纹理是否符合设计意图。

3）AutoCAD Civil 3D

AutoCAD Civil 3D（简称 Civil 3D）是根据专业需要专门定制的 AutoCAD，是业界认可的土木工程道路与土石建模的软件，可以加快设计理念的实现过程。它的三维动态工程模型有助于快速完成道路工程、场地、雨水/污水排放系统以及场地规划设计。所有曲面、横断面、纵断面、标注等均以动态方式链接，可以更快、更轻松地评估多种设计方案、做出更科学的决策并生成最新的图纸。

测量命令已完全集成到 Civil 3D 工具集和用户界面中。用户可以在完全一致的环境中进行各种工作，包括从导入外业手簿、最小二乘法平差和编辑测量观测值，到管理点编组、创建地形模型以及设计地块和路线。

Civil 3D 增加对 Civil 3D 模型中核心元素的多用户项目支持，从而提高项目团队的效率，并降低在项目周期内进行修改时出现协调性错误的风险。Civil 3D 中的项目支持利用 Autodesk Vault 的核心数据管理功能，从而确保整个项目团队可以访问完成工作所需的数据。

Civil 3D 标准可以方便地在整个企业组织中使用,从等高线的颜色、线型和间距,到横断面或纵断面标注栏中显示的标签,各种标准均可以在样式中进行定义。该样式将用于整个设计和生成图纸的过程。

4)InfraWorks

InfraWorks 是一款功能强大的设计工具,具备可视化、信息化、参数化方面的优势,同时作为一款集成化的软件,包括三维建模、概念设计、工程分析、方案比选、漫游展示等实用模块。其主要功能包括以下 3 个方面:

(1)基础设施模型创建及支持多种格式数据

InfraWorks 具有专业的城市基础设施要素绘制功能,在此基础上可根据城市场景要求进行参数化编辑。利用这两项功能可快速创建城市基础设施三维模型,包括道路、建筑、土地区域、铁路、树排、交叉路口、城市家具、管线、河流、树丛、道路隔离带、覆盖范围、管线接头、水域等多项内容。

InfraWorks 还可兼容多种不同数据格式,有助于呈现效果更佳的城市地上三维场景和地下管网三维可视化模型,也为城市轨道交通线路规划设计提供基础。

(2)方案的管理及分析

InfraWorks 可在同一城市场景下创建多个不同的线路规划方案。通过鼠标点击切换方案,设计师和其他利益相关方可在同一个真实的场景下直观地对比不同的方案,提高决策效率。

完成方案设计后,可对设计成果进行各种分析,验证该设计可行性,包括主题分析(地形、要素和点云)、测距(点到点距离、路径距离、测距仪)、地形统计信息(面积、填挖体积)等。

(3)可视化演示

InfraWorks 还具有多种与可视化相关的功能,使设计师能够在真实场景中使用可视化成果展示其设计方案。可设置时间和日期,以模拟光照阴影效果。使用"视觉效果"面板控制一系列的视觉效果,同时可配合使用日光、风和云设置以自定义模型的外观。通过自带的渲染引擎,可对模型进行渐进式渲染,并可将渲染图片保存在本地电脑。通过故事版功能,可录制逼真的线路漫游视频,完成设计方案的动态演示。

复习思考题

1.1　BIM 技术在道路与桥梁工程中有哪些应用?

1.2　BIM 技术的发展趋势是什么?

1.3　常用的 BIM 软件有哪些,各有什么优缺点?

第2章　道路工程建模

2.1　Civil 3D 基础知识

2.1.1　AutoCAD Civil 3D 简介

AutoCAD Civil 3D(简称 Civil 3D)是 Autodesk 公司一款面向土木工程设计与文档编制的建筑信息模型(BIM)软件,广泛适用于勘察测绘、地形地貌、岩土工程、道路交通、水利水电、地下管网、土地规划等领域。Civil 3D 可提供测量、三维地形处理、土方计算、场地规划、道路和铁路设计、地下管网设计等先进的专业设计工具。使用这些工具可以创建和编辑测量要素、分析测量网络、精确创建三维地形、平整场地并计算土方、进行土地规划、设计平面路线及纵断面、生成道路模型、创建道路横断面图和道路土方报告、设计地下管网等,还可以同时生成各种标注,并与模型关联实现自动更新,极大提高设计效率和设计质量。

此外,Civil 3D 还集成了 Autodesk 公司一款强大的地理信息系统软件——AutoCAD Map 3D。该软件提供基于智能行业模型的基础设施规划和管理功能,可帮助集成 CAD 和多种 GIS 数据,为地理信息、规划和工程决策提供必要信息。

1)功能介绍

Civil 3D 基于 AutoCAD 核心架构设计,Civil 3D 软件包含 AutoCAD 软件的全部功能,同时 Civil 3D 软件的操作界面和 AutoCAD 软件的操作界面基本类似。通过不同工作空间的切换及自定义界面功能,可以将 Civil 3D 转换到不同的工作界面,AutoCAD 中的快捷键和二次开发的程序同样在 Civil 3D 中可以使用。Civil 3D 还具有以下特点:

(1)丰富的三维模型

在 AutoCAD 出现之前,图纸都采用手绘,表现形式单一,且是二维图纸(图2.1)。随着 AutoCAD 的出现,画图效率快速提高,在 AutoCAD 软件里面不仅可以快速绘制二维图纸,也可以绘制一些简单的三维模型来表达设计思路。

随着计算机技术的发展,BIM 技术和 VR 技术成为未来土木工程设计主要采用的一种工具和手段。Civil 3D 在设计过程中以三维的视角去观察整个设计过程,能让设计师和业主之间的交流更加直观高效。

Civil 3D 不仅具有丰富的三维模型,还可以对地形和线性对象进行准确建模,通过创建的模型,再以三维的形式展示出来,让设计更直观(图2.2)。

(2)在动态环境中共享数据

Civil 3D 另一个重要的特点就是协同设计,可以根据项目的大小和复杂程度、参与人员的多少选择合适快捷的数据共享协同方式。Civil 3D 提供 3 种数据共享的方式:外部参照、数据快捷方式和 Autodesk Vault 中的对象引用。

①外部参照。Civil 3D 的外部参照和 AutoCAD 的外部参照功能一样。外部参照可以将其他图形的整个内容作为仅显示对象插入到当前图形,作为底图以供参考。

②数据快捷方式。数据快捷方式是一项非常重要的功能,能灵活快捷地使用数据快捷方式,可以在项目修改中大大提高工作效率。

图 2.1　手绘二维图纸

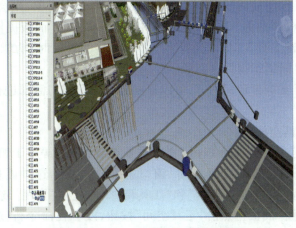

图 2.2　Civil 3D 创建的道路和管网

数据快捷方式提供对象的完整参照副本,可将其从一个图形导入到一个或多个其他图形中。例如,创建一条路线,将其创建一个数据快捷方式,然后再创建另一个纵断面的文件,将原始曲面、路线通过数据快捷方式引用过来,设置好标签、标签样式、图框等信息后完成纵断面和平面道路的出图。路线位置发生了变化,只需要修改路线文件中的路线,然后更新路线的数据快捷方式,平面及纵断面图中的数据就会同步变化,不需要再重新设定标签等。这种情况对目前设计中经常修改的情况非常实用,能节省大量的时间。

为使多个用户使用一个数据快捷方式,该数据快捷方式必须存储于所有用户均可访问的网络位置。可以使用数据快捷方式参照曲面、路线、纵断面、道路、管网和图幅组对象。如果源图形中参照的对象发生更改,则这些更改将在参照该对象的任何图形中更新。

③Autodesk Vault 中的对象引用。Autodesk Vault 能够帮助设计和工程设计工作组管理创建、仿真和文档编制流程。用户能够节省整理模型和文件的时间、管理变更流程,以避免成本高昂的错误,并以更高的效率发布和修改设计。该数据管理软件能够以标准配置部署或通过定制满足独特需求,进而帮助用户更快地实施并获得高效的投资回报。

(3)信息的集成

Civil 3D 是一款面向土木工程设计的 BIM 软件,BIM 系列软件的共性是不仅具有三维模型,还可以在模型的基础上存储更多的属性数据。根据项目的不同阶段和要求,不同的数据被创建和整合在 BIM 模型中,以实现项目在各个阶段中的目标。

2)软件界面

Civil 3D 界面中增加了一些用于创建和管理土木工程设计信息的工具,从而增强了标准 AutoCAD 环境。AutoCAD 标准功能(如命令行和功能区)在 Civil 3D 中的工作方式与在 AutoCAD 中的工作方式相同(图 2.3)。

图 2.3　功能区

(1)功能区

功能区是 Civil 3D 访问命令和功能的主要界面。功能区由一系列选项卡组成,每个选项卡又由不同的功能面板组成。不同任务命令有不同的标记图标,可以通过点击面板上的命令按钮启用该命令。

通常,功能区在默认情况下处于打开(显示)状态,可使用"Ribbon"和"Ribbon-Close"命令显示或关闭。功能区选项卡有两种类型:静态选项卡和上下文选项卡。

①静态选项卡在功能区打开后始终显示,其中包含绝大多数 Civil 3D 中的功能。

②上下文选项卡在选择 Civil 对象或者调用特定对象的命令时自动显示。上下文选项卡中包含与当前选择对象相关的命令。在上下文选项卡最右侧包含一个"启动平台"面板。通过该面板,可以访问与选择对象相关

的下一步工作所使用的命令。例如,如果选择曲面对象,则会显示"曲面"上下文选项卡,其中包括与曲面相关的各项命令。"曲面"上下文选项卡中的"启动平台"面板提供下一步可能要使用的多个命令,如"创建纵断面"和"放坡创建工具"。同时选择多个不同类型的对象时,功能区将显示"多个"上下文选项卡。上下文选项卡使得复杂的界面组织得井井有条。

功能区支持自定义内容,可以根据自身的习惯与需求进行修改,也可以将二次开发的插件集合成为一个对象命令。

(2)工具空间

"工具空间"窗口是 Civil 3D 的重要组成部分,常用于访问命令、样式和数据。"工具空间"窗口主要分为 4 个选项面板,分别是"浏览""设定""测量"和"工具箱"。通过在"常用"选项卡的"选项板"面板上点击"工具空间"按钮,或者在命令行输入"Toolspace"即可打开"工具空间"窗口。同样,可以在"常用"选项卡的"选项板"面板上控制可见状态。右击这些选项卡上的各个集合或项目可以访问命令,如图 2.4 所示。

①浏览选项卡:以树形列表方式将 dwg 文件中的模型对象展示出来。这与 AutoCAD 有很大的区别。在 Civil 3D 中创建一个几何空间点、曲面等 Civil 3D 的对象数据,都将展示在相关的列表中。

②设定选项卡:用来组织各种对象样式、标签样式等的设置。

③测量选项卡:用来管理测量用户和系统设置以及测量数据。

④工具箱选项卡:用来组织各种自定义工具、插件,可用简单的方式来扩展 Civil 3D 的功能,通过简单的编辑即可实现自定义插件的自动加载。

(3)工具选项板

"工具选项板"是 AutoCAD 的一个标准功能。它提供了一种用来组织、共享和放置块、图案填充及其他工具的有效方法,从中可以快速选择需要的命令、图块等来创建新的图形。可以使用"ToolPalettes"命令或从功能区的"常用"选项卡中打开"工具选项板"。

图 2.4　工具空间

默认情况下,Civil 3D 启动之后工具选项板会显示"Civil 公制部件",此选项板中包含一系列常用的公制部件和装配。可以在选项板标题栏点击"右键"会出现选项板内容的选择菜单,可以根据需要修改工具选项板显示的内容,如显示"Civil 多视图块",如图 2.5 所示。

2.1.2　Subassembly Composer 介绍

Autodesk Subassembly Composer for Autodesk AutoCAD Civil 3D 简称 SAC,中文名称为部件编辑器。Civil 3D 自带很多常用部件,但是在设计项目中,每个项目的部件都是不同的,根据项目的需要,要绘制不同的部件以满足设计任务。部件编辑器就是帮助快速创建自定义的部件,如路缘石、管沟、挡土墙等。它提供一个无须进行编程就可构建和修改复杂部件的界面,实质是以流程图的方式创建具有复杂逻辑的部件,并可以所见即所得的形式展示。

1)基本特性

SAC 利用用户便于理解和掌握的流程图来描述部件的形状和行为。

SAC 用于创建部件的工具归类放置,以鼠标拖曳的方式来绘制流程图。提供所见即所得的部件预览,并且可以根据参数的不同动态展示。

用户可以快速地为其自定义部件插入帮助文档、图片,且可以方便地导入 Civil 3D 软件使用。

（1）SAC 软件界面

部件编辑器与其他软件一样,拥有独立的操作空间,包括菜单栏、工具箱、属性栏、预览框、配置和参数框等(图 2.6)。

（2）工具概览

①多种用于定义点的工具。

②多种用于定义线的工具。

③选择多条线用于定义封闭的面。多种方法用于创建曲线、倒角、交点。创建并使用标记点工具。

④辅助点和辅助线工具。为点、线、面赋予代码。

⑤在部件中定义并使用逻辑目标。在部件中定义条件工具。

⑥定义并使用变量。

⑦用户自定义表达式以及丰富的 API 用于定义复杂逻辑。

（3）功能预览

①菜单栏。部件编辑器采用常规的菜单栏布置,其含义容易理解,不再赘述。在 View 菜单栏下拉列表中,有一项 Define Enumeration 菜单项,用于定义当前部件所用到的枚举类型变量。

②工具箱。工具箱是所有用来创建部件流程图的工具集合,分为以下 5 大类:

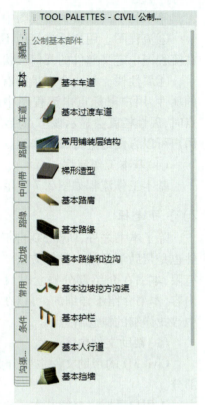

图 2.5　工具选项板

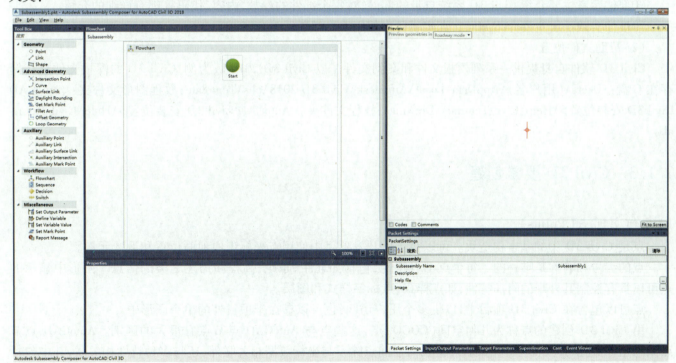

图 2.6　SAC 软件界面

a. 几何工具:用于创建最基本的点、线、面。

b. 高级几何工具:用于创建复杂的几何对象,包括交点、曲线、地面线、边坡倒角、标记点、圆弧倒角。

c. 辅助工具:用来定义在部件当中创建一些临时的点、线,用于辅助部件定义。这些临时创建的点、线,不会被包括在最终的部件当中。

d. 流程图工具:用于绘制流程图的工具,包括流程图、顺序图、条件判断、分支判断。

e. 其他工具:包括定义输出参数、定义变量、设置变量值、设置标记点、错误信息等。用户可以方便地拖拽工具箱中的不同工具到流程图中,用于绘制流程图。

③流程图。用户通过拖拽不同的工具在流程图中定义部件的几何形状和行为。

④属性栏。每一个工具都有自己不同的属性,用户鼠标点击流程图中的不同节点时,属性栏就会显示该节点所有的属性,用户可以方便地进行编辑修改。

(4)基本工作流程

基本工作流程如图 2.7 所示。

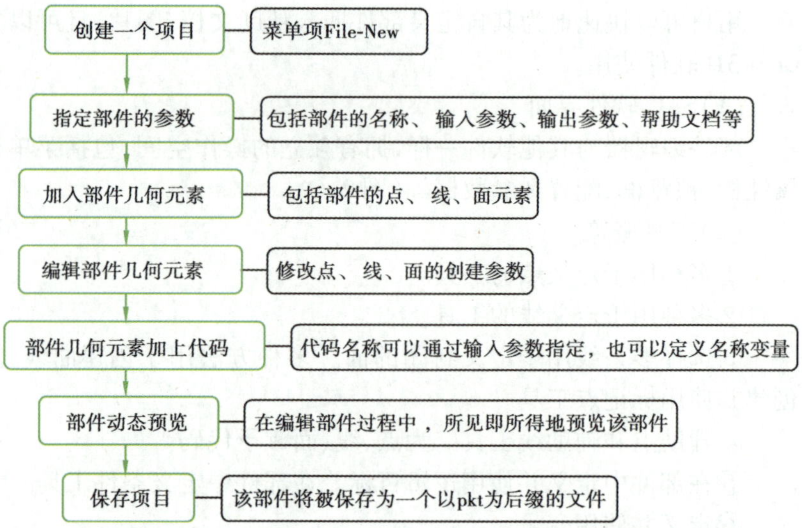

2)学习途径

除了本书之外,Civil 3D 自带的帮助文件也是帮助学习的一种好方法。由于篇幅有限,本书在介绍部分概念时只介绍重点内容,本书介绍不详细的,可以在帮助文件中寻找详细的概念解释。

图 2.7　基本工作流程

(1)帮助文件内容

Civil 3D 的帮助文件主要分为 Civil 3D 用户手册、Civil 3D 教程、部件参考、Civil 3D 最佳实践手册四大部分。

①用户手册以介绍基本概念为主。

②教程以练习各个功能为主。

③部件参考主要介绍 Civil 3D 系统自带的部件,对每个部件的参数、内容、代码等都有详细的介绍。

④最佳实践手册主要介绍如何在真实项目中使用 Civil 3D。

(2)帮助文件位置

Civil 3D 软件自身提供一系列模板文件和案例文件。以 Civil 3D 2018 版为例,Civil 3D 的模板文件默认储存在 C 盘:\Users\(用户名)\AppData\Local\Autodesk\Civil 3D 2018\chs\Template;教程图形文件夹:<AutoCAD Civil 3D 安装位置>\Help\Civil Tutorials\Drawings;教程文件夹:<AutoCAD Civil 3D 安装位置>\Help\Civil Tutorials。

2.1.3　Civil 3D 要素创建

1)几何空间点(Points)

点是 Civil 3D 中的基本构造块。可以在土地开发项目中使用点来标识原地面位置和设计元素。

点的编号和名称是唯一的。每个点都有特性,包括如北距、东距、高程和描述之类的信息。图形中显示的点可以具有控制其外观的附加特性,如点样式、点标签样式和图层。

点可以包含在 Civil 3D 项目中,以供多个用户访问,也可以存在于项目外的单个图形中。

由 Civil 3D 创建的点称为几何空间(COGO)点,这些点与 AutoCAD 点节点有很大的区别。AutoCAD 点节点只与坐标数据(X、Y、Z 值)相关联。但几何空间点除了与坐标数据相关联外,还与多种特性相关联,其中包括点编号、点名称、原始(字段)描述和完整(展开的)描述。与存在于单个图形中的 AutoCAD 点节点不同,几何空间点可以存储在图形外部的项目中,并可以为多个用户所参考。在 Civil 3D 中,"点"一词是指几何空间点,而不是 AutoCAD 点节点。

(1)创建点数据

点的创建形式:手动输入创建、转换 CAD 点、转换 softdesk 点、点文件创建等。本书以手动输入创建、转换 CAD 点、点文件创建点为主。

①手动输入创建：

a. 单击"常用"→"创建地面数据"→"点"→"点创建工具"，弹出"创建点"对话框（图 2.8、图 2.9）；

b. 单击"其他：手动"→"手动"；

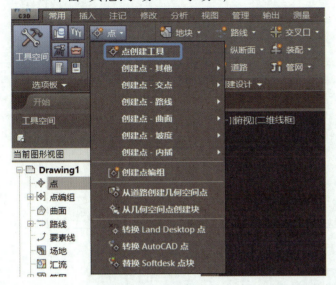

图 2.8　点创建工具

图 2.9　创建点对话框

c. 输入坐标，按"Enter"（图 2.10）；

图 2.10　指定点位置

d. 指定高程，按"Enter"（图 2.11）；

图 2.11　指定点高程

e. 点创建完成（图 2.12）。

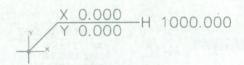

图 2.12　点

②转换 CAD 点。打开"CAD 点转换.dwg"文件。

a. 点击"常用"选项卡→"创建地面数据"→"点"→"转换 AutoCAD 点"，框选选择点（图 2.13）。

b. 选择点，"修改"→"点编组特性"，修改点样式及点标签样式（图 2.14）。

c. 点击"确定"，如图 2.15 所示。

③点文件创建点。打开"点文件创建点.dwg"文件。

a. 点击"常用"选项卡→"创建地面数据"→"点"→"点创建工具"，弹出"创建点"对话框（图 2.16）。

b. 点击"导入点" 按钮，弹出"导入点"对话框（图 2.17）。

图 2.13　转换 AutoCAD 点

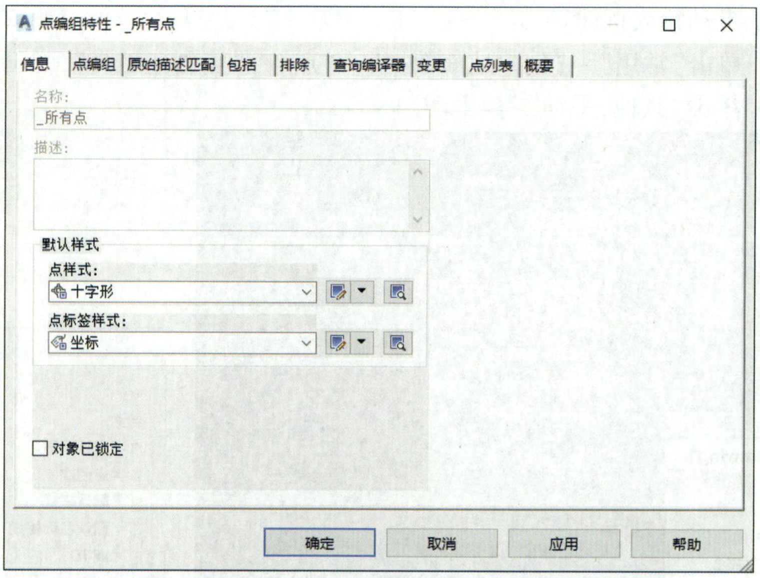

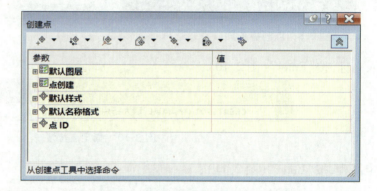

图 2.14　点编组特性

X 2661317.522
Y 348413.455
H 208.000

图 2.15　完成点

图 2.16　创建点

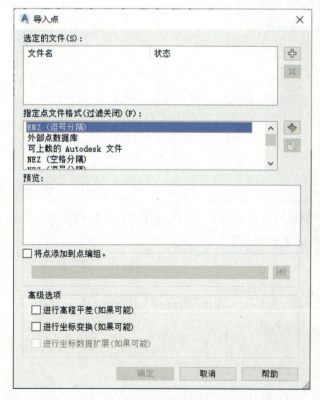

图 2.17　导入点

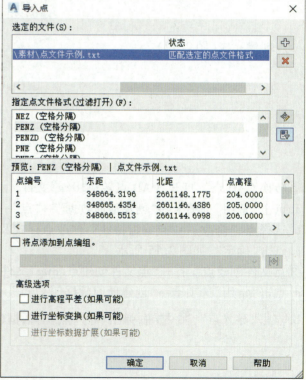

图 2.18　导入点设置

c. 点击"添加文件"  按钮,选择"点文件示例. txt"文件,指定点文件格式为"PENZ(空格分隔)",如图 2.18 所示。

d. 点击"确定",完成结果如图 2.19 所示。

(2)显示和编辑点

a. 在"工具空间"的"浏览"选项卡上,在点编组"_所有点"单击鼠标右键,单击"特性"(图 2.20)。

图 2.19　完成点　　　　　　　　　　　　图 2.20　点编组

b. 在"点编组特性"对话框的"信息"选项卡上,将"点样式"更改为"十字形","点标签样式"更改为"测量坐标(有高程)"(图 2.21)。

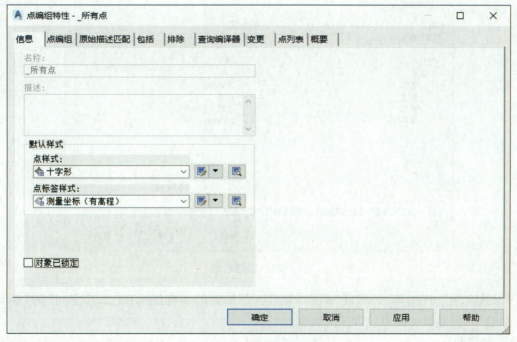

图 2.21　点编组特性

2) 曲面(Surfaces)

曲面是某个区域的三维几何表示;对于体积曲面,曲面则是两个曲面区域之差或之和。

曲面由三角形或栅格组成,这些三角形或栅格是 Civil 3D 在连接组成曲面数据的各个点时所创建。

若要在图形中使用曲面,可以创建一个空曲面,然后向其中添加数据,也可以导入包含曲面信息的现有文件,如 LandXML、三角网或 DEM 文件。

点或等高线通常为原始曲面信息的主要部分,另外还包括特征线和边界线。

边界定义曲面的可见区域,只有边界以内的区域才会包括在计算(如总面积和体积)中,也可以出于编辑或演示的目的定义进行遮罩,以隐藏或显示曲面的若干个部分,但该部分的面积仍将包括在计算中。

在 Civil 3D 中,曲面创建过程是增量式的。每当添加或更正数据时,都将更新曲面。每个曲面都有一个定义列表。此列表包含在曲面上执行的所有操作。通过打开或关闭此操作,可以返回到曲面的上一个状态,或者修改曲面以支持分析的不同类型。

(1)创建曲面

①利用等高线创建曲面。打开图形"等高线. dwg"。

a. 创建空曲面,给曲面中添加数据(点文件、点编组、图形对象、等高线)。

b. 单击"常用"→"选项板"→"工具空间"→"浏览"→"曲面"(图 2.22)。

c. 单击鼠标右键,单击"创建曲面"。

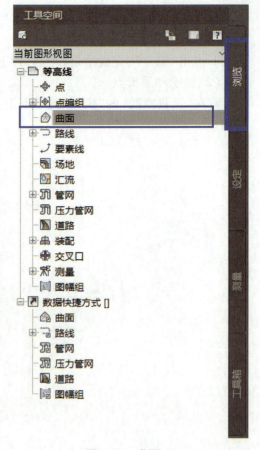

图 2.22 曲面

d. 在"创建曲面"对话框,类型选择"三角网曲面",曲面图层选择"曲面",定义曲面的名称(原始曲面)、描述、样式(边界、三角网)及渲染材质,单击"确定"(图 2.23)。

注:渲染材质是指制定曲面的材质,用于在视觉样式里"真实"模式下的显示,或使渲染导出图片更加真实。

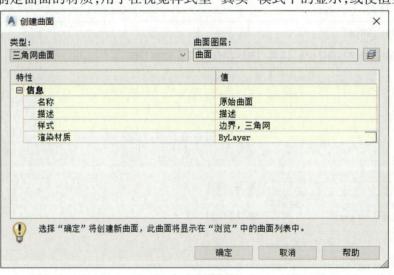

图 2.23 创建曲面

e. 单击:"工具空间"→"浏览"→展开"曲面"集合。新曲面的名称显示在"工具空间"的"浏览"选项卡上的"曲面"集合中,但是该曲面不包含任何数据。

f. 给曲面添加数据。

g. 展开创建的曲面,"原始曲面"集合→展开"定义"集合(图 2.24)。

h. 将图形等高线所在图层"DGX"单独隔离出来。

i. "定义"→单击"等高线"→右键单击"添加",弹出"添加等高线数据"对话框(图 2.25)。

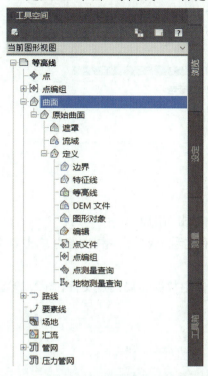

图 2.24　曲面定义

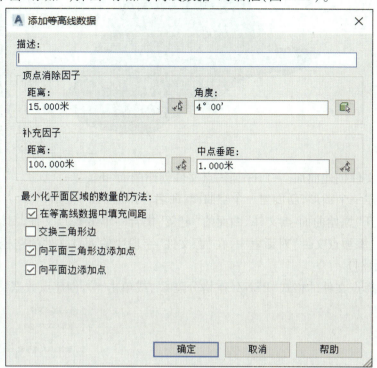

图 2.25　添加等高线数据

注:图 2.25 中,顶点消除因子指减少沿等高线生成的点数目。顶点消除因子将忽略彼此距离小于距离因子且其偏转小于角度因子的顶点。距离和偏转角越大,消除的点就越多。距离因子是以长度单位测量的,而角度因子是以角度单位度量的。顶点消除因子必须小于补充因子。补充因子指补充距离是顶点之间的最大距离。如果等高线上的顶点之间的距离大于补充因子,则将沿等高线以相等间隔(小于或等于补充距离)添加点。距离越小,补充的点就越多。

j. 单击"确定",框选所有等高线,按回车键或空格键确定(图 2.26)。

图 2.26　完成曲面

k. 显示所有图层。

l. 单击曲面,右键单击"对象查看器",按鼠标左键转动查看(图 2.27)。

注:查看器中视觉样式栏有多种模式可选。如果系统默认的视觉样式不能满足要求,用户可以根据需要自己设置视觉样式。视觉样式的修改在"视图"→"视觉样式"→"视觉样式管理器"中修改不同的视觉样式(图 2.28)。

图 2.27　三维曲面

②点文件创建曲面。打开图形"点文件创建曲面. dwg"。

a. 新建一个图形,新创建一个空曲面,命名"原始曲面-点文件"。

b. 展开"原始曲面-点文件"曲面的"定义"集合→单击 点文件,右键单击"添加"。

c. 在"添加点文件"对话框中,在"源文件"字段中输入点文件的路径和名称,或单击 浏览并单击点文件(点文件示例)。

d. 选择点文件的格式"PENZ(空格分隔)",或单击 创建点数据文件中数据布局的点文件(图 2.29)。

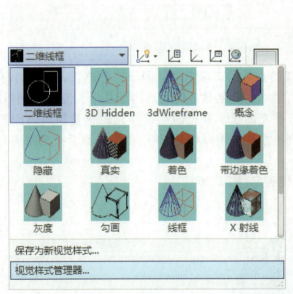

图 2.28　视觉样式管理器

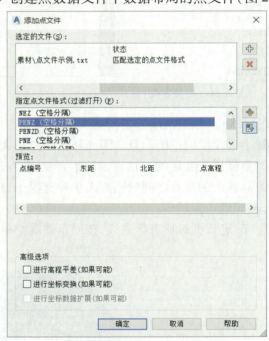

图 2.29　添加点文件

e. 单击"打开"将点文件添加到曲面。

f. 单击曲面,右键单击"对象查看器"查看曲面。

③添加块创建曲面:

a. 创建一个空曲面。

b. 将图形高程点块所在图层"GCD"单独隔离出来。

c. "定义"→单击"图形对象"→右键单击"添加",弹出"从图形对象添加点"对话框(图 2.30)。

d. "对象类型"选择"块",单击"确定"。

e. 框选所有高程点,按回车键或空格键确定。

f. 显示所有图层,查看曲面(图 2.31)。

g. 继续添加图形等高线,查看曲面(图 2.32)。

图 2.30　从图形对象添加点

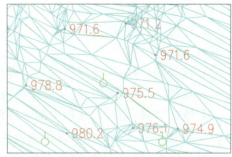

图 2.31　点对象完成面　　图 2.32　等高线对象完成面

注：一个曲面可多次添加不同类型的数据，如可同时添加等高线、图形对象、点编组等数据，数据越多，所形成的三角网越密，地形图也更加精确。

④添加 DEM 文件创建曲面：

a. 新建一个图形，新创建一个空曲面，命名"原始曲面 DEM"。

b. 展开"原始曲面 DEM"曲面的"定义"集合→右键单击 DEM 文件，单击"添加"。

c. 在"添加 DEM 文件"对话框中，输入 DEM 文件的路径和名称，或单击 然后浏览至 DEM 文件所在的位置（图形文件 →曲面→原始地形 DEM.dem）（图 2.33）。

d. 选择 DEM 文件，则其名称将显示在"文件名"字段中，然后单击"打开"。

e. 在特性列表里可以更改 DEM 数据的坐标（可选）。

f. 单击"确定"将 DEM 文件添加到曲面。

g. 单击曲面，右键单击"对象查看器"查看曲面。

⑤添加点编组创建曲面。打开图形"创建点-点编组-1"。

a. 新创建一个空曲面，命名"原始曲面-点编组"。

b. 展开"原始曲面-点编组"曲面的"定义"集合→右键单击 点编组，单击"添加"。

c. 在"点编组"对话框中的可用点编组列表中，选择要添加到曲面的点编组"十字"（图 2.34）。

d. 单击"确定"将点编组添加到曲面，查看生成的曲面。

图 2.33　添加 DEM 文件

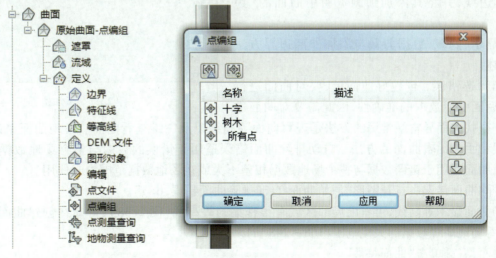

图 2.34　点编组

（2）曲面编辑

①添加边界。边界影响曲面三角形的可见性。曲面边界由闭合多段线或曲面进行定义。边界类型有外

部、显示、隐藏和数据剪裁 4 类。

　　a. 外部:定义曲面的外边界;位于外边界之内的所有三角形都是可见的,位于外边界之外的所有三角形都是不可见的。

　　b. 显示:创建显示边界。显示边界用于显示隐藏边界内的区域。

　　c. 隐藏:创建隐藏边界,从而使等高线在区域中不可见。

　　d. 数据剪裁:创建由图形中的多边形对象(如二维多段线和三维多段线、要素线、测量地物、地块以及圆)限定的曲面边界线。在创建数据剪裁边线后,添加到曲面的任何数据都将剪裁至该边线。

　　打开图形"原始曲面-添加边界.dwg",以添加外部边界为例(图 2.35 至图 2.37)。

图 2.35　添加边界

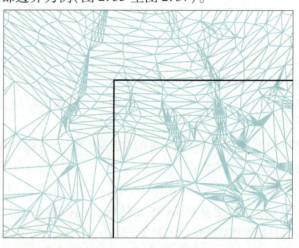

图 2.36　添加边界前

　　a. 在"工具空间"中的"浏览"选项卡上,展开"原始地形"曲面的"定义"集合,在 "边界"上单击鼠标右键,然后单击"添加"。

　　b. 在"添加边线"对话框的"名称"字段中输入边线名称"外边界"。

　　c. 从"类型"列表中选择"外部"。

　　d. 选择"虚特征线"以指定边线使用虚特征线。

　　e. 单击"确定"→选择定义的边界多段线。

　　f. 将创建边线,并将其添加到浏览树中曲面的"边界"集合中。

　　注:添加显示、隐藏、数据剪裁与添加外部边界方法一样,不再赘述。

　　②查找和筛选错误。创建好曲面后,要对曲面进行核查,以确保后面引用数据的准确性,因此需要对曲面进

图 2.37　添加边界后

行错误筛查。查找曲面异常最常用的方法是观察曲面等高线以及三维查看曲面。发现曲面错误后,可以采取自动排查错误和手工编辑曲面的方法。自动排除曲面错误适用于错误的数据与整个场地数据相差较大时使用。手工编辑曲面适用于错误数据与整个场地数据相差不大或在场地数据范围内时使用。

　　③自动排除曲面错误。打开图形"原始曲面-自动排除曲面错误.dwg"。

　　将创建的曲面显示等高线,可看出局部区域有很密集的等高线(图 2.38),可知在创建曲面时有一些错误的高程点,查看场地高程数据的大概范围(168～248 m)。

　　a. 选择曲面,右键单击"曲面特性"。

　　b. 在"曲面特性"对话框中,单击"定义"选项卡。

　　c. 在"生成"列表中,设置高程的区间数据,定义如图 2.39 所示数据。

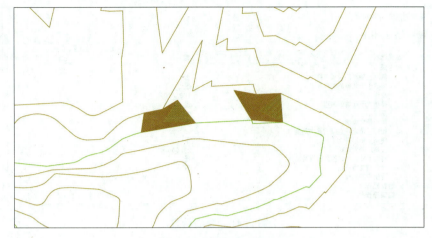

图 2.38　等高线密集区

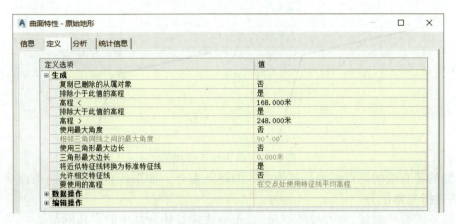

图 2.39　曲面特性

d. 单击"确定",单击"重新生成曲面",查看曲面(图 2.40)。

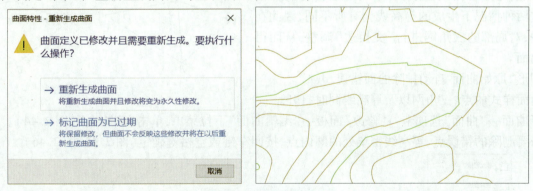

图 2.40　曲面修改完成

e. 将曲面样式等高线关闭,打开三角网,重复操作 b。

f. 自动删除数据边界外形成的三角网,在"生成"列表中,定义"使用三角形最大边长"为"是","三角形最大边长"为"23 米"(图 2.41)。

g. 单击"确定",单击"重新生成曲面",查看曲面(图 2.42)。

注:在运用三角形最大长边删除三角网时,需要注意选择的三角形长度是否合适,有没有删除数据范围内的三角网。

④手工编辑曲面错误。在实际项目中,有些错误的高程点与曲面之间相差不大,但也会有曲面本身最大高程和最小高程之间相差较大,而错误的高程点在曲面的最大高程和最小高程之间的情况,这时不能使用自动排除曲面高程的方法来修改曲面。

编辑曲面错误的常用方法有添加直线、删除直线、交换边、添加点以及删除点。

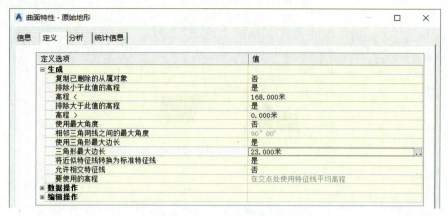

图 2.41　曲面特性

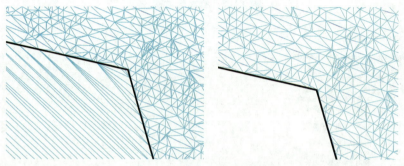

图 2.42　曲面修改完成面

添加直线：添加的新直线的终点必须与其他曲线的终点重合。如果新直线通过一条或多条现有曲线，则曲面将对该区域重新进行三角剖分。

删除直线：删除不需要的直线，如红线外三角网、水池或建筑物地基中的三角网等。

交换边：曲面是通过三角网构成的，而三角网在构成过程中可能会产生不同的组合。如图 2.43 所示的 A、B、C、D 4 个点，通过三角网生成曲面，则可能会有两种情况出现。这两种情况下生成的等高线会有所不同，因此在实际需求中，对局部的三角网进行"交换边"调整，从而得到想要的曲面。

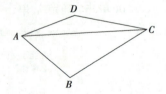

图 2.43　三角网

打开图形"原始曲面-自动排除曲面错误. dwg"。

a. 将曲面样式的点、三角网以及等高线同时打开。

b. 选择曲面→"曲面"选项卡→"修改"面板→"编辑曲面"下拉菜单，单击"删除点"（图 2.44）。

c. 单击要删除的错误点、等高线密集处的圈内点，按回车键或空格键确定（图 2.45、图 2.46）。

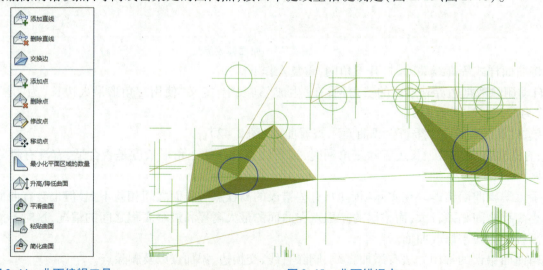

图 2.44　曲面编辑工具　　　　　　　　　图 2.45　曲面错误点

d. 删除直线方法与点一样,选中"曲面"→"编辑曲面"→"删除直线"。

e. 选择要删除的三角网直线,按回车键或空格键确认。

f. 重复删除直线命令,删除多余的三角网线。

g. 按 Enter 键或空格键确认。

⑤简化曲面。在某些项目中,场地较大且数据较为详细,生成的曲面数据会非常大,运用曲面时比较慢,因此可以对曲面进行简化。简化曲面,即减少三角网曲面中的点或三角形的数目,同时保留曲面精度。

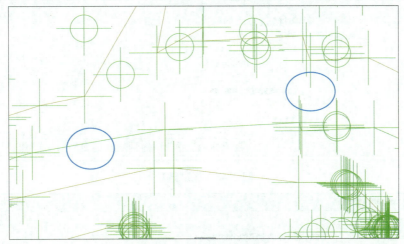

图 2.46　删除曲面错误点

打开图形文件"原始曲面-编辑. dwg"。

a. 选择曲面→"曲面"选项卡的"修改"面板→单击"编辑曲面"下拉菜单"简化曲面"。

b. 在"简化方法"页面,选择"点删除",单击"下一步"(图 2.47)。

c. 在"区域选项"页面,选择"使用现有曲面边界",单击"下一步"(图 2.48)。

d. 在"减少选项"页面,勾选"要删除的点所占的百分比"复选框,输入"60%"(图 2.49)。

e. 单击"应用"→"完成",简化曲面完成。

注:可对曲面进行多次简化,以达到用最少的数据满足设计需求。

⑥平滑曲面。在出等高线施工图时,在道路交叉口处的等高线间距比较小的情况下,系统自动生成的等高线因为三角网的疏密程度不同,导致等高线不平滑。此处可以用到平滑曲面功能。

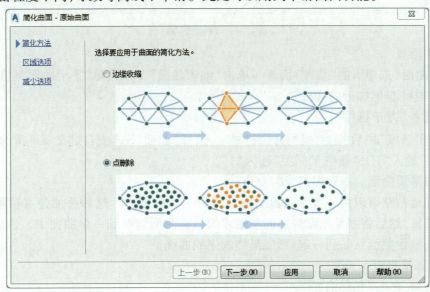

图 2.47　简化曲面

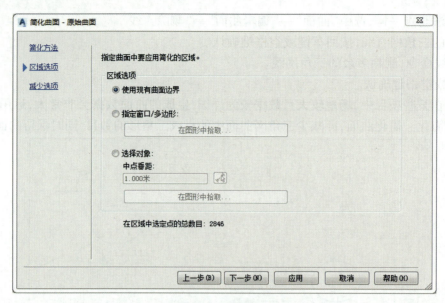

图 2.48   区域选项

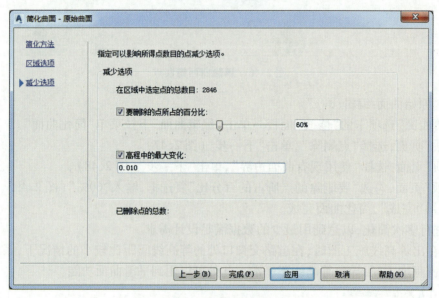

图 2.49   减少选项

打开上例完成图形。

a. 选择曲面→"曲面"选项卡的"修改"面板→单击"编辑曲面"下拉菜单"平滑曲面"（图 2.50）。

b. "平滑方式"选择"自然临近内插法"。

c. "输出位置"选择"基于栅格"。

d. 单击"选择输出区域"栏后的 🔲，根据命令栏提示，选择"曲面（S）"或自定义要平滑的范围多边形。

e. "栅格 X 间距"输入"1"，"栅格 Y 间距"输入"1"。

f. 单击"确定"以平滑曲面。查看等高线的变化。

⑦曲面粘贴。曲面粘贴可以将一个曲面数据叠加到另一个曲面中。这种叠加是直接覆盖的，可以理解为首先将目标曲面剪切掉，然后将需要粘贴的曲面和刚才的目标曲面缝补到一个曲面中。例如，在案例后期需要将创建的道路曲面与原始曲面粘贴到一起，形成最终的完成曲面。

打开图形文件"原始曲面 6. dwg"。

a. 创建一个新曲面，命名"粘贴曲面"。

b. 单击"工具空间"→"浏览"→"粘贴曲面"曲面的"定义"集合，右键单击"编辑"，单击"粘贴曲面"（图2.51）。

c. 在弹出的"选择要粘贴的曲面"对话框中选择"原始曲面"，单击"确定"（图 2.52）。

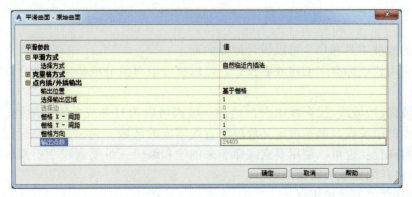

图 2.50　平滑曲面

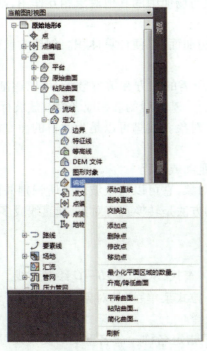

图 2.51　粘贴曲面

图 2.52　选择要粘贴的曲面

d. 重复步骤 b,在弹出的"选择要粘贴的曲面"对话框中选择"平台",单击"确定"。

e. 查看曲面,将两个曲面粘贴到一个曲面,且后粘贴的"平台"覆盖"原始曲面"同位置上的曲面(图 2.53)。

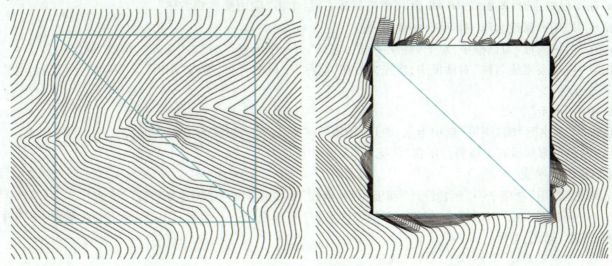

图 2.53　完成曲面

3）放坡（Grading）

使用 Civil 3D 中的放坡工具和命令可以设计地面曲面。

可以通过对坡脚应用放坡标准来创建放坡投影。可以将放坡对象分成指定的集合以创建最终曲面并计算体积。

放坡对象通常由坡脚、边坡线、投影线以及面组成。坡脚可以为打开或关闭的地物。坡脚必须是要素线、地块线或其他放坡产生的边坡线。面是由定义放坡的直线围成的区域。它标有中心标记。放坡的目标可以是曲面、距离、高程或相对高程。也可以使用要素线命令来创建和编辑三维要素线。要素线可以作为特征线数据直接包括在曲面中，或将其用作放坡对象坡脚。

开始放坡前，必须建立以下放坡规则：

①放坡场地：在场地拓扑中创建放坡。如果不希望放坡与场地中的其他对象相互作用，则可以为放坡对象创建新场地。

②放坡组：合并放坡组中的放坡对象，以创建一个放坡组曲面，以便计算体积。创建放坡前，确定如何管理这些曲面创建和体积计算的放坡。

创建放坡组后，Civil 3D 中的体积工具将显示放坡设计所需的挖方和填方数量，可以逐渐升高或降低放坡组以调整体积需求，也可以更改沿放坡基准线上点的高程、更改基准线的坡率或者修改放坡标准。

③放坡坡脚：从选定的坡脚向放坡对象的目标投影放坡对象。坡脚可以是为此目的而专门创建的要素线，也可以导出道路要素线或使用地块直线。

④放坡目标：放坡对象需要目标。此目标可以为曲面、距离或高程。

可以从地块线或要素线开始创建放坡。要素线是线性对象，它可以为放坡命令所识别并作为基准线使用。设计放坡时，必须沿要素线频繁地调整高程。创建要素线的方法是转换现有对象，如直线或多段线。

（1）创建要素线

从 AutoCAD 对象创建要素线：

a. 依次单击"常用"选项卡→"绘图"面板→"创建线" ∕ 查找，从圆 A→B→C 绘制直线。

b. 单击"常用"选项卡→"创建设计"面板→"要素线"下拉式菜单→"从对象创建要素线" 查找。

c. 单击两条直线，然后单击鼠标右键并按回车键结束选择。

在"创建要素线"对话框中，可以在创建要素线时为它们指定名称。命名重要的要素线可以更易于在创建道路时指定目标。按照该工作流进行操作，可以同时创建多条要素线，但仅命名最重要的要素线。

d. 在"创建要素线"对话框中，单击"确定"。

这些直线将转换为要素线，并添加到"场地 1"中，然后给这些要素线指定高程值。

（2）命名要素线

a. 在图形中，选择要素线 AB 和 BC。单击鼠标右键，单击"应用要素线名称"。

b. 在"应用要素线名称"对话框中，单击 。

c. 在"名称模板"对话框中，对于"特性字段"，选择"下一个编号"。单击"插入"，单击"确定"。

d. 在"应用要素线名称"对话框中，将光标放在"名称"字段的开头，输入"ABC"。"名称"字段应包含"ABC<[下一个编号]>"。

e. 单击"确定"。

f. 在"工具空间"的"浏览"选项卡上，展开"场地"→"场地 1"，选择"要素线"集合。

注：两条要素线及其名称将显示在"浏览"列表视图中。

（3）绘制要素线

a. 单击"常用"选项卡→"创建设计"面板→"要素线"下拉式菜单→"创建要素线" 查找。

b. 在"创建要素线"对话框中，指定以下参数："名称"复选框：选中；名称：CDEF <[下一个编号]>；"样式"复选框：选中；样式：沟渠。

c. 在"创建要素线"对话框中，单击"确定"。

d. 为起始高程输入已知值。

e. 拉伸要素线，然后在圆 D 内部单击。提示输入高程时，输入"T"。

f. 拉伸要素线，然后在圆 E 内部单击。提示输入高程时，按回车键接受"过渡"。

g. 拉伸要素线，然后在圆 F 内部单击。提示输入过渡时，输入"SU"以使用该点处的曲面高程。

h. 注意命令行中显示的曲面高程，按两次回车键接受该高程并结束命令。

i. 在"工具空间"的"浏览"选项卡上，展开"场地"→"场地 1"，选择"要素线"集合。

注：创建的 3 条要素线将显示在列表视图中，可以使用此框编辑要素线的名称、样式和图层，并查看所有要素线的其他特性。

（4）编辑要素线

a. 单击"修改"选项卡→"编辑高程"面板→"高程编辑器查找"。

b. 单击从圆 C、D、E 拉伸到圆 F 的要素线。

c. 单击 ，然后单击圆 A 和圆 B 之间的要素线。"放坡高程编辑器"现在将显示沿圆 A 和圆 B 之间的要素线上的高程。

d. 双击起点桩号（0+00.00）的高程值，然后将其更改为"630.00"，该值会将该要素线放置到曲面下几米处的位置。将终点的高程更改为"690.00"。

（5）插入高程点

a. 在"放坡高程编辑器"中，单击 （"插入高程点"）。在要素线 AB 上，将显示一个小的圆形和一个显示该点处桩号值和高程的工具提示，可以使用光标将此点移动到新位置。

b. 将该点移动到要素线中点附近的位置，然后单击鼠标。

c. 在"插入变坡点"对话框中，（可选）将高程点移动到特定桩号，单击"确定"。该点将添加到"放坡高程编辑器"中的列表内，从中可以编辑桩号、高程、坡率和长度（点之间的距离）。

d. 单击要素线 AB。将显示用于编辑终点和高程点的夹点，可以单击此高程点，然后沿要素线移动它。也可以单击其中一个端点，然后将其移动到新位置。执行任何夹点编辑操作时，"放坡高程编辑器"中的值将会随之更新。

e. 将光标移动到高程点附近的曲面上，将显示该曲面的高程，如图 2.54 所示。

f. 在"放坡高程编辑器"中，将高程点设定为周围曲面处或之下的一个高程。

图 2.54　高程显示

（6）添加到曲面

a. 如果必要，按 Esc 键以取消选择要素线 AB。

b. 单击"修改"选项卡→"编辑高程"面板→"从曲面获取高程" 查找。

c. 在"设定从曲面获取高程"对话框中，确保已选中"插入中间坡度转折点"并清除"相对曲面的高程"，单击"确定"。

d. 单击要素线 BC，然后单击鼠标右键并按回车键结束命令。

e. 再次单击要素线 BC，即在该直线与三角网曲面中的三角形边相交的所有位置添加高程点。

f. 单击鼠标右键，然后单击"高程编辑器"。"高程编辑器"中将显示沿要素线 BC 的每个高程点数据，其中包括高程点的高程以及该高程点到下一个点的距离和坡率。曲面上，类似这样的要素线可以提供有效的放坡起点。可以使用放置在"放坡高程编辑器"顶部的控件来添加和删除高程点，并调整这些高程点的高程。可以选择该表格中的多个点来执行群操作，例如，将这些点的高程同时升高或降低到同一个值，或将这些点的高程全部展平到同一个值。

g. 单击"确定",以关闭"放坡高程编辑器"。

（7）创建放坡组

a. 单击"常用"选项卡→"创建设计"面板→"放坡"下拉式菜单→"放坡创建工具" 查找。

b. 在"放坡创建工具"工具栏中,单击 "设定放坡组"。

c. 在"创建放坡组"对话框中,指定以下参数:名称:沟渠排水;自动创建曲面:已选定;体积基准曲面:已选定。

d. 单击"确定"。

e. 在"创建曲面"对话框中,单击"确定"。

f. 在"放坡创建工具"工具栏中,单击 "选择标准集"。

g. 从列表中选择"沟渠规则集",单击"确定"。在"选择放坡标准"列表中,确保已选择"距离(-6%)"。单击 展开"放坡创建工具"工具栏。在"样式"列表中,选择"沟渠"。

（8）创建放坡

a. 单击 "创建放坡",单击要素线 *AB*。

b. 响应命令行的提示,在要素线上方单击鼠标左键来指明要应用此放坡的位置。

c. 按回车键（或输入 Yes）,将此放坡应用到要素线的整个长度。

d. 按回车键接受默认距离（10 m）。

创建放坡,"沟渠排水"将添加到"工具空间"的"浏览"选项卡上的"场地 1"中的放坡组集合中。此放坡会创建由此基准线开始向下以 6% 的坡率延伸 10 m 到沟渠的一面。

e. 按 Esc 键结束命令。

接下来,创建从第一个放坡的目标线开始到现有曲面的另一个放坡。

a. 设定显示大小,以便在图形窗口中可以显示整条要素线 *AB*。

b. 单击"选择放坡标准"列表,然后单击"曲面（4∶1 坡度）"。

c. 单击 "创建放坡",然后单击所创建的第一个放坡中的红色目标线,如图 2.55 所示。

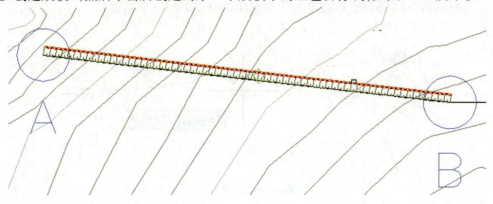

图 2.55　创建放坡

d. 输入 Yes 将此放坡应用到直线的整个长度。

e. 按回车键,接受挖方坡度（4∶1）。

f. 按回车键,接受填方坡度（4∶1）。

g. 按 Esc 键结束命令。

此放坡创建了一个由沟渠底部开始向上以 4∶1 的坡度延伸到曲面的坡度,结果可能会与图示有所不同（图 2.56）。

注:"事件查看器"可能会通知已忽略重复的点。将从两个放坡创建曲面,这两个放坡共用同一个要素,因此也共用点数据。第一个放坡的边坡线是第二个放坡的基准线。创建曲面时,将为每个放坡从点中提取数据。由于点数据是重复的,因此将忽略每个点的两个实例中的一个数据。

4）路线（Alignments）

通常,可以通过组合直线、曲线和缓和曲线（将它们的组合视为一个对象）来创建路线。

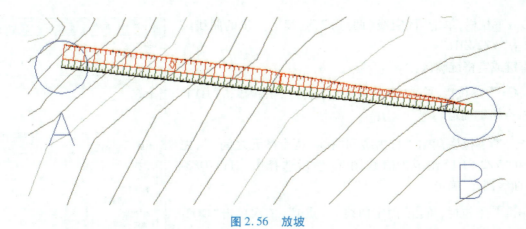

图 2.56　放坡

路线对象可以表示道路中心线、管网和其他构造基准线。创建和定义平面路线是道路、铁路或场地设计的初始步骤之一。可以将路线形状绘制为多段线,然后根据该形状创建命名的路线。为了更好地控制,可以使用"路线布局工具"创建路线对象,还可以使用夹点或"路线布局工具"工具栏上的命令来编辑路线,同时自动保持路线组件之间的相切。

路线可以是独立的对象,也可以是纵断面、横断面和道路的父对象。编辑路线时,更改将自动反映在所有相关的对象中。

创建路线时,为其指定以下类型:中心线、偏移、加铺转角、轨道或其他。可以使用这些路线类型基于路线功能对数据进行分类。为道路中心线选择中心线类型,为铁路选择轨道类型,或者选择其他类型,以用于其他用途(如公共设施导管)。这些类型均为独立对象。

偏移路线和加铺转角路线也可以是独立的,但它们通常动态连接到其他路线。偏移路线和加铺转角均可自动创建为交点的组件。偏移还可以用于加宽区域中。

创建路线后,可以计算道路围绕曲线的行为方式,也可以沿中心线、偏移和加铺转角路线计算超高,还可以沿轨道路线计算铁路超高。

路线列在"浏览"选项卡中的"路线"集合或"场地"集合中。从这些集合中,可以更改路线特性、生成报告和导出 LandXML。

如果路线位于场地中,其形状会与场地中的其他对象(如地块和要素线)的形状相交。例如,路线会再拆分场地内与其相交的任何地块。与路线交叉的所有地块线或要素线在交点处的高程均相同。此高程根据上一个编辑的对象进行设定。若要防止路线与场地中的其他对象相交,将场地的特性设为"<无>",或将路线移至单独的场地。

(1)路线创建

①有 CAD 路线,创建单个图元。打开图形"路线. dwg":

a. 单击"常用"选项卡→"创建设计"面板→"路线"下拉列表→"路线创建工具"。

b. 在"创建路线-布局"对话框中,为路线输入一个唯一的名称"演示路线"。

c. 指定路线的类型"中心线"。

d. 输入起点桩号值"0+000. 00 米"。

e. 在"常规"选项卡上,指定如图 2.57 所示设定。

f. 在"设计规范"选项卡上,指定要应用于路线起点桩号的"起始设计速度"为"30 千米/每小时",单击"确定"。

g. 在"路线布局工具"工具栏中,选择 ∠ 下拉栏,单击"固定线(两点)",以左侧圆 A 的中心点为起点,依次单击"YZ1-ZY1"。

h. 按回车键或空格键确认。

i. 选择 ⌒ 下拉栏,单击"固定曲线(三点)",延续上一步的直线结束点,依次单击"ZY1-QZ1-GQ1-QZ2-YZ2"。

j. 按回车键或空格键确认。

k. 选择 ∕▾ 下拉栏,单击"固定线(两点)",延续上一步的曲线结束点,依次单击"YZ2-ZH1"。

l. 按回车键或空格键确认。

m. 选择 ⌒▾ 下拉栏,单击"固定曲线(三点)",依次单击"HY1-QZ3-GQ2",按空格键确定。

n. 选择 ⌒▾ 下拉栏,单击"自由缓和曲线(两个图元之间)",先选择前一个由"YZ2-ZH1"组成的直线图元,然后选择由"HY1-QZ3-GQ2"组成的曲线图元,确定。

o. 选择 ⌒▾ 下拉栏,单击"固定曲线(三点)",依次单击"GQ2-QZ4-YH1"、ZY3-QZ5-YZ3、HY2-QZ6-GQ3、GQ3-QZ7-YH2、HY3-QZ8-YH3、HY4-QZ9-YH4",按空格键确定。

p. 选择 ∕▾ 下拉栏,单击"固定线(两点)",依次单击"HZ1-ZY3、YZ3-ZH2",按空格键确定。

q. 选择 ⌒▾ 下拉栏,单击"自由缓和曲线(两个图元之间)",先选择前一个由"GQ2-QZ4-YH1"组成的曲线图元,然后选择由"HZ1-ZY3"组成的直线图元,确定。

r. 重复上述操作,选择前一个由"YZ3-ZH2"组成的直线图元,然后选择由"HY2-QZ6-GQ3"组成的曲线图元,确定。

s. 选择 ⌒▾ 下拉栏,单击"自由反向缓和曲线-缓和曲线(两条曲线之间)",先选择前一个由"GQ3-QZ7-YH2"组成的曲线图元,然后选择由"HY3-QZ8-YH3"组成的曲线图元,对话框选择"长度(L)",输入"1",确认。

t. 重复上述步骤,完成整条路线的绘制。

u. 按回车键或空格键退出绘制。

②有 CAD 路线,整条路线创建:

a. 单击"常用"选项卡→"创建设计"面板→"路线"下拉列表→"从对象创建路线"(图2.58)。

b. 根据命令栏提示选择道路中心线,按空格键确认;选择路线的方向,按空格键确认。

c. 在"从对象创建路线"对话框,修改参数如图2.59所示,设计规范设置与上例类似。

图 2.57　创建路线

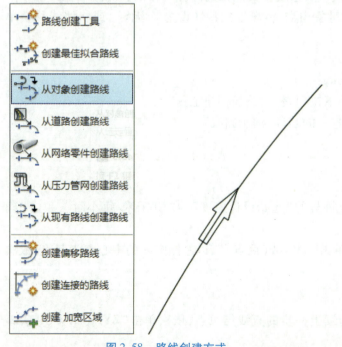

图 2.58　路线创建方式

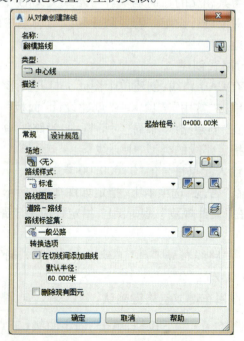

图 2.59　从对象创建路线

d. 单击"确定",查看创建的路线,仅有直线段和曲线段,无缓和曲线段。

③无 CAD 路线,由路线直曲表创建整条路线(图 2.60)。

交点号	交点坐标		交点桩号	转角值	曲线要素值(m)						
	N(X)	E(Y)			半径	缓和曲线长度	缓和曲线参数(A)	切线长度	曲线长度	外距	校正值
1	2	3	4	5	6	7	8	9	10	11	12
JD7	865.370	1842.348									
JD8	1088.129	2044.391	K1+074.57	40d12'19.6"(Z)	75	10 30	27.386 47.434	33.157 41.926	72.629	5.164	2.454
JD9	1177.074	2047.501	K1+161.11	60d13'24.8"(Y)	20	10	14.142	16.709	31.022	3.360	2.396
JD10	1215.127	2119.755	K1+240.38	59d36'54.9"(Z)	30	10	17.321	22.261	41.214	4.734	3.308
JD11	1318.214	2124.456	K1+340.26	38d38'2.1"(Y)	30	10	17.321	15.560	30.229	1.937	0.891
JD12	1402.711	2198.544	K1+451.75	30d19'1.9"(Y)	30	15	21.213	15.696	30.874	1.405	0.519
JD13	1423.944	2262.231	K1+518.36	112d28'20.3"(Z)	10	10 2	10.000 4.987	20.116 16.658	25.873	8.389	10.901
JD14	1453.544	2236.582	K1+546.63	41d29'51.4"(Y)	45	11 0	22.440 0.000	22.509 17.223	38.187	3.183	1.545
JD15	1549.000	2237.560	K1+640.55	25d52'41.2"(Y)	45	15	25.981	17.880	35.325	1.386	0.434
JD16	1763.008	2344.099									

图 2.60　路线直曲表

a. 创建一条路线,在"路线布局工具"面板选择"切线-切线(没有曲线)"。

b. 依次输入直曲表中交点坐标,绘制路线。

c. 全部输入后,按回车键或空格键退出绘制。

d. 选择 下拉栏,单击"自由缓和曲线-曲线-缓和曲线(两个图元之间)",根据对话框依次点击要修改的交点前后图元,输入交点半径及前后缓和曲线段长度。

e. 重复步骤 4,将所有交点转换为表格所示参数(图 2.61)。

f. 全部输入后,按回车键或空格键退出绘制。

④创建自己设计的路线。在实际项目中,路线的设计要结合路线纵断面一起设计,本小节仅包含路线的设计,纵断面的设计详见第 3 章。案例仅展示创建路线时软件应用方法,不包含在路线设计过程中规范对路线的要求。

a. 单击"常用"选项卡→"创建设计"面板→"路线"下拉列表→"路线创建工具"(图 2.62)。

b. 在"创建路线-布局"对话框中,为路线输入一个唯一的名称"演示路线 1",类型选择"中心线"(图 2.63)。

图 2.61　路线

图 2.62　路线创建工具

图 2.63　创建路线-布局

c. 在"路线布局工具"工具栏中,单击 下拉栏,选择"曲线和缓和曲线设定"(图 2.64)。

图 2.64　路线布局工具

d. 在弹出的对话框中,"类型"选择"回旋",其余参数设置如图 2.65 所示,单击"确定"。

e. 重复步骤 c,选择"切线-切线(带有曲线)",依次单击从左往右的小圆圆心。

f. 按回车键或空格键,完成创建。

注:"切线-切线(没有曲线)"与"切线-切线(带有曲线)"之间的区别是在图元交点处是否添加曲线。"切线-切线(没有曲线)"在交点处添加直线段,"切线-切线(带有曲线)"在交点处将自动添加曲线段(图 2.66、图 2.67)。

图 2.65　曲线和缓和曲线设定

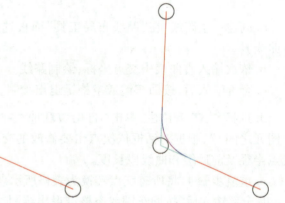

图 2.66　切线-切线(没有曲线)　　图 2.67　切线-切线(带有曲线)

(2)编辑路线

①拖动夹点编辑,打开图形"路线-1. dwg"。

a. 缩放至路线起点区域,选择路线,路线各图元的起点、中点、终点将显示夹点(图 2.68)。

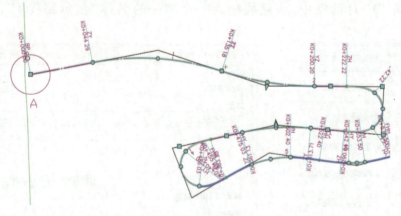

图 2.68　路线编辑

b. 单击圆 A 处的 ■ 夹点,该夹点变成红色(图 2.69)。

c. 拖动夹点到圆的中心点。

d. 按 Esc 键,退出编辑。

②利用路线布局工具编辑路线。

a. 选择路线→"路线工具"→"修改"→"几何图形编辑器"。

b. 定位路线到路线终点圆 B 区域,单击"路线布局工具"的 △ "插入交点"(图 2.70)。

c. 单击圆 C 中心点,更改路线(图 2.71)。

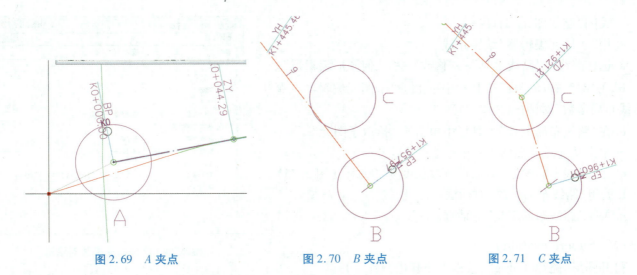

图 2.69 A 夹点　　　　　图 2.70 B 夹点　　　　　图 2.71 C 夹点

d. 单击"路线布局工具"的 "删除交点"。

e. 单击圆 C 处的路线交点,路线恢复初始状态。

③用"全景对话框"编辑路线。

a. 选择路线→"路线工具"→"修改"→"几何图形编辑器"。

b. 在"路线布局工具"工具栏中单击 "路线栅格视图",弹出"路线图元"对话框(图 2.72)。

图 2.72 路线栅格视图

c. 修改编号 1 相切约束为"约束于后一元素(浮动)",解锁"参数约束锁定",修改长度为"30 米"(图 2.73)。

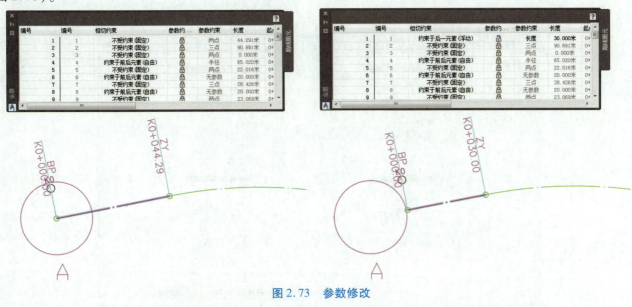

图 2.73 参数修改

d. 关闭"路线图元"对话框。

④用"子图元编辑器"编辑路线。

a. 选择路线→"路线工具"→"修改"→"几何图形编辑器"。

b. 在"路线布局工具"工具栏中单击 📝"子图元编辑器",弹出"路线布局参数"对话框(图 2.74)。

c. 在"路线布局工具"工具栏中单击 ⚡"拾取子图元"。

d. 单击从 A 点开始的第一个直线图元。

e. 在"路线布局参数"对话框修改长度为"90 米"(图 2.75)。

f. 关闭"路线布局参数"对话框。

g. 关闭"路线布局工具"对话框。

图 2.74　路线布局参数对话框

5)超高(Superelevation)

打开图形"路线-1. dwg",按以下步骤进行:

a. 选择路线→"路线工具"→"修改"→"超高"下拉列表→"计算/编辑超高"。

b. 在"编辑超高"对话框选择"立即计算超高"。

c. 在"计算超高-道路类型",选择"无中间带的双向横坡"(图 2.76)。

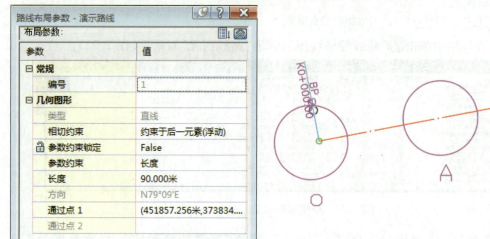

图 2.75　路线布局参数修改

d. 指定"轴方法"为"中心基准线"。

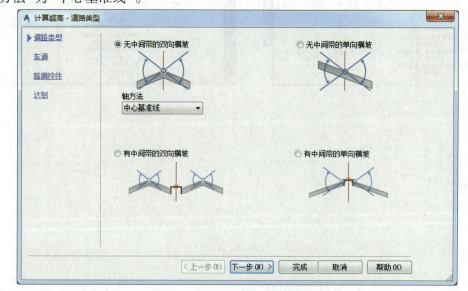

图 2.76　计算超高-道路类型

e. 单击"下一步"。

f. 在"计算超高-车道"对话框中,选择"对称道路"复选框,"正常车道宽度"输入"3.75 米","正常车道坡度"输入"-2%"(图 2.77)。

g. 单击"下一步"。

h. 在"计算超高-路肩控件"对话框中,选择"外部路缘路肩"中"计算"复选框,"正常路肩宽度"输入"0.75 米","正常路肩坡度"输入"-3%"(图 2.78)。

i. 单击"下一步"。

j. 在"计算超高-达到"对话框中,"设计规范文件"选择"_Autodesk Civil 3D Metric Roadway Design Standards. xml",其余参数如图 2.79 所示。

k. 选择"自动解决重叠"复选框。

l. 单击"完成"。

注:已经计算过超高的路线,再进行超高计算,会出现"超高曲线管理器"对话框,此对话框有每段超高的详细参数。如果要重新计算超高,单击"超高曲线管理器"页面"超高向导",在"计算"对话框,选择"整条路线",单击"确定",重新计算超高。

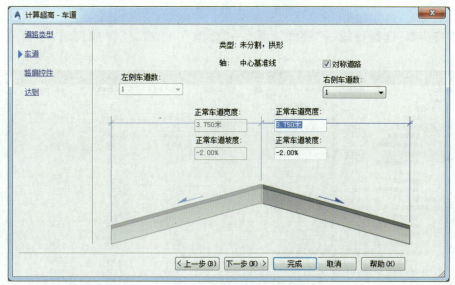

图 2.77　计算超高-车道

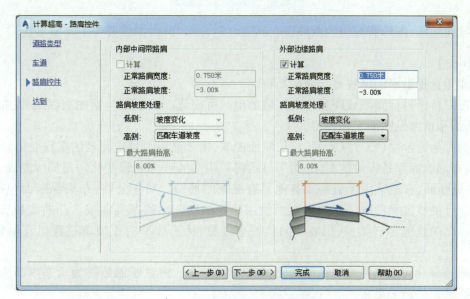

图 2.78　计算超高-路肩控件

图 2.79　计算超高-达到

m. 查看超高表格步骤：选择路线→"路线工具"→"修改"→"超高"下拉列表→"查看表格编辑器"（图 2.80）。

图 2.80　超高表格栅格器

在表格中选择曲线段，图形所对应的曲线段会高亮红色显示，可根据需要手工调整参数。

6）纵断面（Profiles）

纵断面的主要用途是沿平面路线显示曲面高程。

使用纵断面可以将沿目标路线或跨越特定区域的地形可视化。纵断面包括曲面纵断面、布局纵断面、叠合纵断面、快速纵断面和道路纵断面 5 种类型。

①曲面纵断面称为原地面（EG）纵断面，它从曲面提取，用于显示沿特定路径的高程变化。

②相比而言，布局纵断面是设计的对象，用于显示将要构造的目标高程变化。布局纵断面称为设计纵断面或完工坡面（FG）纵断面，它通常用于道路或其他具有坡率的场地。对于公路，布局纵断面包括为在特定速度下的安全驾驶而设计的坡度和曲线。布局纵断面使用凸曲线和凹曲线两类曲线。凸曲线放置在小山顶上，或任何坡率变小处。凸曲线包含三类：从正坡率向负坡率过渡、从正坡率向正坡率过渡以及从负坡率向负坡率过渡。

③叠合纵断面是叠合到不同路线的纵断面图的路线纵断面。该纵断面始终为动态纵断面，更改原始纵断面、路线时，这些纵断面将随之更新。

④快速纵断面是临时对象，显示沿所有现有直线或一系列选定点的高程。

⑤将从道路要素线（如公路的边缘）中创建铺装层纵断面。该纵断面将显示在生成它的基准线路线的纵断

面图中。偏移纵断面是另一种类型的纵断面,通常用于公路设计中。公路中心线提供主平面路线,从中心线偏移的各种线则标记其他线性要素,如铺装层边界、沟渠和人行道。为获得更完整的道路曲面视图,可以首先相对于偏移的纵断面,然后相对于中心线纵断面来分析这些偏移的纵断面。创建和管理偏移纵断面可以独立于任何可能存在的偏移路线进行,虽然在设计过程中可以被一起使用。

创建曲面纵断面时,应指定它是动态纵断面还是静态纵断面。如果曲面高程发生变化,动态纵断面将自动更改。移动平面路线或编辑曲面时,就会产生这些变化。静态纵断面表示创建它时的地形,不响应对曲面的更改。

纵断面以图形化直线的形式显示在纵断面图的栅格中。通常,创建纵断面图来显示曲面纵断面,然后在同一个栅格上绘制布局纵断面,以显示两个曲面之间的高程差。纵断面可以在图形中进行创建和保存,然后在创建纵断面图时进行显示。

可以使用快速纵断面沿对象或通过多个点查看曲面高程。此快速纵断面仅临时使用,不会在图形中保存。

(1)纵断面图创建

创建曲面纵断面之前,应创建好曲面和路线。

a. 单击功能空间"创建设计"→"纵断面"下拉栏选择"创建曲面纵断面"。

b. 在弹出对话框选择路线"演示路线"。

c. 选择曲面"原始曲面",单击"添加"将其添加到纵断面列表中,如图2.81所示。

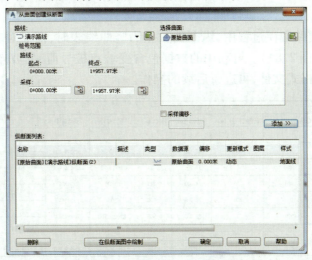

图2.81 从曲面创建纵断面

d. 单击"在纵断面图中绘制"。在弹出对话框,"常规"页面"纵断面图样式"栏选择"轴线和完整栅格",单击"下一步"(图2.82)。

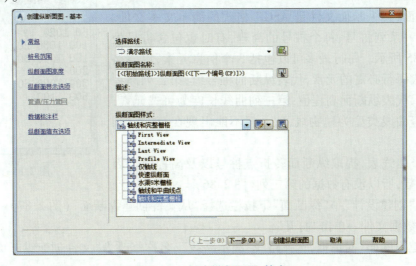

图2.82 创建纵断面图-基本

e."桩号范围"页面，一般情况下默认从起点到终点，单击"下一步"。

f."设置纵断面高度"页面，一般情况下默认即可，单击"下一步"。

g."纵断面显示选项"页面，一般情况下默认即可，单击"下一步"。

h."数据标注栏"页面，"选择标注栏集"选择"地面数据"，单击"下一步"（如果是做道路的纵断面可以选择模板里的"常用"；如果是做原始地形剖面等，可以选择"地面数据"或者"无标注栏"）。

i."纵断面填充选项"页面，一般可以默认选，如有特殊需要，也可以选择不同的填充样式。

j.单击"创建纵断面图"，在图纸空间找位置单击。这样就创建了一个纵断面和一个纵断面图（图 2.83）。

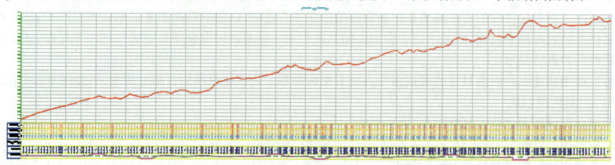

图 2.83　纵断面图

（2）设计纵断面创建

①从文件创建纵断面。道路翻模过程中，纵断面数据为竖曲线表时，需要对表格进行整理，采用从文件创建纵断面的方法创建纵断面（图 2.84）。可利用的数据包含变坡点桩号值、变坡点高程值以及变坡点曲线半径等数据值。将表格整理为 txt 格式文件，再进行后续的操作。

第 1 页 共 3 页

序 号	桩　　号	标　高 (m)	竖　　曲　　线						纵　坡 (%)		变坡点间距 (m)	直坡段长 (m)	备　注
			凸曲线半径R (m)	凹曲线半径R (m)	切曲长T (m)	外距E (m)	起点桩号	终点桩号	+	-			
0	K0+000	940.842											
									8		60.000	40.564	
1	K0+060	945.642		1500	19.436	0.126	K0+040.564	K0+079.436			70.000	34.300	
									10.59142857				
2	K0+130	953.056	5500		16.264	0.024	K0+113.736	K0+146.264			60.000	29.736	
									10				
3	K0+190	959.056	400		14.000	0.245	K0+176	K0+204			130.000	89.000	
									3				
4	K0+320	962.956		600	27.000	0.608	K0+293	K0+347			125.000	75.500	
									12				
5	K0+445	977.956	500		22.500	0.506	K0+422.500	K0+467.500			110.000	57.500	
									3				
6	K0+555	981.256		1200	30.000	0.375	K0+525	K0+585			95.000	45.750	
									8				
7	K0+650	988.856	1100		19.250	0.168	K0+630.750	K0+669.250					

图 2.84　纵坡、竖曲线表

从文件创建纵断面，必须先创建好路线和曲面纵断面，才可以导入文件创建出设计纵断面。

从文件创建纵断面，其纵断面文件是 ASCII 格式的简单文本文件。该文件包含沿路线的一系列桩号、每个桩号的高程，有时也包含桩号处的曲线长度，如图 2.85 所示。每行最多可以包括 3 个信息元素，以空格分隔：第一列桩号代表每行必需的元素，代表纵断面桩号值；第二列高程代表每行必需的元素，代表纵断面高程值；第三列曲线长度为可选元素，代表竖曲线的长度，竖曲线类型为抛物线，此元素不能出现在第一行和最后一行。

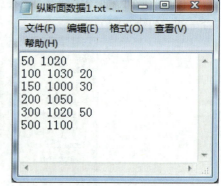

图 2.85　纵断面数据

a.将 PDF 版的竖曲线表，提取纵断面转折点桩号以及高程值。因为没有竖曲线长度参数，所以没有数据的第三列（图 2.86）。

b.单击功能空间"创建设计"→"纵断面"下拉栏选择"从文件创建纵断面"（图 2.87）。

c.选择要导入的数据文件→单击"打开"。

d.在弹出的"创建纵断面"对话框，选择路线"演示路线"，名称修改为"文件创建纵断面"，纵断面样式选择"设计线"（图 2.88）。

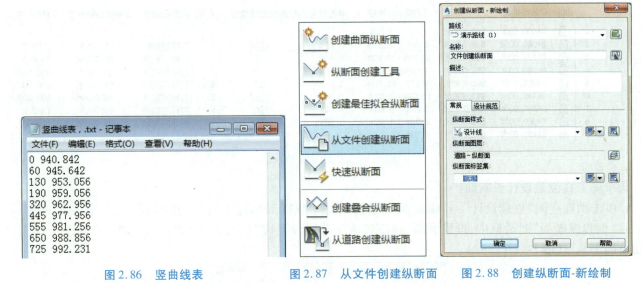

图2.86　竖曲线表　　　　图2.87　从文件创建纵断面　　图2.88　创建纵断面-新绘制

e. 单击"确定",纵断面创建完成(图2.89)。

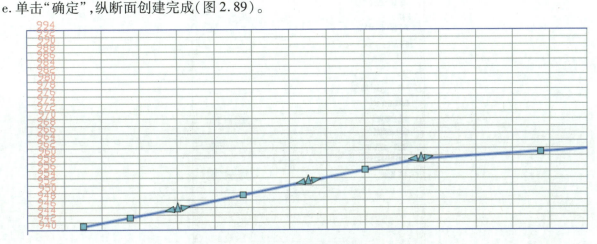

图2.89　纵断面图

f. 观察纵断面,在坡度转折点为直线段连接,然后根据表格修改变坡点曲线样式。

g. 单击纵断面→单击"几何图形编辑器"→单击"纵断面布局工具"中 ⊞ ,出现纵断面图元全景对话框。

h. 单击"纵断面布局工具"中 ⌒ ▼下拉栏,选择"自由竖曲线(抛物线)",根据命令栏提示选择变坡点前后图元,输入相对应曲线半径(图2.90)。

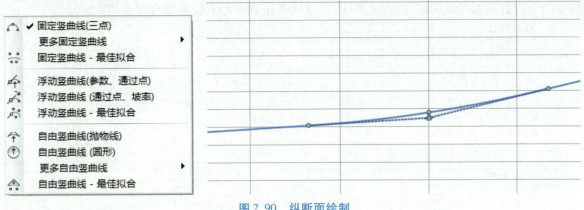

图2.90　纵断面绘制

i. 按空格键或回车键完成修改,查看纵断面数据,是否与设计数据完全相符(图2.91)。

编号	锁定	变坡点桩号	变坡点高程	前坡度	后坡度	A（坡度变化）	纵断面曲线类型	K 值	子图元类型	纵断面曲线长度	曲线半径
1	🔒	0+000.00米	940.842米		8.00%						
2	🔒	0+060.00米	945.642米	8.00%	10.59%	2.59%	凹形	1...	对称抛物线	38.871米	1500.0...
3	🔒	0+130.00米	953.056米	10.59%	10.00%	0.59%	凸形	5...	对称抛物线	32.529米	5500.0...
4	🔒	0+190.00米	959.056米	10.00%	3.00%	7.00%	凸形	4...	对称抛物线	28.000米	400.000米
5	🔒	0+320.00米	962.956米	3.00%	12.00%	9.00%	凹形	6...	对称抛物线	54.000米	600.000米
6	🔒	0+445.00米	977.956米	12.00%	3.00%	9.00%	凸形	5...	对称抛物线	45.000米	500.000米
7	🔒	0+555.00米	981.256米	3.00%	8.00%	5.00%	凹形	1...	对称抛物线	60.000米	1200.0...
8	🔒	0+650.00米	988.856米	8.00%	4.50%	3.50%	凸形	1...	对称抛物线	38.500米	1100.0...
9	🔒	0+725.00米	992.231米	4.50%							

图 2.91 纵断面栅格视图

②布局工具创建设计纵断面：

a. 单击功能空间"创建设计"→"纵断面"下拉栏选择"纵断面创建工具"→选择创建的原始纵断面图→在弹出的"创建纵断面"对话框中，设置纵断面名称"演示路线设计线"以及样式"设计线"，单击"确定"，弹出"纵断面布局工具"工具栏（图 2.92）。

图 2.92 纵断面布局工具

b. "纵断面布局工具"与"路线布局工具"基本类似，选择 ⟨图标⟩ 下拉栏选择"绘制曲线切线" ⟨图标⟩。

c. 根据命令行提示选择纵断面起点，从左往右，依次单击圆中心点以放置变坡点（图 2.93）。

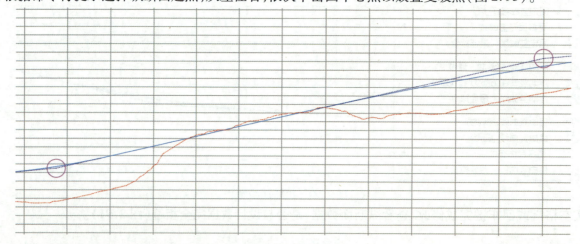

图 2.93 放置变坡点

d. 按回车键完成布局纵断面。

e. 修改纵断面方法与路线类似,可通过"纵断面布局工具"中 进行单个或全景对话框进行修改(图 2.94)。

编号	锁定	变坡点桩号	变坡点高程	前坡度	后坡度	A（坡度变化）	纵断面曲线类型	K值	子图元类型	纵断面曲线长度	曲线半径	不对称长度1	不对称长度2
1	🔒	0+000.00米	1021.000米		4.00%								
2	🔒	0+050.00米	1023.000米	4.00%	12.00%	8.00%	凹形	2...	图形曲线	23.753米	300.000米		
3	🔒	0+230.00米	1044.600米	12.00%	4.50%	7.50%	凸形	5...	图形曲线	44.514米	600.000米		
4	🔒	0+595.00米	1061.025米	4.50%	11.50%	7.00%	凹形	5...	图形曲线	41.576米	600.000米		
5	🔒	0+820.00米	1086.900米	11.50%	4.50%	7.00%	凸形	2...	图形曲线	207.878米	3000.0...		
6	🔒	1+160.00米	1102.200米	4.50%	11.37%	6.87%	凹形	8...	图形曲线	47.601米	700.000米		
7	🔒	1+255.00米	1113.000米	11.37%	4.65%	6.72%	凸形	1...	图形曲线	86.459米	1300.0...		
8	🔒	1+315.00米	1115.790米	4.65%	12.00%	7.35%	凹形	3...	图形曲线	29.078米	400.000米		
9	🔒	1+415.00米	1127.790米	12.00%	4.50%	7.50%	凸形	6...	图形曲线	51.933米	700.000米		
10	🔒	1+495.00米	1131.390米	4.50%	10.00%	5.50%	凹形	5...	图形曲线	32.730米	600.000米		
11	🔒	1+615.00米	1143.390米	10.00%	4.50%	5.50%	凸形	3...	图形曲线	207.287米	3800.0...		
12	🔒	1+945.00米	1158.240米	4.50%	11.20%	6.70%	凹形	2...	图形曲线	19.905米	300.000米		
13	🔒	1+957.97米	1159.693米	11.20%									

图2.94　全景对话框

7) 横断面(Sections)

在 Civil 3D 中,使用采样线、横断面和横断面图定义和显示横断面数据,它们都通过采样线编组的集合进行管理。一条路线可以关联多个采样线编组,每个采样线编组有唯一的一组采样线和横断面。

使用横断面可以提供以某个角度切断线性要素(如拟建的公路)的地形视图。

通常使用指定的样本宽度并以指定的桩号间隔切断水平(平面)路线来得到横断面,然后即可以单独打印某一桩号的横断面,或打印某一桩号范围内的一组横断面。

Civil 3D 使用以下部件来创建、管理和打印横断面:

①横断面。切断曲面的地形高程包括与指定的采样线编组相关联的道路曲面。高程在各条采样线的 XY 顶点处以及采样线所定义的垂直平面与曲面边相交处采样。

②横断面图。对于每条采样线,视图显示在该采样线上采样的部分或全部横断面。此图形视图的水平限制基于相应采样线的长度,垂直值基于它显示的横断面集中的最小高程和最大高程。

③横断面图纸。生成施工图质量的横断面布局,进行打印。

(1)创建采样线

a. 打开文件"Sections-Sample-Lines-Create. dwg"。

b. 单击"常用"选项卡→"纵断面图和横断面图"面板→"采样线" 。

c. 在"选择路线"提示下,按回车键。

d. 在"选择路线"对话框中,选择"中心线(1)",单击"确定"。

e. 显示"创建采样线编组"对话框,此对话框用于定义采样线编组的特性。Civil 3D 附带的模板中包含采样线的预定义线样式和线标签样式。

f. 在"创建采样线编组"对话框的顶部部分,指定以下参数:"采样线样式"为"道路采样线";"采样线标签样式"为"名称和横断面标记"。

g. 在"选择要采样的数据源"下,验证是否已为表格的所有条目选中"采样"复选框。数据源包括曲面、道路模型和道路曲面。每一个曲面和道路曲面都会生成一个横断面线。将道路模型用作一个源,包含该道路模型中的所有点、连接和造型。

h. 可将"横断面样式"设置为以下项:"EG"为"原地面";"道路-(1)"为"所有代码";"道路-(1)顶部"为"设计坡面";"道路-(1)基准"为"设计坡面"。

i. 可以双击表中的某个"样式"单元选择"横断面样式"。

j. 单击"确定"。

k. 显示"采样线工具"工具栏,命令行中将显示"指定桩号"的提示。

l. 在工具栏上,单击 "采样线创建方式"按钮旁边的箭头。单击 "起始于道路桩号",在道路模型中的每个桩号创建采样线。

m. 在"创建采样线-起始于道路桩号"对话框中,指定以下参数:"左侧样本宽度"为"150";"右侧样本宽度"

为"150"。

n. 单击"确定"。

o. 创建采样线(图2.95)。如果需要,可使用"采样线工具"工具栏定义其他采样线。

p. 关闭"采样线工具"工具栏。

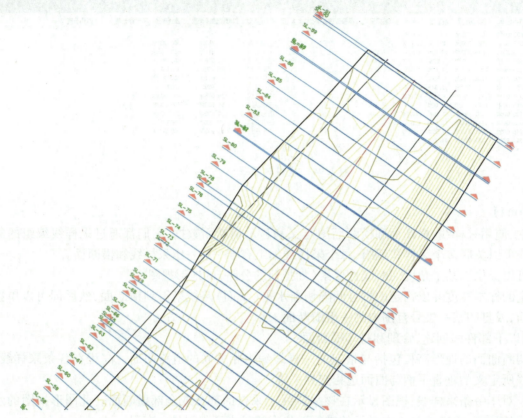

图2.95　道路采样线

(2)修改编组打印样式

a. 打开文件"Sections-Views-Create. dwg"。

b. 在"工具空间"的"设定"选项卡上,展开"横断面图"→"编组打印样式"集合,选择"基本"样式。单击鼠标右键,单击"编辑"。

c. 在"编组打印样式"对话框中,单击"显示"选项卡。

d. 在"部件显示"下的"打印区域"中,将"颜色"更改为"红色"。

e. 单击"确定"。

(3)指定基本横断面图参数

a. 单击"常用"选项卡→"纵断面图和横断面图"面板→"横断面图"下拉式菜单→"创建多个视图"。

b. 在"创建多个横断面图"中,在"常规"页面上,指定以下参数:"选择路线"为"中心线(1)";"采样线编组名称"为"SLG-1";"桩号范围"为"用户指定";"起点"为"0+00.00";"终点"为"10+00.00";"横断面图样式"为"道路横断面"。

c. 单击"下一步"。

(4)指定打印样式和布局模板

a. 在"横断面定位"上,指定图纸中横断面图的显示和排列方式。选择模板、视口比例和编组打印样式。

b. 在"定位选项"下,选择"施工图"。"草图"选项仅在当前图形中创建横断面图,无法从"草图"横断面图生成图纸。

c. 在"横断面图纸的模板"下,单击 ⬚。

d. 在"选择布局作为图纸模板"对话框中,单击 ⬚。

e. 在本地模板文件夹中,确定已选择"Civil 3D(Metric)Section. dwt",单击"打开"。

f. 在"选择布局作为图纸模板"中的"选择布局以创建新图纸"下,选择"ARCHD 平横断面 40 比例"。

g. 单击"确定"。

h. 在"创建多个横断面图"中的"编组打印样式"下,选择"基本"。

i. 单击"下一步"。

(5)指定横断面图偏移

a. 在"偏移范围"中的"偏移范围"下,选择"自动"。

b. 注意"左侧"和"右侧"的值均为 150。

c. 单击"下一步"。

(6)指定横断面图的高度

a. 在"高程范围"页面上,指定以下参数:"用户指定"为"已选定";"高度"为"100.000";"横断面图高度选项"为"按照横断面";"选择横断面"为"EG"。

这些设定将指定所有横断面图高度均为"100 米(m)",且高程按照 EG 曲面高程。

b. 单击"下一步"。

(7)指定采样横断面和标签

a. 在"横断面显示选项"中的"剪裁栅格"列中,单击"道路-(1)顶部"。

b. 在"EG",单击"更改标签"列中的值。

c. 在"选择样式集"中,选择"无标签",单击"确定"。

d. 重复步骤 b、c,将"无标签"样式应用于"道路-(1)顶部"和"道路-(1)基准"曲面。

e. 单击"下一步"。

(8)指定数据标注栏设定

a. 在"数据标注栏"中的"选择标注栏集"下,选择"主桩号"。

b. 在"设定标注栏特性"区域中,指定以下参数:"曲面1"为"道路(1)-顶部";"曲面2"为"道路(1)-基准"。

(9)创建和检查横断面图

a. 单击"创建横断面图"。

b. 显示"识别横断面图原点"时,在顶部视口选择一个点。

c. 放大到某一张图纸。

横断面图编组排列在两个矩形内部,蓝色矩形表示图纸的范围,红色矩形表示放置横断面图的可打印区域的范围,如图 2.96 所示。

创建横断面图纸时,红色矩形和蓝色矩形之间的区域包括标题栏、边界和所选创建施工图模板中包含的其他信息。

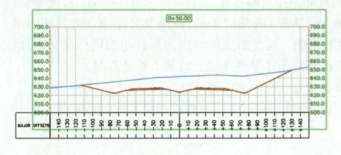
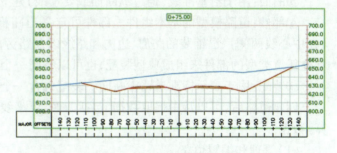
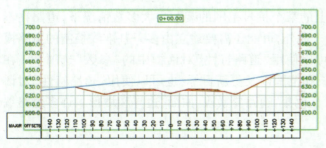
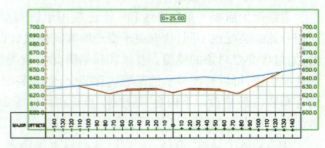

图 2.96　横断面图

d. 放大到某一张横断面图(图2.97)。

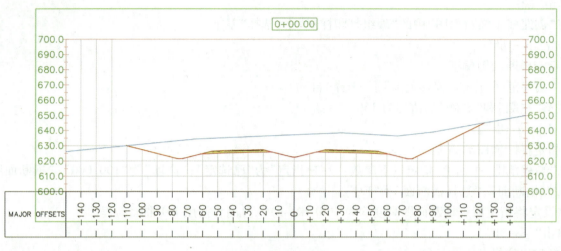

图 2.97　横断面图

8)道路建模(Corridor Modeling)

使用 Civil 3D 道路建模功能创建灵活且可配置的三维道路模型,如道路、公路和铁路。

道路模型以各种 Civil 3D 对象和数据(包括部件、装配、曲面、要素线、路线和纵断面)为基础,并使用这些对象和数据来管理数据,并将各种(用于不同桩号范围的)装配连接到基准线和它们的设计坡面纵断面。

在图形中,道路作为 Aecc Corridor 的对象保留在其中。道路对象包括道路主体几何图形、纵向要素线、嵌入的曲面,并支持渲染和坡度图案填充。

可以定义道路并显示它的组件,例如:沿着(在"用来创建装配的"部件中定义的)点代码连接各点的要素线。

将二维横断面(装配)放置在增量位置以及创建达到每个增量位置处曲面模型的匹配坡度,从基准线(路线)创建道路对象。

使用多条基准线创建道路,从而可以创建更加复杂的设计,如相交。

道路通过并基于现有 Civil 3D 对象创建,这些对象包括:

①水平基准线(路线或要素线):作为道路的中心线供道路使用。

②垂直基准线(纵断面或要素线):用于沿水平基准线定义曲面高程。

③曲面:用于沿基准线(通过纵断面或要素线)建立高程和用作道路目标。

④部件:道路模型的基本组件。部件可定义道路横断面(装配)的几何图形,如典型公路由已铺装的车道(在中心线两侧)、已铺装的路肩、边沟和路缘以及路旁放坡组成。这些组成部分作为部件单独进行定义,可以堆叠任意类型的部件来组成典型装配,也可以将同一个装配应用于水平基准线上的某个桩号范围。

⑤装配:用于表示标准道路横断面。装配包含一个或多个连接在一起的部件。

创建道路后,可以从中提取数据,包括曲面、要素线(如多段线、路线、纵断面和放坡要素线)和体积(土方计算)数据。

(1)管理和编辑道路

道路至少需要一条基准线和一个已应用于该基准线上的某个桩号范围的装配。大多数情况下,道路在不同桩号处的装配也不同,这取决于原地面和其他设计因素。此外,可能还需要建立由多条基准线控制的道路模型,如包含交点对象的模型。要添加和编辑此复杂类型,可以使用"道路特性"对话框中的"参数"选项卡。在该选项卡中,可以修改关联的基准线和装配,更改装配步长和范围以及更新目标,也可以使用"道路特性"对话框查看和(或)更改以下内容:基准线、步长和目标等参数,代码集,道路要素线、曲面、边界和坡形。许多道路编辑命令也可以在"道路"功能区选项卡中访问。

在功能区中显示"道路"选项卡,执行以下操作之一:

①在图形窗口中,单击"道路"选择它。

②在"工具空间"的"浏览"选项卡上,在"道路"上单击鼠标右键,然后单击"选择"(无法复制道路)。

（2）关于装配

装配对象包含并管理一组用于形成三维道路模型的基本结构的部件。

一个装配就是一个 Civil 3D 图形对象（AECC Assembly）,用于管理一组部件对象。装配和部件还可以用作基于道路或其他路线的设计的基本构造块。装配对象必须沿路线应用才能形成道路,而且可以参考一个或多个偏移（图2.98）。

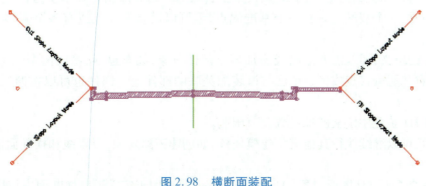

图 2.98　横断面装配

通过在装配基准线上添加一个或多个部件对象（如行车道、路缘和边坡）,可以创建装配对象（图2.99）。这就构成道路横断面的设计。目录集中提供这些部件。

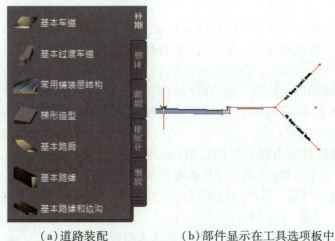

（a）道路装配　　　（b）部件显示在工具选项板中

图 2.99　装配

图2.100所示为一个表示双车道道路的一侧（车道）的简单装配对象。名为 BasicLane 和 BasicCurbAndGutter 的部件对象已添加到基准路线,构成了一条带有路缘和边沟的行车道,还可以创建称为条件装配的更高级装配。条件装配包含一个或多个条件部件,满足指定桩号处的指定条件时,将应用后续部件。

装配对象由以下部件构成:

①插入点。这是为创建装配对象而在图形中选择的初始点。它与最终生成的道路对象的中心线相对应。插入点也称为地面参照点,通常位于路线和设计纵断面（纵断面设计线）上。

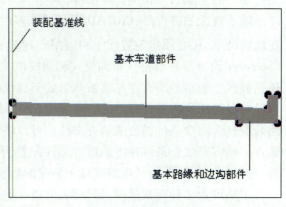

图 2.100　基本部件

②基准线。装配的基准线通常显示为视觉辅助对象（标记）,用于表示装配基准线点处的垂直轴。要在基准线点上附着部件,可以通过选择基准线标记来实现。与选择基准线点相比,这种在装配上附着部件的方法有时更容易,特别是当该点上已附着一个或多个部件时。

③基准线点。这是装配上的一个点,通常表示控制路线附近的装配上附着的第一个部件的起点。默认情况下,基准线点与插入点重合,因此也位于路线中线和纵断面上。要开始远离（垂直和水平）中心线的横断面元

51

素,可以通过从装配插入点向外移动基准线点来实现。

④偏移线。偏移线通常是一条垂直线,从视觉上表示偏移点处的垂直轴。要在偏移点上附着部件,可以通过选择偏移线标记而不是选择偏移点来实现。与选择偏移点相比,这种在装配偏移点上附着部件的方法有时更容易,特别是当该点上已附着一个或多个部件时。

⑤偏移点。这是装配上的一个点,表示最终生成的道路对象的偏移路线上的地面参考点。附着在此点的部件位于偏移路线及其目标纵断面上。例如,假设某条公路的一侧或两侧有多条便道,则这些便道的中心线将由偏移点来表示。通常,一个装配上只有一个基准线点,但可以没有偏移点或有多个偏移点,可以随时在装配上添加或删除偏移点。

要完成装配对象的定义,通常需要沿路线添加多个部件对象,如车道、路缘或沟渠。每个部件都可以连接到装配基准线点、任意装配偏移点或另一个已与该装配关联的部件上。部件也可以按照一定的偏移和(或)高程附着到到这些点上。

注:用户在 Civil 3D 装配中定义的坡段数没有限制。

创建装配对象后,可以继续执行其他道路建模任务,如创建道路对象、要素线和横断面图。

(3)关于部件

一个部件就是一个 Civil 3D 图形对象(AECC Subassembly),用于定义道路横断面中使用组件的几何图形。

将部件对象添加到装配对象可以创建道路横断面。通过工具选项板和工具目录,Civil 3D 可以为组件(如行车道、路缘、边坡和沟渠)提供预配置的部件。这些部件由一组点、连接和可能闭合的区域(也称为造型)进行定义。

每个部件均具有已定义的横断面,并且某些部件将自动适应其位置。例如,应用超高时公路车道的坡度将更改,边坡坡度将自动创建挖方坡度或填方坡度(取决于现有曲面的相对高程)。部件的尺寸(如车道的宽度或路缘的高度)将存储为特性。

部件定义可以参考点、连接和造型代码。点为部件的顶点,其可以是相邻装配的附着点。连接是点之间的直线段或曲线。造型是二维多边形,表示部件的横断面造型。图 2.101 所示为"基本路缘和边沟"部件的编码图。

与 Civil 3D 一同提供的部件具有内置的智能行为。它们可以自动适应某些条件,如超高和挖方(填方)要求。例如,边坡部件具有可变的坡度,可以根据道路的挖方深度自动改变坡度。当填方条件超过给定的深度时,路肩将自动加宽以包括护栏或挡墙。

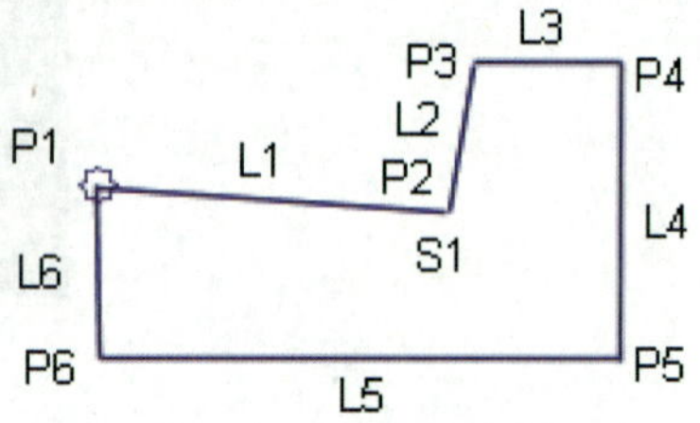

图 2.101　部件

确定要使用的各种部件后,确保可以通过 Civil 3D 工具选项板或通过内容浏览器中的工具目录访问这些部件。

除了现成的部件外,Civil 3D 还可以从多段线创建自己的自定义部件对象。在此情况下,还必须指定装配中和道路创建过程中的部件行为。用户也可以使用".NET"语言或 Subassembly Composer 设计多种部件。布局模式和建模模式:尚未应用于道路的部件被认为处于布局模式中。创建道路后,道路模式中包括的所有部件都被认为处于建模模式中。

可以使用称为条件部件的特殊类型部件,满足特定条件时,它会自动插入其他指定的部件。例如,条件道路装配包含两个条件挖方或填方部件。可以将第一个条件挖方或填方部件配置为在满足挖方条件时应用沟渠部件。而将第二个条件挖方或填方部件配置为在满足填方条件时对曲面应用护栏、路肩和边坡。通过条件部件,可以减少必须保留的道路区域和装配的数量。

道路可为多种要素建模,如公路、渠道和跑道。道路模型以各种 Civil 3D 对象和数据(包括部件、装配、路线、要素线、曲面和纵断面)为基础,并使用这些对象和数据。

通过在增量位置处放置一个二维横断面(装配),然后在每个增量位置处创建与曲面模型相接的匹配坡度来沿一条或多条水平基准线创建道路对象。

①指定基础道路信息:

a.打开文件"Corridor-1a.dwg"。

b.依次单击"常用"选项卡→"创建设计"面板→"道路"。

　　c. 在"创建道路"对话框中,指定以下参数:名称:第一条街;基准线类型:路线和纵断面;路线:第一条街;轮廓:完成"坡面中心线-第一条街";装配:主要道路全断面图;目标曲面:EG;设定基准线和区域参数:选定。也可以使用"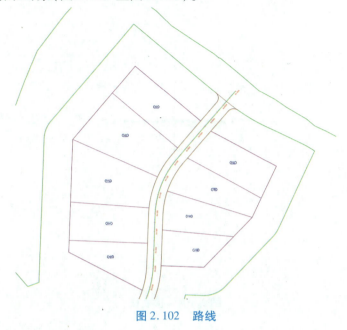"按钮,从图形拾取对象(图 2.102 至图 2.105)。

图 2.102　路线

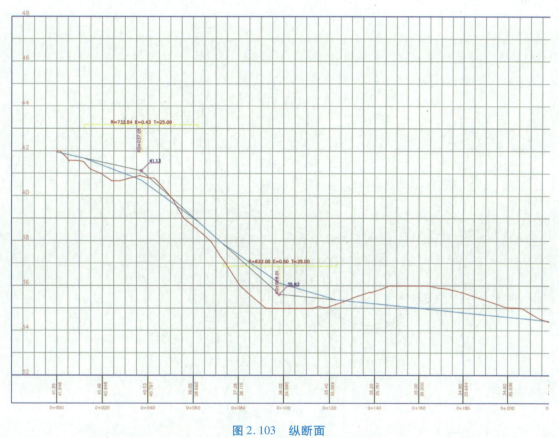

图 2.103　纵断面

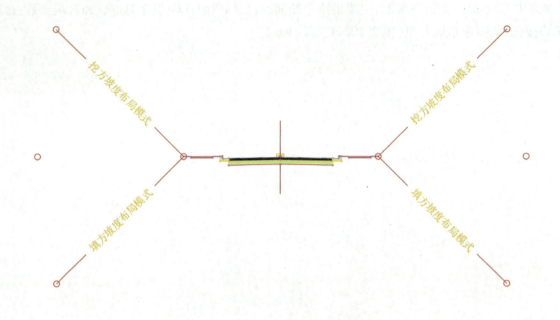

图 2.104　横断面

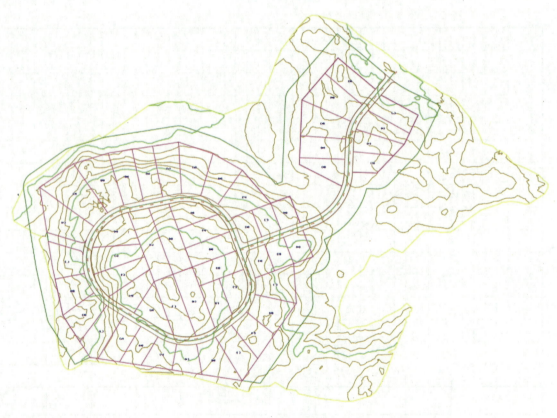

图 2.105　目标曲面

d.单击"确定"。

②指定基准线和区域参数：

a.在"基准线和区域参数"对话框的"RG-主要道路全横断面-(1)行"中的"终点桩号"单元,输入"0+440.00"。

b.在"步长"单元中,单击 。

c."应用装配的步长"对话框中,在"应用装配"下的"沿曲线"参数中,确定"按增量"处于选中状态。

d. 在"曲线增量"中输入"3.000",单击"确定"。

e. 单击"确定"。

f. 在"道路特性-重新生成"对话框中,单击"重新生成道路"。

g. 生成道路模型,如图 2.106 所示。

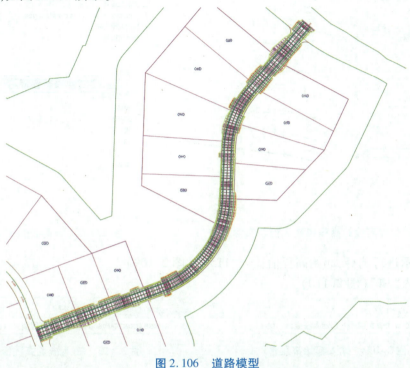

图 2.106　道路模型

2.2　Civil 3D 项目实战

2.2.1　基础数据处理

1)高程数据处理

常规原始地形测量数据分为两类,一类是以 dwg 格式的 CAD 图形,另一类是点数据文件,如 txt/csv 等格式文件。在 dwg 图形文件中,Civil 3D 可利用的数据包含等高线、测量点坐标及标高。

地形创建前,需要对地形图进行如下检查:

①查看项目用地红线及坐标体系是否正确(国土红线与规划红线是否矛盾),了解施工放线的测量控制点的等级、位置以及个数。

②查核地形图比例、坐标体系,是否满足现阶段设计精度要求。

③查找图中错误及问题,清理不需要的地形图层,另存为一个图形。

④检查图形单位,在 Civil 3D 中高程以"米"为单位,因此地形图二维平面单位为"米"。

⑤查看等高线及高程点 Z 值属性是否与标注的高程一致,不一致需要修改 Z 值属性。

(1)等高线数据处理

①等高线的高程属性 Z 值与实际不符(图 2.107)。当等高线的标高 Z 值为 0 或与图形标高不相符时,使用 Civil 3D 本地化扩展中提供的"等高线赋值"工具,为其赋上正确的高程值。

单击"工具空间"→"工具箱"→"附加工具"→"曲面"→"等高线赋值",分别输入第一根等高线的高程值与高程增量,绘制一条线,依次穿过所要赋值的等高线,回车结束赋值。

打开图形"等高线的高程属性 Z 值与实际不符.dwg"。

a. 单击"工具空间"→"工具箱"→"附加工具"→"曲面"→"等高线赋值",右键单击"执行"(图 2.108)。

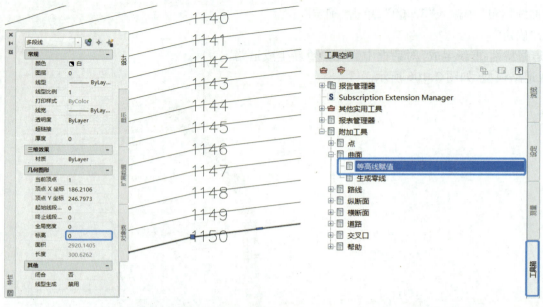

图 2.107　等高线的高程属性 Z 值与实际不符　　　　图 2.108　等高线赋值工具

b. 根据命令框提示进行选择,起始高程值输入"1150"(图 2.109)。

c. 增量高程值输入"-1"(图 2.110)。

图 2.109　输入起始高程值　　　　　　　　图 2.110　输入增量高程值

d. 起点选择左下角"1150"对应的等高线。

e. 终点选择左上角"1120"对应的等高线。

f. 按空格键或 Entre 键确认,赋值过的等高线会显示成红色(图 2.111)。

g. 同样的方法给其余等高线赋值。

②等高线为样条曲线且 Z 值与实际不符。等高线为样条曲线时,查看样条曲线标高值是否正确(图 2.112)。若正确,可不用修改;若不正确,需要对样条曲线进行处理。

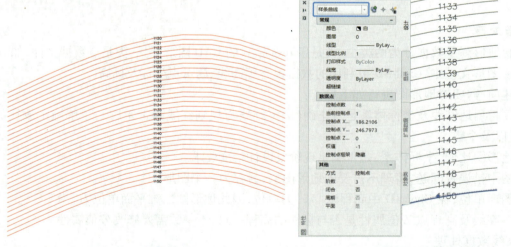

图 2.111　等高线赋值　　　　　　　　　　图 2.112　等高线为样条曲线

打开图形"等高线为样条曲线且 Z 值与实际不符. dwg"。

a. 点击"修改"→"设计"下拉栏,选择"将编辑样条曲线"(图 2.113)。

b. 选择所有的多段线,然后参照上例对多段线等高线进行赋值(图 2.114)。

(2)高程点数据处理

①块参照属性 Z 值与高程文字不符。打开图形"属性块 Z 值与高程文字不符. dwg"。

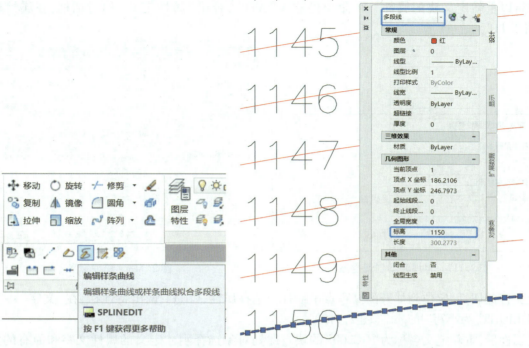

图2.113　样条曲线转为二维多段线　　　　　图2.114　等高线赋值

a. 打开属性块查看Z值标高,Z值均与标注文字高程不符(图2.115)。

b. 单击"修改"→"地面数据"→"曲面"。

c. 单击"曲面工具"→"移动到曲面"下拉栏,单击"将块移动到属性高程"(图2.116)。

图2.115　Z值与标注文字值不符

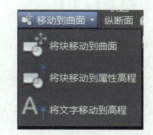

图2.116　将块移动到属性高程工具

d. 在"将块移动到属性高程"对话框中选择高程点块"GC200",属性标记选择所选块的属性"height"(图2.117)。

e. 按"确定"结束。

f. 查看属性块的Z值与标注文字一致。

注:当点高程仅为文字且Z值与文字不对应时,可用"将文字移动到高程"来移动文字的标高。

②块参照属性Z值与高程文字不符,且无法移动到属性高程。打开图形"属性块Z值与高程文字不符,且无法移动到属性高程.dwg"。

a. 双击块下增强属性的内容,在特性里面可以看到,块的标记为"height"。

b. 复制一个属性块到旁边,然后将复制的属性块炸开,保留高程点。

c. 此时可以重新定义块的属性。在命令栏输入"ATT",弹出"属性定义"的对话框,在属性标记中输入"height"(图 2.118)。

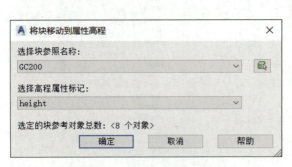

图 2.117 将块移动到属性高程   图 2.118 属性定义

d. 将定义好的属性,定位到炸开的高程点坐标处。选择属性,Ctrl+1 调出特性栏,在"文字"→"标记"处修改大写的"HEIGHT"为小写"height"(图 2.119)。

e. 定义属性后,重新定义名称为"GC200"的块。此处对象选择刚才定义的属性文字和原有的定位点符号(图 2.120)。

图 2.119 已定义属性   图 2.120 块定义

f. 定义完成后,会提示是否重新定义此块,选择"重新定义块"。在"编辑属性"对话框中随意输入一个数字,后期需要删除该块。

g. 完成后重新执行"将块移动到属性高程"命令,可以看到该确定命令变为可执行的命令。确定即可将块移动到所标示的文字高度。

③高程点块+高程文字。打开图形"高程点块+高程文字. dwg"。

a. 当原始测量数据中点标高为高程点块+数据文字,且块与文字 Z 值均为 0,可用"转换文本点"工具(图 2.121)。

b. 单击"工具空间"→"工具箱"→"附加工具"→"点"→"转换文本点",右键单击"执行"(图 2.122)。

c. 按照提示,选择任一个点高程文本对象(此文本数据必须为单行文字)。

d. 按照提示,单击选择的文本对象对应的高程点块中心点位置,输入高程点描述。

e. Civil 3D 将自动搜索文本对象所在图层上的所有文本,并根据相同的点位偏移,在每个文本对应的点位置上创建一个 Civil 3D 点对象。

注:当高程点仅为文字时,同样适用上述操作。

(3)点文件数据处理

除常规的 dwg 格式的地形图外,还有一些地形图是只有高程点的数据文件。将高程点文件导入 Civil 3D

前,需要分析高程点文件中各项数字代表的含义。Civil 3D 支持的点文件格式有 TXT、RPN、CVS、XYZ、AUF、NEZ、PNT。

图2.121　块参照Z值为0

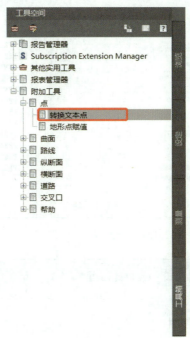

图2.122　转换文本点工具

①导入点文件。打开图形"点文件. dwg"。

a. 新建图形,单击"修改"→"地面数据"→"点",弹出"几何空间点"操作框(图2.123)。

图2.123　几何空间点

b. 单击"几何空间点工具"→"导入点",弹出"导入点"对话框(图2.124)。

c. 单击"添加文件" 按钮,选择源文件。

d. 在"指定点文件格式(过滤打开)"栏选择"PNEZ(空格分隔)"。

e. 单击"确定",双击鼠标滚轮,查看导入的点(图形"文件导入点")。

注:P——点编号;D——点描述;Z——高程(AutoCAD 中的 Z 坐标);N——北距(AutoCAD 中的 Y 坐标);E——东距(AutoCAD 中的 X 坐标)。

②创建点文件格式步骤。

a. 打开点数据文件,查看点文件各列数据表示内容(点编号、东距、北距、高程)。

b. 重复上例步骤 a、b。

c. 在单击"指定点文件格式(过滤打开)"右侧 ,在弹出"点文件格式"对话框单击"新建"(图2.125)。

d. 在弹出对话框选择"用户点文件",单击"确定"(图2.126)。

e. 在"点文件格式"对话框中,"格式名称"修改为"演示-点格式","默认文件扩展名"选择". txt"(图2.127)。

f. 单击下侧第一个"未使用",在弹出对话框"列名称"选择"点编号",单击"确定"。

g. 单击第二列"未使用",在弹出对话框"列名称"选择"东距",单击"确定"。

h. 单击第三列"未使用",在弹出对话框"列名称"选择"北距",单击"确定"。

i. 单击第四列"未使用",在弹出对话框"列名称"选择"点高程",单击"确定"。

j. 单击"确定"，在"点文件格式"中，可看到新建的"演示-点格式"（图 2.128）。

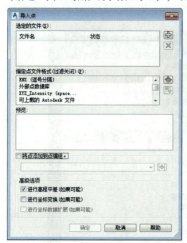

图 2.124 导入点

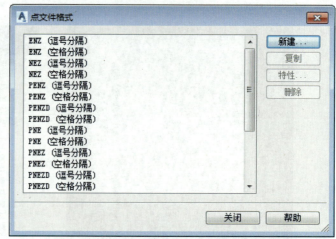

图 2.125 点文件格式

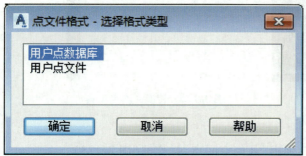

图 2.126 点文件格式类型

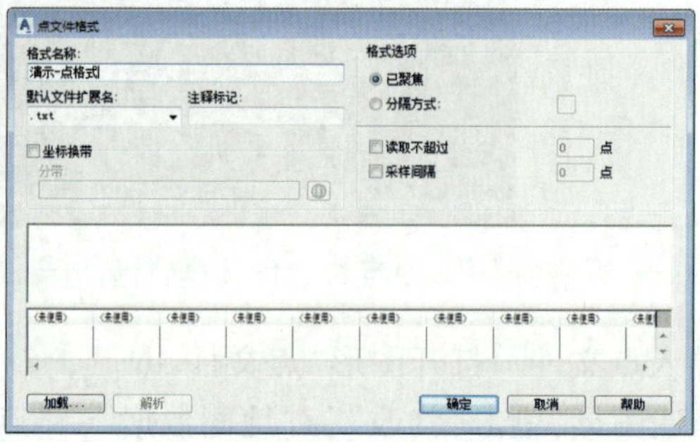

图 2.127 点文件格式编辑

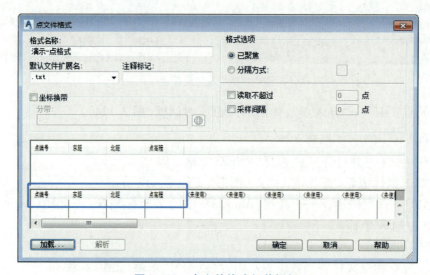

图 2.128 点文件格式加载解析

2）影像数据处理

（1）卫片

利用卫星遥感监测等技术手段制作的叠加监测信息及有关要素后形成的专题影像图片，简称卫片。

（2）正射影像

正射影像是具有正射投影性质的遥感影像。原始遥感影像因成像时受传感器内部状态变化（光学系统畸变、扫描系统非线性等）、外部状态（如姿态变化）及地表状况（如地球曲率、地形起伏）的影响，均有程度不同的畸变和失真。对遥感影像的几何处理，不仅可以提取空间信息，如绘制等高线，还可以按正确的几何关系对影像灰度进行重新采样，形成新的正射影像。正射影像制作主要采用专用设备来进行，如平坦地面中心投影式航空相片,可用光学机械型纠正仪。

①正射影像的应用:洪水监测、河流变迁、旱情监测;农业估产(精准农业);土地覆盖与土地利用土地资源的动态监测;荒漠化监测与森林监测(成林害虫);海岸线保护;生态变化监测;农村土地发证、指认宗地界线并数字化其点位坐标、土地利用调查等。

②正射影像制作方法及流程如图2.129所示。正射影像基于航飞数据利用全自动数据处理系统 Pix4D 进行自动一体化的影像生产。

整个处理过程包括初步处理、加入相控点、生成点云和 DSM、DOM 影像等。利用自动拼接和镶嵌技术实现影像的无缝拼接,确保影像无变形、发虚、拉花等现象。系统自动生成正射影像图,自动生成镶嵌线进行拼接。人工检查整体数据质量后修改镶嵌线不合理处,对镶嵌线进行修改,输出后的 DOM 成果以 TIFF 格式存储。

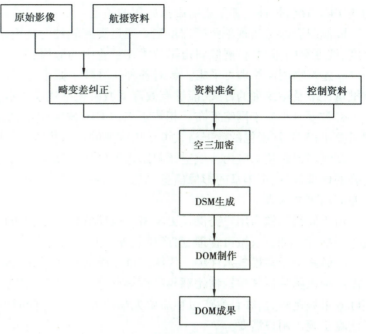

图 2.129　正射影像制作方法及流程

a.原始影像处理。制作数字正射影像(DOM)前,需对原始影像进行数据处理。数据处理的主要工作包括以下内容:

●应对由于天气、光照、镜头等导致的相片内部色彩不均匀的情况进行处理,对影像的直方图、反差进行拉伸,增强影像的可读性;

●对相片之间不一致的色带进行处理,使整个测区的影像基本接近于统一。

最终原始影像应满足图像清晰、反差适中、信息丰富、色彩真实、色调统一的要求。

b.初步处理。导入影像和影像经纬度、高度、内方位元素、外方位元素,利用 Pix4D 专业软件进行初步处理。

c.加入相控点。初步处理完成后,导入相控点,设置影像输出的坐标系,根据外业实地测点和拍照的数据逐一加入,每个相控点需要加入 3～5 张照片中。计算中误差、残值及控制点 X、Y 坐标值误差。如中误差超限,选好控制点后进行重采样,采用多次纠正的方法,直到符合限差为止。

d.生成点云。加入相控点后进行加密点云处理,为生成 DSM 和 DOM 做准备。

e.影像镶嵌。在有重叠区域的单片数字正射影像图影像选取拼接线进行镶嵌,最终得到整个区域的影像。

●拼接精度:数字正射影像图与相邻影像图拼接,拼接误差不大于 2 个像元。

●拼接要求:确保影像中地物一致,特别是道路、桥梁、水系、房屋等地物,且拼接影像之间的颜色一致,无明显差别。

●拼接线选取:在影像镶嵌前须进行拼接线选取,采用自动选取方法进行。

f.生成 DSM、DOM 影像。拼接完成后进行 DSM 和 DOM 输出,在输出过程中,软件进行自动匀色处理,使影像颜色更加美观。

g.影像合并和分幅。把输出的每幅影像进行总体拼接,拼接完成后进行分幅处理。按照要求分为标准图幅输出保存。

(3)倾斜摄影

倾斜摄影技术是国际测绘领域近些年发展起来的一项高新技术。它颠覆了以往正射影像只能从垂直角度拍摄的局限,通过在同一飞行平台上搭载多台传感器,同时从 1 个垂直、4 个倾斜等 5 个不同的角度采集影像,将用户引入了符合人眼视觉的真实直观世界。

①倾斜摄影技术特点如下:

a. 反映地物周边真实情况。相对于正射影像,倾斜影像能让用户从多个角度观察地物,更加真实地反映地物的实际情况,弥补了基于正射影像应用的不足。

b. 倾斜影像可实现单张影像量测。通过配套软件的应用,可直接基于成果影像进行包括高度、长度、面积、角度、坡度等的量测,扩展倾斜摄影技术在行业中的应用。

c. 建筑物侧面纹理可采集。针对各种三维数字城市应用,利用航空摄影大规模成图的特点,加上从倾斜影像批量提取及贴纹理的方式,能够有效降低城市三维建模成本。

d. 数据量小易于网络发布。相较于三维 GIS 技术应用庞大的三维数据,应用倾斜摄影技术获取影像的数据量要小得多,其影像的数据格式可采用成熟的技术快速进行网络发布,实现共享应用。

②倾斜摄影技术应用。航空倾斜影像不仅能够真实反映地物情况,而且还通过采用先进的定位技术,嵌入精确的地理信息、更丰富的影像信息、更高级的用户体验,极大地扩展了遥感影像的应用领域,并使遥感影像的行业应用更加深入。

由于倾斜影像为用户提供了更丰富的地理信息,更友好的用户体验,该技术在欧美等国家已经广泛应用于应急指挥、国土安全、城市管理、房产税收等行业。

③倾斜摄影建模技术优势。传统三维建模通常使用 3dsMax、AutoCAD 等建模软件,基于影像数据、CAD 平面图或拍摄图片估算建筑物轮廓与高度等信息进行人工建模。这种方式制作出的模型数据精度较低,纹理与实际效果偏差较大,并且生产过程需要大量的人工参与,同时数据制作周期较长,造成数据的时效性较低,因而无法真正满足用户需要。

倾斜摄影测量技术以大范围、高精度、高清晰的方式全面感知复杂场景,通过高效的数据采集设备及专业的数据处理流程生成的数据成果直观反映地物的外观、位置、高度等属性,为真实效果和测绘级精度提供保证,同时有效提升模型的生产效率。采用人工建模方式一两年才能完成的一个中小城市建模工作,通过倾斜摄影建模方式只需要 3～5 个月时间即可完成,大大降低了三维模型数据采集的经济代价和时间代价。目前,国内外已广泛开展倾斜摄影测量技术的应用,倾斜摄影建模数据也逐渐成为城市空间数据框架的重要内容(图 2.130)。

图 2.130　倾斜摄影测量

2.2.2　案例实践

1)项目简介

苏张高速苏尼特右旗至化德(蒙冀界)段公路是国家高速公路网二连浩特至广州高速公路(简称"二广高速",编号 G55)的 5 条联络线之一,也是苏尼特右旗至张家口高速公路(编号 G5516)的重要组成部分。该项目的建设对完善国家高速公路网络、贯彻落实国家西部大开发战略部署、充分发挥内蒙古联通蒙俄的区域优势、改善区域交通条件、促进沿线地区资源开发和经济社会协调发展具有重要意义。

该项目起于内蒙古自治区苏尼特右旗朱日和镇北 13 km,与 G55 二广高速设置 T 形枢纽互通立交,经镶黄旗、化德县,止于河北省康保县白脑包村附近,接苏尼特右旗至张家口高速公路康保(蒙冀界)至沽源段,主线全长 156.195 km。采用双向四车道高速公路标准建设,设计速度为 120 km/h。路面结构为:4 cm 厚 AC-13C 型细粒式改性沥青混凝土上面层+5 cm 厚 AC-16C 型中粒式改性沥青混凝土中面层+7 cm 厚 AC-25 型粗粒式沥青混凝土下面层+20 cm 厚水泥稳定级配碎石基层+32 cm 厚水泥稳定级配碎石底基层+20 cm 厚未筛分碎石垫层(局部路段设置)。桥涵设计荷载等级采用公路-I 级。同步建设化德东连接线 7.731 km。概算总投资为 67.1 亿元。

锡林郭勒盟境内(K0+000—K112+800、K121+260—K128+580 段)累计长 119.269 km,其中 K0+000—K93+759.802 段长 92.909 km,采用分离式路基断面,路基宽度为 2×13.5 m;K93+759.802—K128+580 段长 26.36 km,采用整体式路基断面,路基宽度为 27 m。设计路基计价土石方 2 278 万 m³,路面 314 000 m²;设朱日和北、朱日和东、都仁乌力吉、镶黄旗互通立交共 4 处,分离立交 8 处;设大桥 4 座、中桥 5 座、天桥 5 座;设小桥 19 座,暗板涵 111 道,通道桥 41 座,通道涵 53 道;设服务区 2 处,停车区 2 处,收费站 3 处,养护工区 2 处,管理分中心 1 处。概算总投资为 47.9 亿元。

2)地形创建

打开"图形地形.dwg"。

a. 单击"常用"选项卡→"创建地面数据"面板→"曲面"下拉列表→"创建曲面"(图 2.131)。

b. 在"创建曲面"对话框中,类型设置为"三角网曲面",为曲面输入一个唯一的名称"原始曲面",样式设置为"标准",单击"确定"(图 2.132)。

c. 在"工具空间"面板,单击"浏览",打开"曲面"下拉菜单,右击"图形对象"→"添加"(图 2.133)。

图 2.131　创建曲面工具

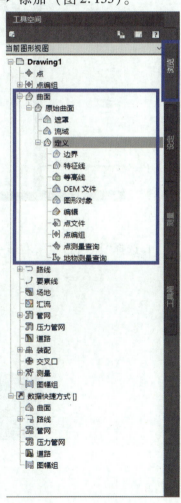

图 2.133　曲面下拉菜单

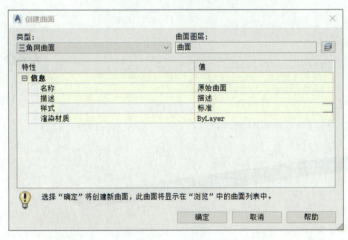

图 2.132　创建曲面

d. 在"从图形对象添加点"对话框中,对象类型选为"块",单击"确定",选择块图元,右击生成曲面(图 2.134、图 2.135)。

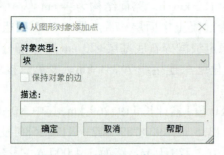

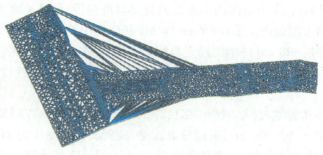

图 2.134　从图形对象添加点　　　　　　　　　图 2.135　三角网曲面

e. 选择"原始曲面",在"修改"选项板下拉"编辑曲面"→"删除直线",删除多余直线(图 2.136)。

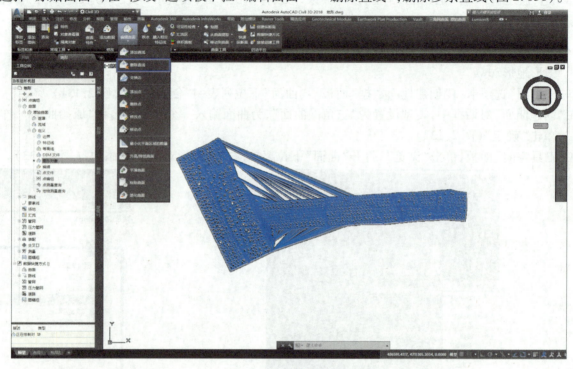

图 2.136　编辑曲面

f. 选择"原始曲面",右击→"对象查看器",查看地形三维模型(图 2.137)。

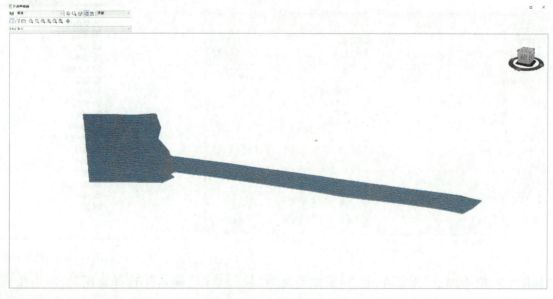

图 2.137　三维曲面查看

3）道路平面路线创建

打开"图形路线.dwg"（以 D 匝道为例）。

a. 单击"常用"选项卡→"创建设计"面板→"路线"下拉列表→"路线创建工具"（图 2.138）。

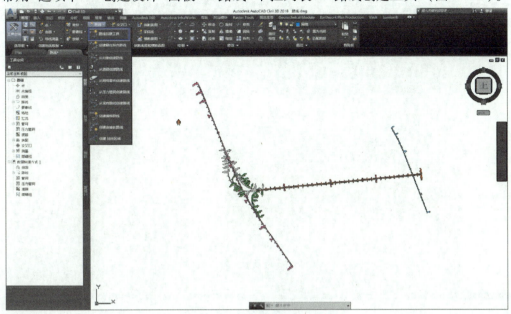

图 2.138　路线创建工具

b. 在"创建路线-布局"对话框中，为路线输入唯一的名称"D 匝道"。

c. 指定路线的类型"中心线"。

d. 输入起点桩号值"0+000.00 米"。

e. 在"常规"选项卡上，指定如图 2.139 所示设定。

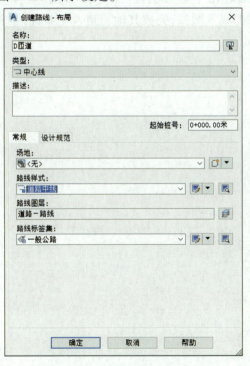

图 2.139　路线创建工具-布局

f. 在"设计规范"选项卡上，指定要应用于路线起点桩号的"起始设计速度"为"60 千米/每小时"，单击"确定"。

g. 在"路线布局工具"工具栏中，单击 转换 AutoCAD 直线和圆弧，转换起点方向为第一段圆弧

（图 2.140）。

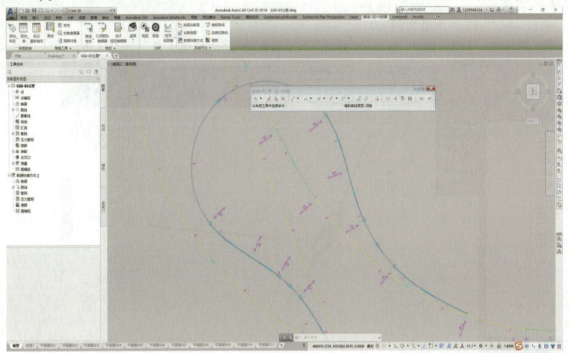

图 2.140　路线创建

h. 在"路线布局工具"工具栏中,选择 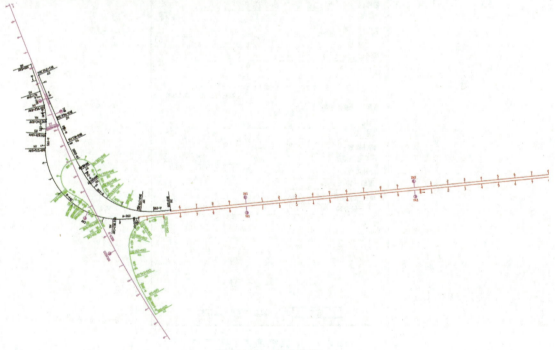 下拉栏,单击"固定缓和曲线",选择已经转换的圆弧,指定缓和曲线类型:点(或者输入 P),外曲(O),指定终点。

i. 重复步骤 h,指定缓和曲线类型:点(或者输入 P),内曲(I),指定终点。

j. 重复步骤 g,单击 转换 AutoCAD 直线和圆弧,转换第二段圆弧。

k. 重复上述步骤完成其余缓和曲线及圆弧,完成其他匝道及主线路线(图 2.141)。

图 2.141　完成路线

4）道路纵断面线型创建

打开"图形路线.dwg"（以 D 匝道为例）。

a. 单击"常用"选项卡→"创建设计"面板→"纵断面"下拉列表→"创建曲面纵断面"（图2.142）。

图2.142　创建曲面纵断面工具

b. 在"从曲面创建纵断面"对话框中，路线选择为"D 匝道"，桩号范围同路线起终点桩号，选择曲面为"原始曲面"，点击"添加"，单击"在纵断面图中绘制"，弹出"创建纵断面图-基本"对话框（图2.143）。

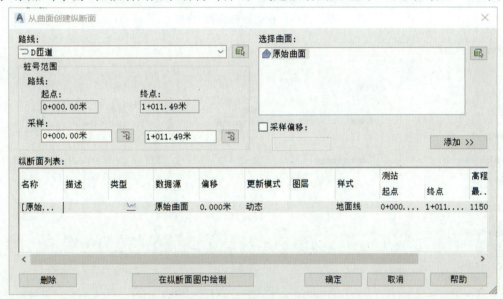

图2.143　从曲面创建纵断面

c. 在"创建纵断面图-基本"对话框中，选择路线为"D 匝道"，纵断面图名称为"D 匝道-纵断面图"，其余选项为默认，单击"下一步"（图2.144）。

d. 桩号范围与 D 匝道起终点桩号一致，单击"下一步"（图2.145）。

e. 纵断面高度选为"用户指定"，范围与项目纵断面图纸范围一致或者包含其范围，其余选项默认，单击"创建纵断面图"（图2.146）。

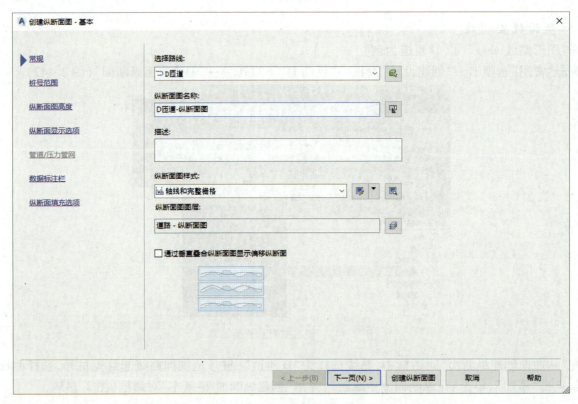

图 2.144　创建纵断面图-基本

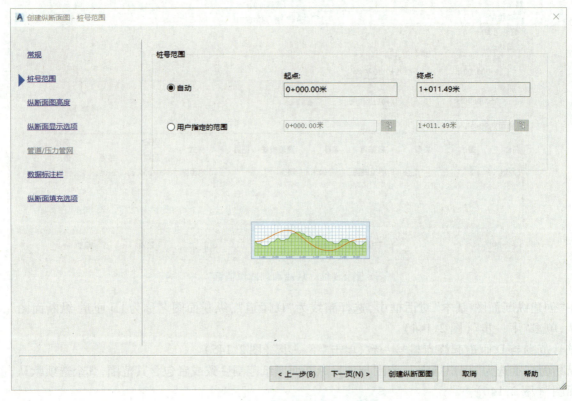

图 2.145　创建纵断面图-桩号范围

图 2.146　创建纵断面图-纵断面图高度

f. 在未有其他图元的空间选择纵断面图创建基点,单击左键创建完成(图 2.147)。

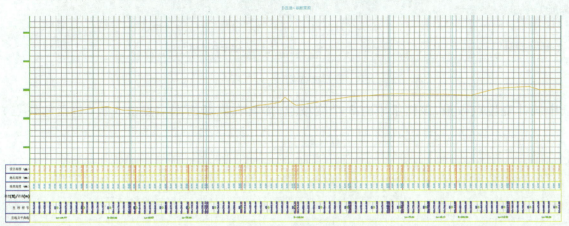

图 2.147　纵断面图完成

g. 选择纵断面图,在"启动平台"选项板,单击"纵断面创建工具"(图 2.148)。

图 2.148　纵断面创建工具

h. 在"创建纵断面-新绘制"对话框中,路线选择"D 匝道",名称为"D 匝道-纵断设计线",纵断面样式选为"设计线",图层默认,纵断面标签集选为"设计线",单击"确定"(图 2.149)。

i. 在"纵断面布局工具"中,"绘制直线切线"下拉菜单中选择"绘制曲线切线"(图 2.150)。

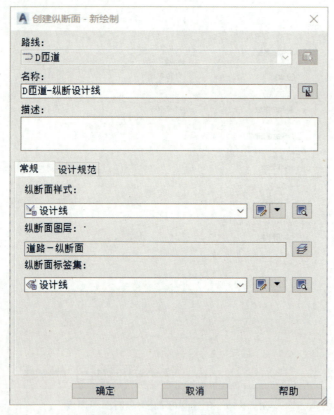

图 2.149　创建纵断面-新绘制

图 2.150　绘制曲线切线

j. 在图纸中统计变坡点数量,该图纸中有 3 个变坡点,需要在纵断面图中点击 5 次(包括起终点)(图 2.151)。

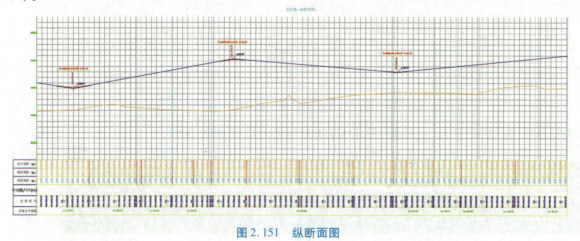

图 2.151　纵断面图

k. 在"纵断面布局工具"中打开"纵断面栅格视图"(图 2.152)。

编号	锁定	变坡点桩号	变坡点高程	前坡度	后坡度	A（坡度变化）	纵断面曲线类型	K 值	子图元类型	纵断面曲线长度	曲线半径	不对称长度 1	不对称长度 2
1	🔒	0+000.00米	1156.000米		-1.43%								
2	🔒	0+070.00米	1155.000米	-1.43%	1.76%	3.19%	凹形	19...	圆形曲线	63.857米	2000.0...		
3	🔒	0+375.77米	1160.396米	1.76%	-0.76%	2.53%	凸形	19...	圆形曲线	50.538米	2000.0...		
4	🔒	0+690.00米	1158.000米	-0.76%	0.93%	1.70%	凹形	19...	圆形曲线	33.912米	2000.0...		
5	🔒	1+011.49米	1161.000米	0.93%									

图 2.152　纵断面栅格视图

l. 对照项目纵断面图纸，在栅格视图中输入变坡点桩号、变坡点高程以及曲线半径（图 2.153）。

编号	锁定	变坡点桩号	变坡点高程	前坡度	后坡度	A（坡度变化）	纵断面曲线类型	K 值	子图元类型	纵断面曲线长度	曲线半径	不对称长度 1	不对称长度 2
1	🔒	0+000.00米	1159.032米		-2.44%								
2	🔒	0+180.00米	1154.633米	-2.44%	2.80%	5.24%	凹形	23...	圆形曲线	125.812米	2400.0...		
3	🔒	0+465.00米	1162.613米	2.80%	-2.17%	4.97%	凸形	39...	圆形曲线	198.831米	4000.0...		
4	🔒	0+820.00米	1154.901米	-2.17%	0.61%	2.79%	凹形	39...	圆形曲线	111.435米	4000.0...		
5	🔒	1+011.49米	1156.077米	0.61%									

图 2.153　参数修改

m. 对照项目图纸，检查纵断设计线各项参数值是否与设计值相符其余匝道及主线纵断面创建方式与 D 匝道一致（图 2.154）。

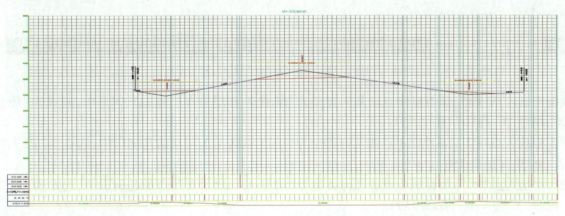

图 2.154　纵断面完成

5）道路横断面装配创建

Civil 3D 中自带的部件有很多，但是对于实际项目而言，很多部件与项目不符，需要重新创建符合项目的部件。下面以道路面层为例，在部件编辑器中创建道路面层。

a. 打开部件编辑器。在数据包设置中输入部件名称"面层"（图 2.155）。

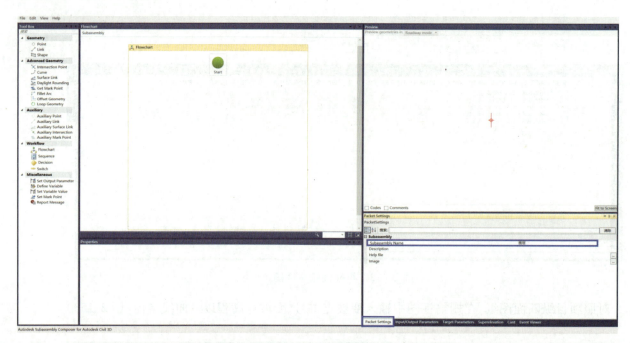

图 2.155　部件编辑器

b. 在"设置输入/输出参数"对话框中设置参数(宽、厚、坡度等)(图 2.156)。

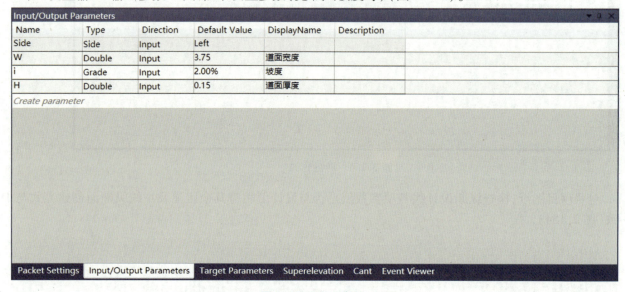

图 2.156　定义参数

c. 在流程图中拖入点"P1",属性框中点的几何类型为"增量 X 和增量 Y",点的几何形中,起点为"原点",增量"X"为"0",增量"Y"为"0"(图 2.157)。

d. 在流程图中拖入点"P2",属性框中点的几何类型为"坡度和增量 X",点的几何形中,起点为"P1",坡度为"i",增量"X"为"W"(图 2.158)。

e. 在流程图中拖入点"P3",属性框中点的几何类型为"增量 X 和增量 Y",点的几何形中,起点为"P1",增量"X"为"0",增量"Y"为"−H"(图 2.159)。

f. 在流程图中拖入点"P4",属性框中点的几何类型为"增量 X 和增量 Y",点的几何形中,起点为"P2",增量"X"为"0",增量"Y"为"−H"(图 2.160)。

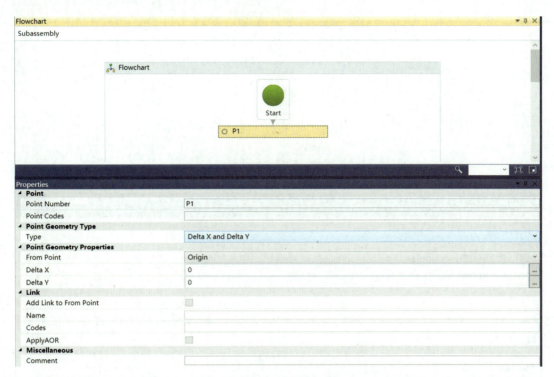

图 2.157　创建 P1 点

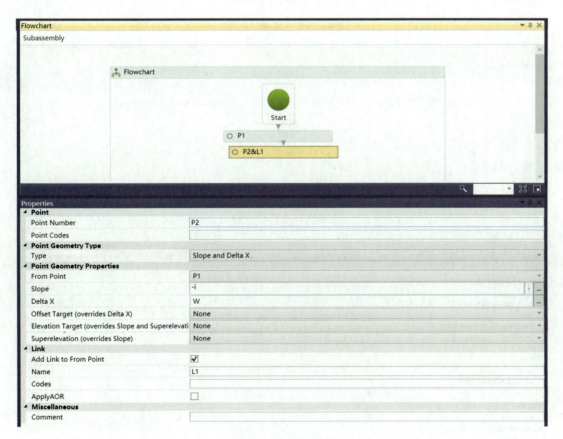

图 2.158　创建 P2 点

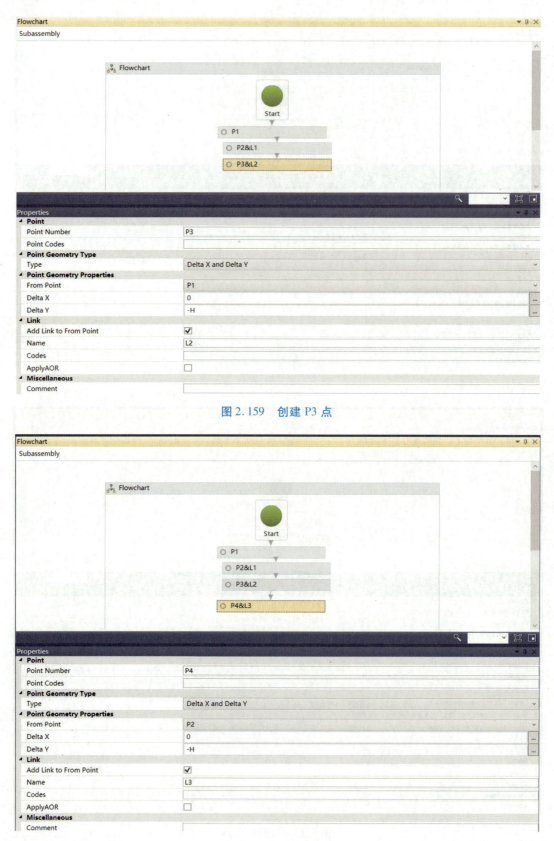

图 2.159　创建 P3 点

图 2.160　创建 P4 点

g. 在流程图中拖入线"Link",属性框中位置起点为"P3",终点为"P4"(图 2.161)。

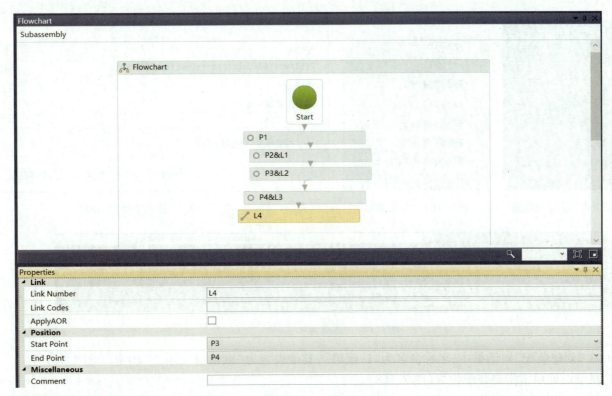

图 2.161　创建 L4

h. 在流程图中拖入面"Shape",属性框中组件连接中添加 L1、L2、L3、L4,单击"保存"(图 2.162)。

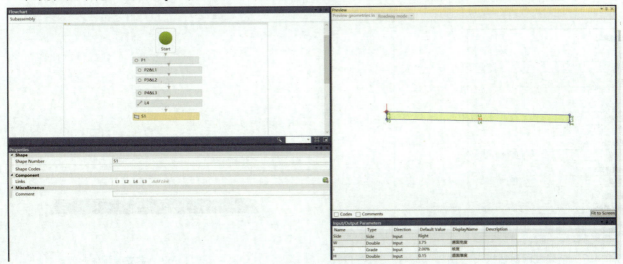

图 2.162　创建面 S1

其他构件部件创建方法与上述相似。

创建完成所有组件后,打开"图形纵断面. dwg"(以 D 匝道为例)。

a. 在"工具选项板"左侧右击"新建选项板",命名为"苏化"。

b. 在"苏化"选项板上右击"导入部件",弹出"导入部件"对话框(图 2.164)。

c. 在"导入部件"对话框中,设定源文件位置,选择新建的"苏化选项板",单击"确定"(图 2.165)。

注:多个部件可以一起导入。

d. 单击"常用"选项卡→"创建设计"面板→"装配"下拉列表→"创建装配"(图 2.166)。

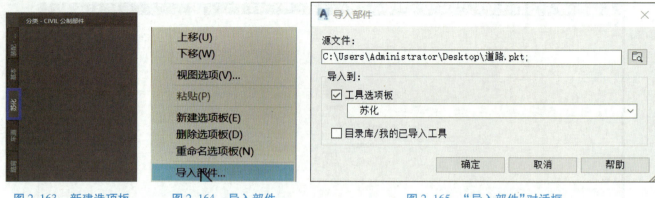

图 2.163　新建选项板　　　图 2.164　导入部件　　　图 2.165　"导入部件"对话框

图 2.166　创建装配工具

e. 在"创建装配"对话框中,名称命名为"D 匝道",其他设置为"默认值",单击"确定"(图 2.167)。

f. 在空白处单击指定装配位置(图 2.168)。

g. 将"苏化"选项板中符合 D 匝道的部件逐一拖入工作空间,放置在装配基点上,完成 D 匝道标准横断面的创建(图 2.169)。

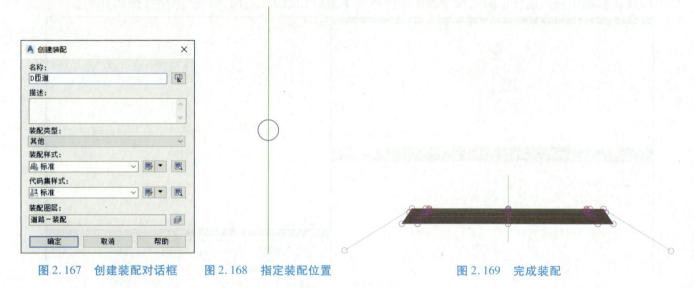

图 2.167　创建装配对话框　　　图 2.168　指定装配位置　　　图 2.169　完成装配

6)道路模型创建与应用

打开"图形道路.dwg"(以 D 匝道为例)。

a. 单击"常用"选项卡→"创建设计"面板→"道路",弹出"创建道路"对话框(图 2.170)。

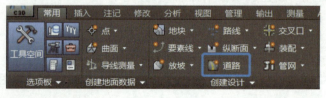

图 2.170　道路

b. 在"创建道路"对话框中,名称设置为"D 匝道",路线选择"D 匝道",纵断面选择"D 匝道-纵断设计线",装配选择"D 匝道",目标曲面选择"原始曲面",其余设置为"默认值",单击"确定"(图 2.171)。

c. 在"基准线和区域参数-D 匝道"对话框中,单击"设定所有步长"(图 2.172)。

图 2.171　创建道路

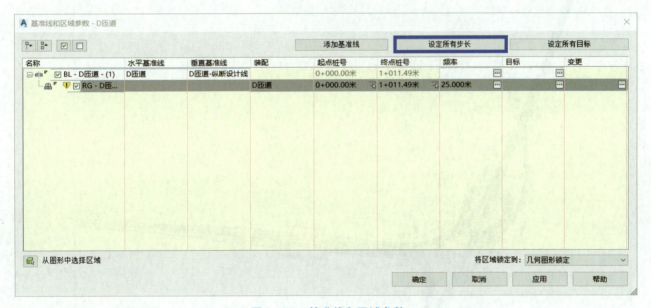

图 2.172　基准线和区域参数

d. 在"应用装配的步长"对话框中,将"水平基准线"中"沿切线""曲线增量""沿缓和曲线""垂直基准线""沿竖曲线"的值均改为 3,单击"确定"(图 2.173)。

e. 单击"确定",弹出警告,选择"重新生成道路"(图 2.174)。

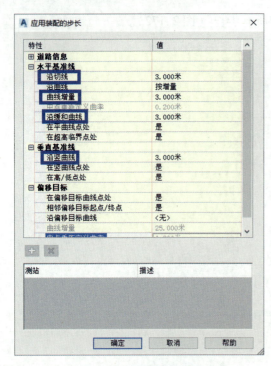

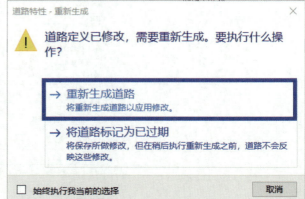

图 2.173　应用装配的步长　　　　　　　　　　　　　图 2.174　重新生成道路

f. 其余匝道创建方法与 D 匝道相同,完成结果如图 2.175、图 2.176 所示。

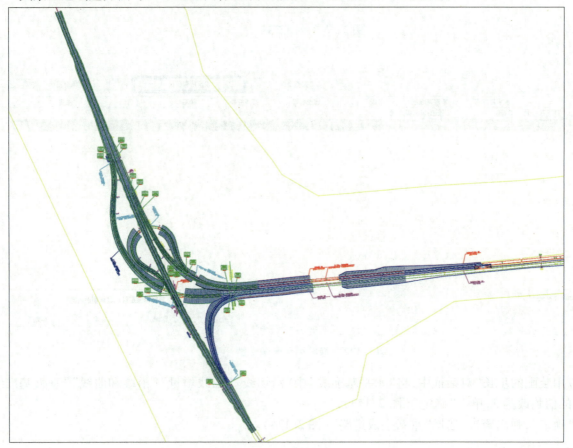

图 2.175　道路生成

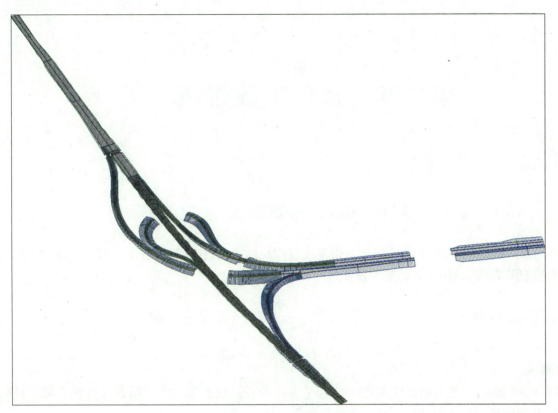

图 2.176　完成结果

复习思考题

2.1　Civil 3D 在设计中能起到哪些作用？

2.2　Civil 3D 如何创建市政管网？

2.3　Civil 3D 如何出图？

第 3 章　桥梁工程建模

3.1　Revit 基础知识

Revit 作为应用最广泛的软件,除了在民用建筑市场上有广泛的应用,在桥梁工程中也有着广泛的应用。本节根据桥梁工程建模所需功能,对 Revit 的基本操作进行介绍。

3.1.1　Revit 基本术语

1)项目与项目样板

项目就是实际的模型项目,基于项目样本进行创建,它是单个设计信息数据库。项目文件包含某个桥梁的所有设计信息(从几何图形到构造数据),文件格式为". rvt"。

项目样板是一个模板,提供项目的初始状态,已设置一些参数(如单位、填充样式、线样式、线宽、视图比例等),可应用在基于项目样板创建的项目文件中,文件格式为". rte"。

2)族与族样板

(1)族

族是组成项目的构件,是一个包含通用属性(称为参数)集和相关图形表示的图元组,属于一个族的不同图元的部分或全部参数可能有不同的值,但是参数(其名称与含义)的集合是相同的。族中的这些变体称为族类型或类型,族的文件格式为". rfa"。

Revit 中使用的族分为可载入族、系统族和内建族。

①可载入族:使用族样板在项目外创建的 RFA 文件,可以载入到项目中,也可作为嵌套族加载到其他族中,其本身具有高度可自定义的特征。可载入族是用户最经常创建和修改的族。通常使用族编辑器根据各种族样板创建新的构件族,还可以对现有的族进行复制和修改。可载入族可以位于项目环境之外,不仅可以载入项目,从一个项目传递到另一个项目中,而且如果需要还可以从项目文件保存到用户设定的族文件库中,方便创建其他项目时使用。本章主要介绍可载入族的创建。

②系统族:已经在项目中预定义,并且只能在项目中进行创建和修改的族类型(如墙、楼板、天花板、风管、管道等)。系统族还包含项目和系统设置,这些设置会影响项目环境,并且包含如标高、轴网、图纸和视口等图元的类型。可以复制和修改现有系统族,但不能创建新系统族。例如,在项目中选择墙体,点击属性面板的编辑类型可在此编辑族类型。它们不能作为外部文件载入或创建,也不能保存到项目之外的位置,但可以在项目和样板之间复制、粘贴或者传递系统族类型信息。

③内建族:在当前项目中新建的族,它与可载入族的不同之处在于,内建族只能储存在当前的项目文件里并使用,不能单独存成 RFA 文件,也不能载入到别的项目中使用。

(2)族样板

族样板是创建族的初始文件,相当于一个构建块(即一个族环境),其中包含开始创建族时以及 Revit 在项目中放置族时所需要的信息,文件格式为". rft"。

选择样板时,选择主体样式或需要的行为,然后更改类别以匹配所需的族类型。另外,某些类型的族需要特定的族样板才能正常运行。族样板主要有二维族样板、三维族样板、特殊构件类族样板。

①二维族样板：包含标题栏类、注释类以及轮廓族样板，用于创建自定义的图纸图框、构件标记、详图符号、轮廓等。

②三维族样板：包含常规三维构件族样板和基于主体的三维构件族样板。常规三维构件族样板用于创建相对独立的构件类型，如公制常规模型、公制家具等；基于主体的三维构件族样板主要用于创建有约束关系的构件类型，如公制门、公制窗均是基于墙进行创建。

③特殊构件类族样板：包含自适应构件族样板和 RPC 族。自适应族样板提供一个更自由的建模方式，创建的图元可根据附着的主体生成不同的实例。例如，不规则的幕墙嵌板可采用自适应构件进行创建；RPC 族样板可将二维平面图元与渲染的图片结合，生成虚拟的三维模型，模型形式状态与视图的显示状态有关。

3）类型参数与实例参数

类型参数是调整一类构件的参数，也就是在项目中只要修改一个构件的数值，其他的同类构件数值也都会随着变化，要在属性中的"编辑类型"进行修改。

实例参数是每个放置在项目中实际图元的参数，也就是在项目中每个构件的参数都是独立的，修改其中一个构件的实例参数，其他的构件不会因此改变，在属性中可以直接进行修改。

4）工作平面、参照平面、参照线

Revit 中每个视图都与工作平面相关联，所有的实体都在工作平面上。如果没有手动设置，软件默认工作平面在当前的视图上。工作平面最主要的作用就是作为视图的原点，绘制图元，用于放置基于工作平面的构件。在族环境大多数视图中，工作平面是自动设置的。当执行某些绘图操作以及在特殊视图中启用某些工具（如在三维视图中启用"选择"和"镜像"）时，需手动设置工作平面，标高、参照平面、参照线、模型表面（平面）、点都可以提供工作平面。

参照平面是辅助绘图的工具。当默认的视图（如标高的平面视图、立面视图）不能满足建模的需要时，就会新建一些参照平面辅助建模。在族中，进行参数标注时将实体对齐在参照平面上，锁定后可以实现参照平面驱动实体变形。该操作方法应严格贯穿整个建模过程。

参照线比参照平面多两个端点和两个工作平面，而且参照平面是以虚线显示，参照线是实线显示。在三维视图中，只能看到参照线，看不到参照平面，绘制参照线，将其端点锁定在参照平面上，进行角度注释，便可以利用其对实体的角度调整。

3.1.2　Revit 界面介绍

1）Revit 初始界面

打开 Revit 2018，将其按区域划分，可分为"打开或新建项目""最近使用项目""应用菜单及选项卡""打开或新建族""最近使用族"和"帮助栏"，如图 3.1 所示。

图 3.1　初始界面

2）Revit 工作界面

新建项目，选择结构样板后确定进入建模视图，其工作界面如图 3.2 所示。

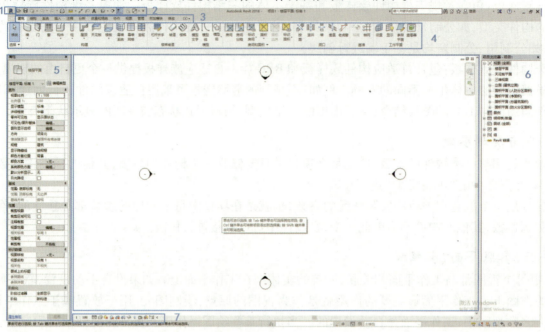

图 3.2　工作界面

①文件选项卡：提供常用文件操作，如"新建""打开"和"保存"。还可以使用更高级的工具（如"导出"和"发布"）来管理文件，如图 3.3 所示。要查看每个菜单项的选择项，单击其右侧的箭头，然后在列表中单击所需的项。

②快速访问工具栏：包含一组默认工具。对该工具栏进行自定义，使其显示最常用的工具，如图 3.4 所示。快速访问工具栏可以显示在功能区的上方或下方，要修改设置，可在快速访问工具栏单击"自定义快速访问工具栏"下拉列表"在功能区下方显示"。在功能区内浏览，以显示要添加的工具。在该工具上单击鼠标右键，然后单击"添加到快速访问工具栏"。

图 3.3　文件选项卡

图 3.4　快速访问工具栏

③选项卡：包含建筑、结构、系统、插入、注释、分析、体量和场地、协作、视图、管理、附加模块及修改等选项。

上下文选项卡：使用某些工具或者选择图元时，上下文功能区选项卡中会显示与该工具或图元的上下文相关的工具,如图 3.5 所示。退出该工具或清除选择时,该选项卡将关闭。

图 3.5　上下文选项卡

④功能区:创建模型所需要的基本工具,包含建模的全部功能命令。

⑤属性栏:用以查看和修改用来定义图元属性的参数,主要有类型属性和实例属性两类。

⑥项目浏览器:用于显示当前项目中所有视图、明细表、图纸、族、组和其他部分的逻辑层次。展开和折叠各分支时,将显示下一层项目。

⑦视图控制栏:可以快速访问影响当前视图的功能,主要包含比例、详细程度、视觉样式、临时隐藏/隔离、显示隐藏的图元等工具。

⑧绘图建模区:在该区域进行模型的创建。

3.1.3　Revit 基本工具

1)视图操作

"视图"可通过"项目浏览器"进行快速切换,在平面视图中查看三维视图,在快速访问栏中选择"默认三维视图"即可。Revit 提供多种视图导航工具,可以对视图进行平移缩放等操作。其中,用于视图控制的导航栏一般位于绘图区右侧,是一种常用的工具集,包含控制盘和缩放控制。也可以使用 ViewCube 在各方向视图进行切换显示,如图 3.6 所示。

图 3.6　视图控制工具

图 3.7　绘制工具

2)绘图操作

在 Revit 中,图元的绘制通常需要运用基本的绘图工具。以创建公制常规族为例,介绍图元的具体绘制方法。

新建一个族,选择拉伸功能,在绘制区出现相应的绘制工具,如图 3.7 所示。

同时,功能区下方出现选项栏,如图 3.8 所示。选项栏可以根据当前工具或选定的图元显示条件工具。

图 3.8　选项栏　　　　　　　图 3.9　自动创建圆角

直线:点击绘制工具中的"直线"图标,在绘图区适当位置选择 2 个端点确定直线,或先点击鼠标左键确定一个端点,设置好直线长度和方向后确定另一端点。

若启用选项栏"链"复选框,则可绘制一条连续线。若在"偏移"中设置参数,则实际绘制的直线将相对于捕捉点的连线偏移指定距离;若启用"半径"复选框,并设置相应的参数,则在绘制连续直线时,系统将在转角处自动创建圆角特征,如图 3.9 所示。

矩形:点击绘制工具中的"矩形"图标,在绘图区适当位置选择 2 个对角点确定矩形。如矩形需要弯曲角,可在选项栏中半径进行设置,方法同上,此处不再赘述。

多边形:绘制工具中提供两种多边形的绘制方法。点击绘制工具中的"内接多边形"图标,选项栏中输入多边形边数以及半径值,在绘图区选择圆心和顶点确定位置;对于"外接多边形",其各边与内切圆中心距离相等,绘制方法与内接多边形类似。

圆:点击绘制工具中的"圆形"图标,在绘图区单击指定圆心后,确定半径大小再单击一次即可绘制。

圆弧:绘制工具中提供多种圆弧的绘制方法。点击绘制工具中的"起点-终点-半径弧"图标,指定弧线的起点、终点以及弧线半径可以创建一条圆弧曲线;点击绘制工具中的"圆心-端点弧"图标,指定弧线中心点、起点及终点可以创建一条圆弧曲线;点击绘制工具中的"相切-端点弧"图标,依次捕捉两条已有线的端点作为弧线的起点及终点,可以创建一条圆弧曲线;点击绘制工具中的"圆角弧"图标,选择要形成圆角的两条相交线,移动光标并单击定义圆角弧,两条相交线自动修剪为圆角。

椭圆:点击绘制工具中的"椭圆"图标,在绘图区依次点击指定椭圆圆心、两个方向半径。

样条曲线:点击绘制工具中的"样条曲线"图标,绘制一条经过或靠近指定点的平滑曲线。

拾取线:点击绘制工具中的"拾取线"图标,根据既有线条(如插入的 CAD 图纸、已有的图元)单击拾取选定的一条或多条线,拾取后形成新的线条或图形。

3) 图元操作

图元的选择:将光标移动到绘图区域中的图元上,Revit 将高亮显示该图元并在状态栏和工具提示中显示有关该图元的信息。如果几个图元彼此非常接近或者互相重叠,可将光标移动到该区域上并按 Tab 键,直至状态栏描述所需图元为止,单击该图元即可选择一个图元。

当需要选择多个图元时,在按住 Ctrl 键同时单击每个图元。或者将光标放在要选择的图元一侧,并对角拖曳光标以形成矩形边界,从而绘制一个选择框,要仅选择完全位于选择框边界内的图元,从左至右拖曳光标;要选择全部或部分位于选择框边界内的任何图元,从右至左拖曳光标。

选择中包含不同类别的图元时,可以使用过滤器从选择中删除不需要的类别,如图 3.10 所示。

创建出的各种图元,需要进一步修改以实现模型所需设计,这些工具基本位于功能区的"修改"选项卡上,如图 3.11 所示。

图 3.10 过滤器

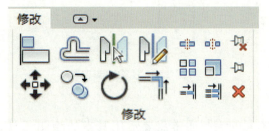

图 3.11 修改选项卡

对齐:使用对齐工具可将一个或多个图元与选定图元对齐。单击"对齐"命令,单击选择要对齐的参照图元,再单击选择要对齐的实体(它将移动到参照图元位置与之对齐)。

移动:用于将选定的图元移动到当前视图中指定的位置。单击选择图元,单击"移动"命令,指定图元移动参照点,单击指定的位置。

复制:用于镜像复制或任意位置复制已有图元。单击选择图元,单击"镜像复制"命令,指定镜像复制轴或者绘制轴;单击选择图元,单击"复制"命令,指定图元复制参照点,单击复制指定的位置,可在选项栏中勾选"多个",然后依次指定复制位置。

4) 族的布尔运算

Revit 族的布尔运算包括"连接"和"剪切"两种,如图 3.12 所示,可通过功能区中的"修改"选项卡中相关命令实现。

"连接"命令可将多个实心几何图形连接成一个几何图形,并在连接处产生相贯线,如图 3.13 所示。单击

"连接"下拉列表中的"取消连接几何图形",可以将连接的几何图形重置到未连接的状态。

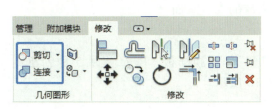

图 3.12　布尔运算

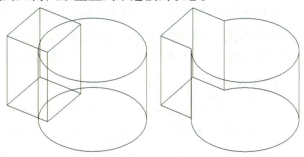

图 3.13　图元连接前后

"剪切"命令用于实心几何图形减去空心几何图形形成"镂空"的效果,如图 3.14 所示。单击"剪切"下拉列表中的"取消剪切几何图形",可以将已剪切的几何图形重置到未剪切的状态。

3.1.4　Revit 族的创建

图 3.14　图元剪切前后

1)工作流:创建可载入的族

若要创建用于一个或多个模型的自定义图元,可创建可载入族,族包含图元的几何定义和图元所使用的参数。可载入族是在外部 RFA 文件中创建的,并可导入或载入到其他族或项目中。

开始创建族前,先规划族。确定有关族大小的要求、族在不同视图中的显示方式、是否需要主体、建模的详细程度,以及族的放置原点等。

①使用相应的族样板创建一个新的族文件。

②创建族的构架或框架:定义族的原点(插入点)。在族编辑器中,验证是否已通过选择参照平面并在"属性"选项板上选中"定义原点"属性为族定义原点。单击参照平面,如果为两个相交参照平面选择了"定义原点",则已为族定义原点。

若未定义原点,则需进行以下操作:单击"创建"选项卡"基准"面板(参照平面)→绘制参照平面→选择参照平面→"属性"选项板下的"其他"→选择"定义原点"。此时,参照平面的交点定义族的原点/插入点。可以通过修改选项卡中的 锁定平面,确保不会由于意外移动这些平面而改变族的插入点。

设置参照平面和参照线的布局有助于绘制构件几何图形。

添加尺寸标注以指定参数化关系。对族框架进行尺寸标注后,需为尺寸标注添加标签,以创建参数。

标记尺寸标注,以创建类型/实例参数或二维表示。

例如,图 3.15 所示尺寸标注已添加长度和宽度参数的标签。带标签的尺寸标注成为族的可修改参数。可以使用族编辑器中的"族类型"对话框修改它们的值。将族载入到项目中后,可以在"属性"选项板上修改任何实例参数,或者打开"类型属性"对话框修改类型参数值。

③通过指定不同的参数定义族类型的变化。通过"族类型"工具,可以为族创建多个类型(尺寸),如一个桩基可创建不同长度的类型。

④调整新模型(类型和主体),以确认构件的行为是否正确。保存新定义的族,将族载入到项目中,进行相关参数的测试,确认族的性能是否符合族的设计意图。

2)两种不同的形状创建方式

创建形状是创建族的基础,在 Revit 中,创建形状的方法大致可以分为两类:一类是以公制常规模型族样板为代表,先指定为 5 个形状类型中的某一个类型,再按照该类型的规则,绘制草图来完成创建;另一类是以公制体量族样板为代表,包含自适应公制常规模型族样板,先绘制用于创建形状的线条(有时是其他形状的表面),再执行"创建形状"命令,由软件自身根据用户所选择的内容智能判断生成的形状。所以,在后一种类型中,经常会遇到生成结果为两个或者三个的情况,此时,从中选择一个需要的即可。

本章桥梁上部结构中多采用自适应公制常规模型进行创建。在自适应公制常规模型中,形状的创建过程通常为:绘制线→选择线→单击"创建形状"。使用该工具创建多种多样的表面、三维实心或空心形状,然后通过三维形状操纵控件和其他命令来进行操纵、组合。可用于产生形状的线类型包括 6 种:模型线、参照线、由点创建的线、导入的线、另一个形状的边、另一个形状的面,以及已经载入族的线、边、面。

3)公制常规模型下族的创建

单击 Revit 初始界面下的"族"区域的"新建",选择"公制常规模型"作为族样板。Revit 提供 5 种创建实心、空心形状的方式,分别为拉伸、融合、旋转、放样、放样融合,如图 3.16 所示。

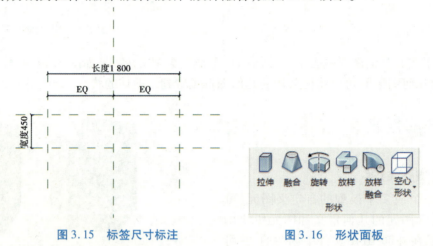

图 3.15　标签尺寸标注　　　　　　图 3.16　形状面板

拉伸:在所操作的形状类型中,拉伸是最基础也最为简单的一类。所使用的大多数可载入族,其中的形状也都用拉伸的形式去创建。在所接触的与建筑有关的各种产品,其中大多数的形状乃至生产方式,也都可以归为拉伸的形式。在族编辑器中,可以创建实心拉伸或空心拉伸。方法是在选定的工作平面上绘制二维轮廓,然后单击"完成编辑模式",软件会自动按照垂直于工作平面的方向,从拉伸起点开始到拉伸终点,以该轮廓生成形状。在平面视图里,默认的工作平面是"参照标高",可根据需要,指定图元表面、参照线所携带的平面、参照平面来作为创建拉伸形状的工作平面。

在"创建"选项卡的"形状"面板中单击"拉伸"命令,在"修改 | 创建拉伸"选项卡中选择适当的工具绘制轮廓,如图 3.17、图 3.18 所示。

在属性栏中,可通过设置拉伸起点和终点完成对族的拉伸高度的控制,设置结束后单击"模式"中的"√",如图 3.19 所示。完成拉伸,切换至三维视图查看模型,如图 3.20 所示。

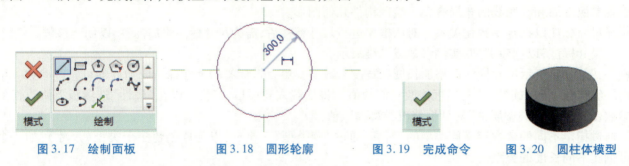

图 3.17　绘制面板　　　　图 3.18　圆形轮廓　　　　图 3.19　完成命令　　图 3.20　圆柱体模型

融合:可将两个轮廓(边界)按照给定的深度融合在一起生成实心或空心形状,并沿其长度发生变化,从起始形状融合到最终形状。

在"创建"选项卡的"形状"面板中单击"融合"命令,进入编辑模式。默认先编辑底部的边界,在"修改 | 创建融合底部边界"选项卡中选择适当的工具绘制底部轮廓;然后单击编辑顶部,在"修改 | 创建融合顶部边界"选项卡中选择适当的工具绘制顶部轮廓;将属性栏第二端点(即顶部轮廓高度)修改为"500",单击"√"完成融合,切换至三维视图查看模型,如图 3.21 所示。

　　　　（a）底部轮廓　　　　　（b）顶部轮廓　　　　（c）融合模型

图 3.21　融合模型创建过程

　　旋转：绕轴线旋转一个或多个二维闭合轮廓而生成的形状，可以旋转一周或不到一周。如果轴线与旋转造型接触，则产生一个封闭的形状。如果远离轴线，旋转后则会产生一个环形的形状。可以使用旋转创建族几何图形，如门、家具球形把手、柱和顶等。

　　单击"创建"选项卡→"形状"面板中的"旋转，进入草图模式"自动切换到"修改｜创建旋转"选项卡。在"绘制"面板中，有边界线和轴线，此时可随意选择其中的任何一个绘制，如图 3.22 所示。

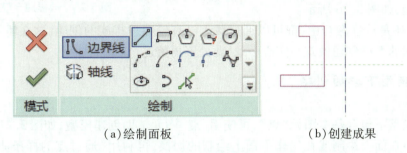

　　　　　　　（a）绘制面板　　　　　　　　　　　　　（b）创建成果

图 3.22　边界线和轮廓线创建过程

　　绘制完成后，在属性栏可以设置旋转角度为"180°"，如图 3.23 所示；单击"√"完成旋转，切换至三维视图查看模型，如图 3.24 所示。

　　　　图 3.23　角度设置　　　　　　　图 3.24　旋转模型

　　放样：使用放样工具，可以创建沿路径拉伸二维轮的三维形状。可以使用放样方式创建饰条、栏杆扶手，特别是多段的弧形或折线的路径，如轮廓手或简单的管道。需要注意的是，对于特定的路径，特别是多段的弧形或折线的路径，可能会因为将要生成的形状与自身路径产生相交而导致无法最后生成形状，软件这时会报错。

　　在"创建"选项卡"形状"面板上，单击"放样"创建实心放样，进入草图模式以后会发现，"选择轮廓"按钮是灰色的，这是因为必须先绘制好路径才能再去绘制轮廓。放样中有两种方式创建路径，即绘辑制路径和拾取路径。绘制路径主要用于创建二维路径，拾取路径可基于已有图元创建三维路径。

　　选择绘制路径，在"修改放样"→"绘制路径"选项卡中绘制路径曲线，绘制完成后单击"√"按钮，完成路径创建；此时，编辑轮廓为高亮显示，单击"编辑轮廓"按钮，弹出"转到视图"对话框，选择"三维视图"，单击"打开视图"按钮。

　　基于放样中心点绘制放样轮廓，单击"√"按钮完成轮廓绘制，再次单击"√"按钮完成放样形状，切换至三维视图查看模型，如图 3.25 所示。

　　　　　　　　　　　　　　　　　　　　　图 3.25　放样模型创建过程

　　放样融合：放样融合的形状由起始图形、最终图形和指定的二维路径确定。通过放样融合工具，可以沿某个路径创建具有两个不同轮廓的融合体。放样融合的路径可以绘制或拾取已有图元的边缘；位于路径两端的两个轮廓，也可以通过绘制或载入轮廓族的方式指定。

在"创建"选项卡"形状"面板上，单击"放样融合"创建实心放样融合，进入草图编辑模式，自动切换到"修改｜放样融合"选项卡。创建路径同样有两种方式："绘制路径"与"抬取路径"。取已有形状的边缘作为路径，同样，关于轮廓的命令都是灰色显示的，必须先绘制好路径，才能开始绘制轮廓。

选择绘制路径，在"修改放样"→"绘制路径"选项卡中绘制路径曲线，绘制完成后单击"√"按钮，轮廓1位于起点，轮廓2位于终点，对于轮廓的编辑顺序没有要求。单击"选择轮廓1"，绘图区域轮廓1工作平面高亮显示，"放样融合"面板中的"编辑轮廓"和"载入轮廓"变为可用。此时，单击"编辑轮廓"并选择"绘制"选项卡的工具，可在起点处的工作平面绘制图形，单击"√"完成轮廓1的绘制，同样的操作完成轮廓2的绘制，再次单击"√"完成放样融合模型的创建，切换至三维视图查看模型，如图3.26所示。

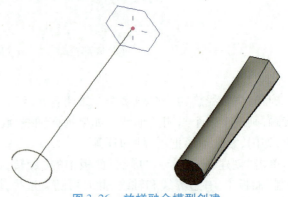

图3.26　放样融合模型创建

注：不管是在放样还是放样融合中，都可以通过载入已有轮廓进行族的创建，这在桥梁上部结构建模中有重要的应用。空心形状的5种创建模式与实心一致，此处不再赘述。

4）自适应公制常规模型下族的创建

（1）"点"图元

自适应公制常规模型下包含基本图元"点"，可使用"点"图元辅助创建模型，如图3.27所示。创建图元时，可利用绘图区右侧进行在面上绘制或在工作平面上绘制的切换，再利用"通过点的样条曲线"创建线，如图3.28所示。通过控制点来实现线的变化，从而实现模型更灵活的创建。本章3.2.2节将通过T梁模型的创建，详细介绍点图元控制模型创建的方法。

图3.27　点图元　　　　　　　　　　图3.28　样条曲线

（2）"线"图元

创建选项卡下，选择绘制面板进行线的绘制，默认为模型线的绘制。通过线绘制模型的轮廓，单击"创建形状"，选择实心形状或空心形状。当创建的模型线可能形成不同模型时，在模型下方会出现相关选项，选择要创建的形状单击，完成模型的创建，如图3.29所示。

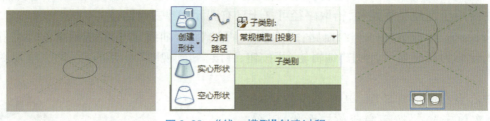

图3.29　"线→模型"创建过程

在绘制面板中单击"参照线"，即可进行参照线的绘制，参照线同模型线创建模型的方法一致，但对于一些形状生成的模型略有差别，如图3.30所示，同时参照线在创建后会自动生成6个平面，如图3.31所示。

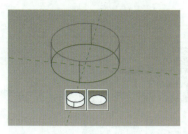

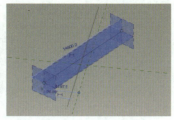

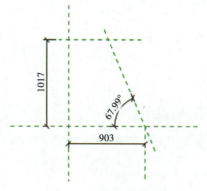

图 3.30　参照线创建模型　　　　图 3.31　参照线　　　　图 3.32　几何尺寸标注

5）族的参数化

族的参数通常分为几何参数、材质参数、其他参数三大类。

（1）几何参数

几何参数主要用于控制构件的几何尺寸，一般包含长度、半径、角度等。几何参数可通过尺寸标签添加或通过函数公式计算。首先基于公制常规模型新建一个族，并添加如图 3.32 所示的参照平面，并通过"注释"选项卡中的尺寸标注工具进行标注。

应用"拉伸"命令，创建拉伸轮廓，并将拉伸轮廓通过按钮与新建的参照平面锁定，完成模型的创建，如图 3.33 所示。

在属性栏的"约束"面板中单击"拉伸终点"后方的"关联族参数"按钮，如图 3.34 所示，进入"关联族参数"对话框，单击按钮新建一个族参数，如图 3.35 所示。

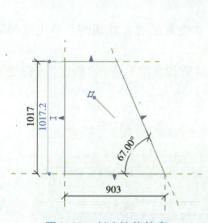

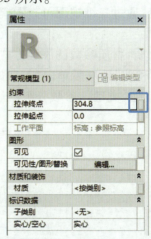

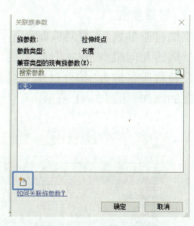

图 3.33　创建拉伸轮廓　　　　图 3.34　"关联族参数"按钮　　　　图 3.35　新建族参数

在弹出的参数属性对话框设置参数名称为"构件高度"，分组方式默认为"尺寸标注"，参数形式为"实例"，单击"确定"按钮完成"构件高度"参数的添加，如图 3.36 所示。

单击"确定"完成族参数的关联。此时，在"属性"面板中单击"族类型"按钮，弹出的族类型窗口中可以看到高度参数为"304.8"，将"值"修改为"1000"，单击"确定"按钮完成高度参数的修改。通过三维视图可查看模型尺寸的相应变化。

除了通过"关联族参数"按钮添加参数以外，还可以通过添加标签来新增参数，如图 3.37 所示。单击建好的宽度尺寸标注，在"修改 | 尺寸标注"选项卡的"标签尺寸标注"面板中单击按钮"创建参数"，创建宽度参数为实例参数，如图 3.38 所示。

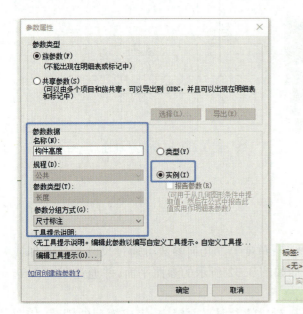

图 3.36　参数设置

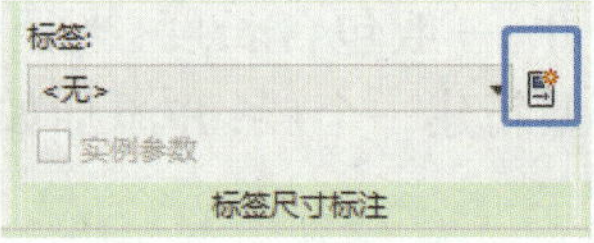

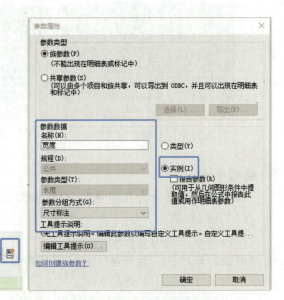

图 3.37　添加标签

图 3.38　宽度参数设置

重复此步骤,分别添加角度、长度参数,添加完成后切换至族类型中查看,如图 3.39 所示。

公式列修改长度值为"=宽度+100mm"即可将长度与宽度进行关联,如图 3.40 所示。

调整参数值,模型也会发生相应的改变,通过三维视图可查看模型尺寸的相应变化。

（2）材质参数

添加材质参数后,可对族赋予不同的材质,材质参数的添加方式与尺寸参数添加方式相同。首先选择需要添加材质的几何模型,在"属性"栏的"材质和装"选项后单击"关联族参数"。

设置材质名称为"构件材质",参数类型为"类型",参数分组默认为"材质和装饰",单击"确定"按钮完成材质参数的添加,如图 3.41 所示。

图 3.39　族参数设置

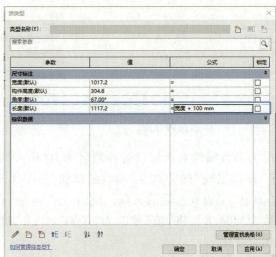

图 3.40　公式函数

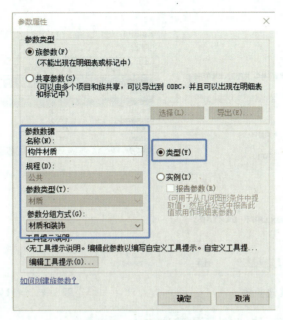

图 3.41　添加材质参数

单击"族类型"的"材质和装饰"选项栏,单击右侧灰色按钮,打开材质浏览器,根据构件要求选择对应材质,如图 3.42、图 3.43 所示。

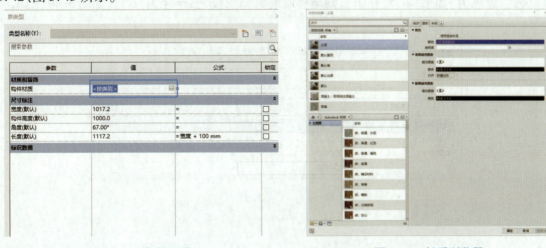

图 3.42　参数设置　　　　　　　　　　　　　　图 3.43　材质浏览器

(3)其他参数

除上述常用参数外,参数按规程分为公共、结构、HAC、电气、管道、能量等,不同的规程下又包含多种参数类型,如图 3.44 所示。

在族类型对话框底部单击按钮,进入参数属性对话框,添加新的参数,如图 3.45 所示。同样,也可以对已创建的参数进行编辑、删除及位置的移动。

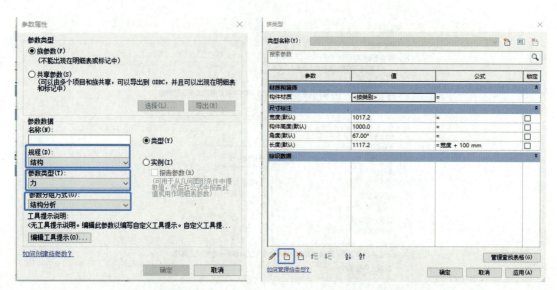

图 3.44　其他参数　　　　　　　　　　　　图 3.45　参数的编辑

参数的添加方法与前述步骤一致,此处不再赘述。

在参数的设置中,公式的使用将大大方便族的参数化设计。除前述简单数学运算公式的运用,也可以应用对数函数、三角函数等复杂数学公式,必要时也可应用"if"语句来实现参数化设计。例如,将半径参数添加"if(a>b,a,b)"公式,意思为"如果'a'大于'b',则半径取值为'a',反之,半径为'b'",如图 3.46、图 3.47 所示。

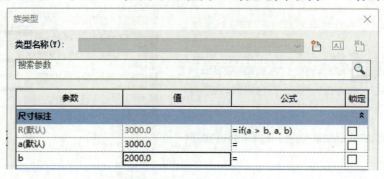

图 3.46　"a"大于"b"

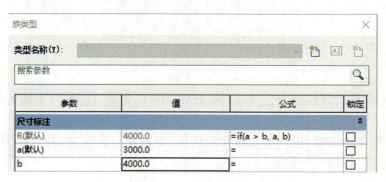

图 3.47　"b"大于"a"

3.2 Revit 项目实战

3.2.1 桥梁下部构件族的创建

本节主要介绍常见典型桥梁下部构件族的创建,主要应用常规的族创建方法,并对常见的参数进行设置。学习本节后,应能用自适应常规族对下部结构进行提升练习,同时对下部结构进行全参数化设计。

1)创建桩基础

(1)混凝土桩基参数化模型创建

桩基属于桥梁下部结构基础构件,因而可使用公制结构基础族样板创建族。通常,一个桥梁项目中含有不同桩长的桩基,因此在桩基族的创建时,可考虑创建多个族类型;或者利用族的参数化功能将桩基添加适当的参数以在项目中进行变化,通常在桩基族中需要添加的参数有设计桩长 L(实例参数)、设计桩径 D(类型参数)、桩基材质(类型参数)。

(2)具体操作

①在桌面上选中 Revit 图标,进入 Revit 主界面,依次按照顺序点击"族"→"新建"→"公制结构基础"族样板→"打开"→"保存"→"桩基础"。

②进入"项目浏览器"选项栏中的"楼层平面",选中"参照标高",点击"拉伸",进入"修改创建拉伸"编辑状态,选择"圆",如图 3.48 所示。首先确定圆心的位置:选中两个参照平面的交点。其次确定圆的半径:拖动鼠标,在绘图区域空白处任意一点单击鼠标左键,按两次【Esc】键表示圆的绘图操作完成。

图 3.48 创建圆

③添加桩径参数。点击工具栏"注释"选项,选择"直径标注"命令,选中刚绘制完成的圆,此时将在界面中显示标注圆的直径,拖动鼠标,圆的直径标注将随着光标移动至相应的位置。当位置合适时,在绘图区域空白处任意点单击鼠标左键完成标注。按两次【Esc】键表示直径标注操作完成,创建桩径类型参数,点击"确定"完成,单击"修改 | 创建拉伸"选项卡中"√",完成桩基族的基本创建。

④添加桩长参数。桩基在地面下,为对桩长进行控制,通常利用系统中已经有一个水平参照平面——"参照标高",需要绘制另外一个水平参照平面。进入"立面-前",选择"参照平面",进入"修改放置参照平面"编辑状态。选择"直线",在参照平面下方任意绘图区域绘制一个参照平面,在两个水平参照平面之间进行注释并创建实例参数"设计桩长 L",将拉伸形状顶部与参照平面对齐并约束,如图 3.49 所示。

图 3.49 桩长参数添加

⑤添加桩基材质参数。利用关联族参数命令新建材质类型参数"桩基材质",也可以直接关联默认参数"结构材质",在族类型中打开材质浏览器,在搜索栏输入"混凝土",如图 3.50 所示。

将对应的材质添加到文档中,可以通过材质浏览器改变材质的图形、外观等。点击"确定",切换至三维视图查看桩基模型,如图 3.51 所示。

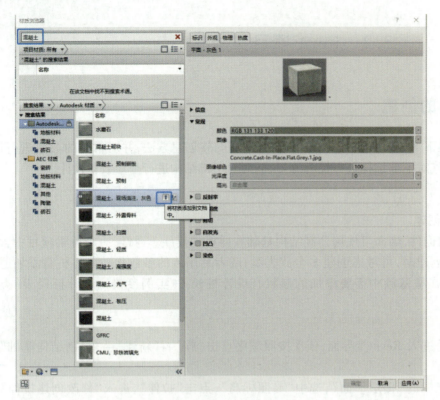

图 3.50　桩基材质参数添加　　　　图 3.51　桩基模型

2）创建承台

（1）混凝土承台参数化模型创建

承台属于桥梁下部结构基础构件，可使用公制结构基础族样板创建族。承台模型的创建以承台底部中心为原点，以便后期与桩基族组成嵌套族，也可以根据项目需求，统一以承台顶中心作为原点。关于坐标的选取，在实际项目中要考虑路线、地面标高等因素确定。创建承台模型前，为保证承台平面中心与原点重合，可以创建对应参照平面，应用注释中"对齐"命令，依次点击 3 条参照平面线，单击"EQ"，将另一个方向的 3 条参照平面同样操作，如图 3.52、图 3.53 所示。

承台主要参数为承台横桥向长度 L（实例参数）、承台顺桥向长度 B（实例参数）、承台厚 D（实例参数）、承台材质（类型参数）。

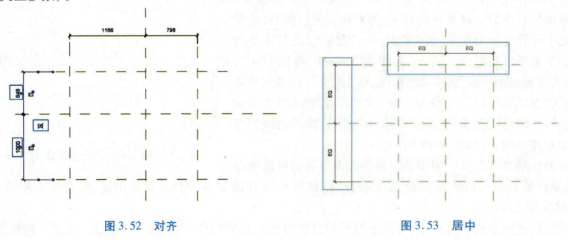

图 3.52　对齐　　　　　　　　　　图 3.53　居中

（2）具体操作

①在桌面上选中 Revit 图标，进入 Revit 主界面，按照顺序点击"族"→"新建"→"公制结构基础"族样板→"打开"→"保存"→"承台"。

②进入"项目浏览器"选项栏中的"楼层平面"，选中"参照标高"，点击"拉伸"，进入"修改创建拉伸"编辑

状态,选择"矩形",如图 3.54 所示。

按照已有的参照平面确定矩形对角进行矩形绘制,并将模型线与参照平面锁定,如图 3.55 所示,单击"修改丨创建拉伸"选项卡中"√",完成承台族的基本创建。

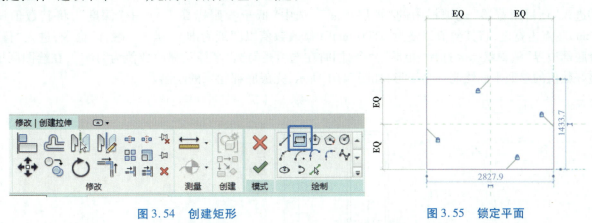

图 3.54　创建矩形　　　　　　　　　　图 3.55　锁定平面

③添加承台几何参数。标注长度及宽度方向尺寸,创建并关联参数标签"承台横桥向长度 L""承台顺桥向长度 B",如图 3.56 所示。

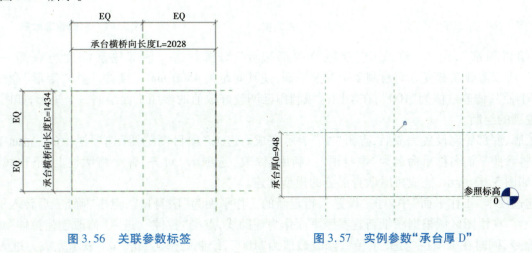

图 3.56　关联参数标签　　　　　　　　图 3.57　实例参数"承台厚 D"

进入"立面-前",选择"参照平面",进入"修改放置参照平面"编辑状态。选择"直线",在参照平面上方任意绘图区域绘制一个参照平面,在两个水平参照平面之间进行注释并创建实例参数"承台厚 D",将拉伸形状顶部与参照平面对齐并约束,如图 3.57 所示。

④添加承台材质参数。利用关联族参数命令新建材质类型参数"承台材质",在族类型中打开材质浏览器,在搜索栏输入"混凝土",将对应的材质添加到文档中,与桩基材质参数添加方法相同,切换至三维视图查看桩基模型,如图 3.58 所示。

3)创建桥墩

(1)混凝土桥墩参数化模型创建

桥墩属于桥梁下部结构基础构件,根据常见的桥墩形式可使用公制常规模型、公制结构柱族样板创建族。桥墩主要由顶帽和墩身组成,创建桥墩模型时,可根据桥墩平面形状绘制相应的图形。若墩身上下平面形状大小相同,则利用拉伸功能完成墩高的创建;若墩身上下平面形状大小不同,通常利用融合功能完成墩高的创建。对于桥墩墩身设置排水管道等预留沟槽的,可利用空心形状剪切功能完成模型的细化。本节以花瓶墩为例讲解桥墩的参数化创建过程,如图 3.59、图 3.60 所示。

图 3.58　承台模型

桥墩主要参数为:桥墩高度 H_1(实例参数)、墩帽高度 H_2(实例参数)、桥墩横桥向长度 L(实例参数)、桥墩顺桥向长度 B(实例参数)、桥墩材质(类型参数)。

（2）具体操作

①在桌面上选中 Revit 图标，进入 Revit 主界面，按照顺序点击"族"→"新建"→"公制结构柱"族样 板→"打开"→"保存"→"桥墩"。

②进入"项目浏览器"选项栏中的"楼层平面"，选中"低于参照标高"。点击"深度"，将其数值调整为"1300 mm"；点击宽度，将其数值调整为"2800 mm"（修改数值以图纸为准）。点击"融合"命令，进入"修改|创建融合底部边界"编辑状态。选择"矩形"命令，同时在选项栏勾选"半径"，修改数值为"100"，在绘图区域利用已调整好数值的参照平面绘制一个矩形，如图 3.61 所示，完成底部轮廓的绘制。

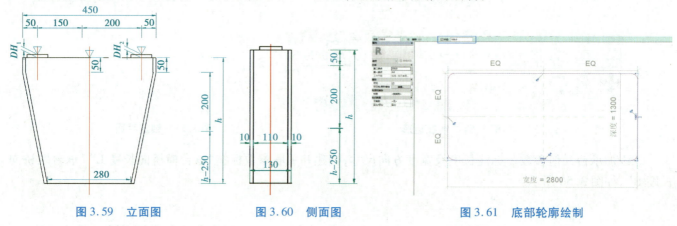

图 3.59　立面图　　　　图 3.60　侧面图　　　　图 3.61　底部轮廓绘制

点击"编辑顶部"，进入"修改|创建融合顶部边界"编辑状态。顶部轮廓深度与底部一致，宽度为"4500 mm"，所以需要在宽度方向绘制 2 个参照平面，使其间距为 4500 mm。接着，选择"矩形"命令，同时在选项栏勾选"半径"，修改数值为"100"，在绘图区域利用已调整好数值的参照平面绘制一个矩形，如图 3.62 所示，完成顶部轮廓的绘制。

顶部轮廓、底部轮廓设置完成后，点击"√"表示完成。进入"项目浏览器"选项栏中的"立面-前"，新建参照平面，并将参照平面名称重命名为"墩身顶"。利用"修改"选项卡"对齐"命令将墩柱上、下边线同参照平面进行锁定，如图 3.63 所示，完成桥墩墩身部分的模型创建。

在创建选项卡"工作平面"中单击"设置"，指定新的工作平面为"墩身顶"，点击"确定"后转入平面视图，如图 3.64 所示。在绘图区域根据图纸新建参照平面作为辅助线，点击"拉伸"，进入"修改创建拉伸"编辑状态，选择"矩形"命令，同时在选项栏勾选"半径"，修改数值为"100"，绘制矩形，点击"√"表示完成。进入"项目浏览器"选项栏中的"立面-前"，新建参照平面，并将参照平面名称重命名为"墩帽顶"。利用"修改"选项卡"对齐"命令将墩帽与参照平面进行锁定，如图 3.65 所示，完成桥墩墩帽部分的模型创建。

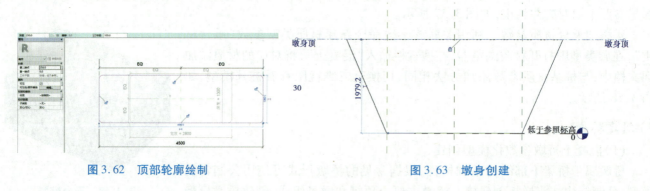

图 3.62　顶部轮廓绘制　　　　　　　　　图 3.63　墩身创建

③添加桥墩几何参数。进入"立面-前"，在两个水平参照平面之间进行注释并创建实例参数桥墩高度 H_1（实例参数）、墩帽高度 H_2（实例参数）；桥墩横桥向长度及顺桥向长度包含底部和顶部两组参数。由于族样板的选定，底部已有参数"宽度"即为桥墩横桥向长度，"深度"即为桥墩顺桥向长度，直接在族类型中更改参数名称以及参数类型即可，如图 3.66 所示。

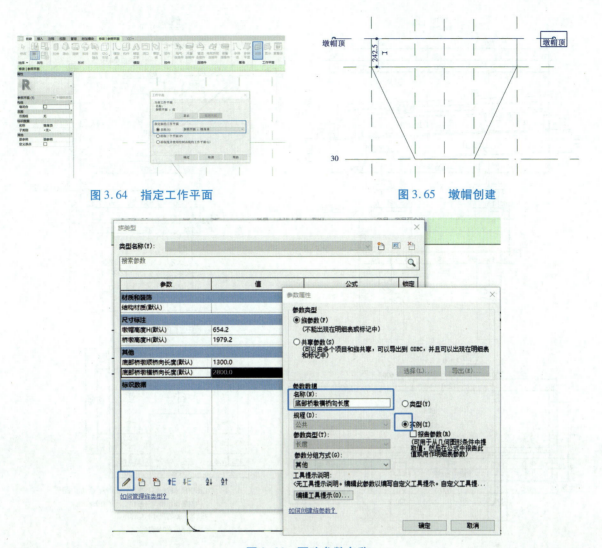

图 3.64　指定工作平面　　　　　　　　　　　　图 3.65　墩帽创建

图 3.66　更改参数名称

④添加桥墩材质参数。利用关联族参数命令新建材质类型参数"桥墩材质",在族类型中打开材质浏览器,在搜索栏输入"混凝土",将对应的材质添加到文档中,与桩基材质参数添加方法相同,切换至三维视图查看桩基模型。

4)创建桥台

（1）混凝土桥台参数化模型创建

桥台属于桥梁下部结构基础构件,根据常见的桥台形式可使用公制常规模型族样板创建族。桥台有重力式桥台、肋板式桥台等,本节以肋板式桥台为例进行讲解。肋板式桥台主要由底部承台、台帽盖梁、背墙、肋板、耳墙等组成,可利用工作平面的转换,应用拉伸、剪切等功能进行创建。

（2）具体操作

桥台一般构造如图 3.67 所示。

①在桌面上选中 Revit 图标,进入 Revit 主界面,按照顺序点击"族"→"新建"→"公制常规模型"族样板→"打开"→"保存"→"桥台"。

②创建承台基础。利用"拉伸"命令创建承台,根据图纸进行参数的设置,如图 3.68 所示。完成后切换至三维模式,如图 3.69 所示。

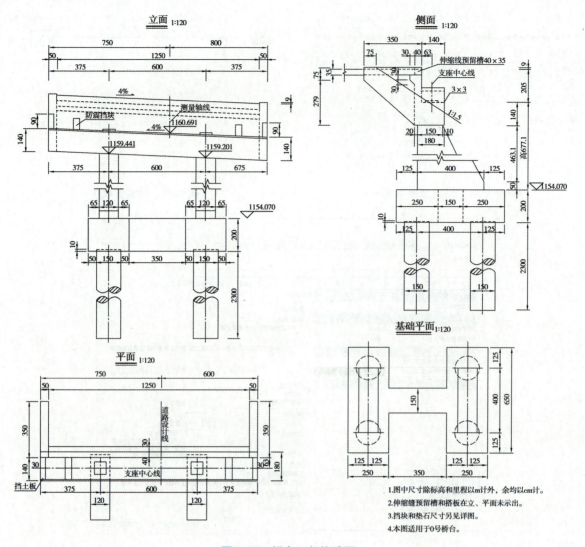

图 3.67 桥台一般构造图

注:
1. 图中尺寸除标高和里程以 m 计外,余均以 cm 计。
2. 伸缩缝预留槽和搭板在立、平面未示出。
3. 挡块和垫石尺寸另见详图。
4. 本图适用于 0 号桥台。

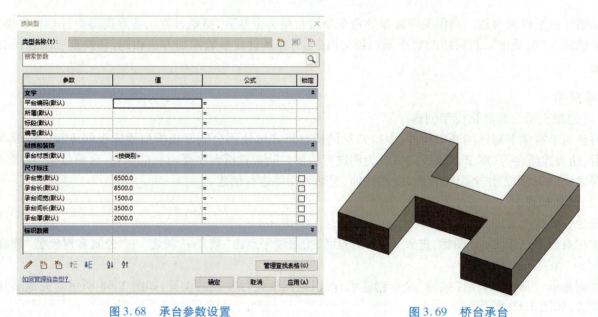

图 3.68 承台参数设置   图 3.69 桥台承台

③创建肋板。设置工作平面为"参照平面:中心(左/右)",打开"立面:右"视图,如图 3.70 至图 3.72 所示。

图 3.70　设置工作平面　　　　图 3.71　选择工作平面　　　　图 3.72　选择打开视图

创建面板中点击"拉伸",进入"修改创建拉伸"编辑状态。选择"线",根据图纸肋板形状进行绘制,点击"√",根据图纸进行参数的设置,完成肋板形状的绘制,如图 3.73、图 3.74 所示。

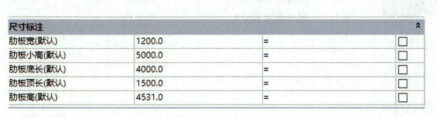

图 3.73　肋板参数

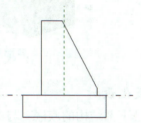

图 3.74　肋板形状

将视图转为前立面,根据图纸肋板的位置和厚度,新建参照平面,利用对齐命令将肋板移动至对应位置,如图 3.75 所示。

应用"镜像-拾取轴"命令绘制第二个桥台肋板,切换至三维视图查看模型,如图 3.76 所示。

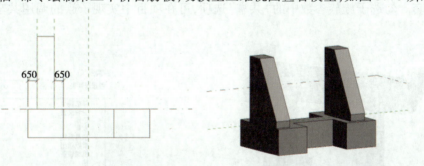

图 3.75　肋板前视图　　　　　图 3.76　肋板完成后模型

本节实例台身设有坡度,两个肋板高度不同。实际项目建模时,肋板高度参数可区分为"肋板高度 1"与"肋板高度 2",并根据图纸实际高度进行设置。本节建模暂时不考虑坡度影响,将肋板高度统一设置为"4531 mm"。

④创建桥台台帽盖梁及背墙。设置工作平面为"参照平面:中心(左/右)",打开"立面:右"视图。建面板中点击"拉伸",进入"修改创建拉伸"编辑状态。选择"线",根据图纸台帽盖梁形状进行绘制,点击"√",完成台帽盖梁形状的绘制,切换至前立面;根据台帽盖梁位置、长度创建两个参照平面,应用对齐命令,调整台帽长度。根据图纸进行参数设置,如图 3.77、图 3.78 所示。

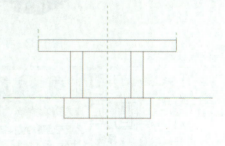

图 3.77　盖梁前视图

背墙与台帽、盖梁的创建过程相似,此处不再赘述。创建完成后,根据图纸进行参数设置,背墙长度可直接关联台帽盖梁长度,切换至三维视图查看模型,如图 3.79、图 3.80 所示。

盖梁长(默认)	13500.0	背墙宽度(默认)	400.0
盖梁宽(默认)	1500.0	背墙高度(默认)	1164.7

图 3.78　盖梁参数　　　　　　　　　　　　图 3.79　背墙参数

⑤创建耳墙。设置工作平面为"拾取一个平面",手动点击创建好的耳墙所在平面,打开"立面:右"视图。创建面板中点击"拉伸",进入"修改创建拉伸"编辑状态。选择"线",根据图纸耳墙形状进行绘制,点击"√",完成台帽形状的绘制,切换至前三维视图,利用属性栏"约束"拉伸起点及拉伸终点的设置;对耳墙厚度进行控制,根据图纸进行参数设置,镜像复制后完成耳墙创建,如图 3.81、图 3.82 所示。

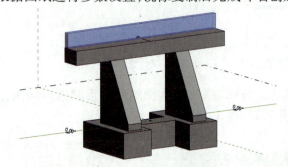

耳墙顶宽度(默认)	3100.0
耳墙长边高度(默认)	3540.0
耳墙短边高度(默认)	750.0
耳墙底宽度(默认)	200.0
耳墙厚度(默认)	500.0

图 3.80　背墙完成后模型　　　　　　　　　图 3.81　耳墙参数

5)参数化设计

(1)下部结构的族嵌套与参数化设计

族的嵌套是指将一个族载入到另一个族中使用。通过族的嵌套可基于子族进行集合形成新族,通常用于较复杂构件。桥梁工程基础包括桩基础、承台等,是一个整体构件,通过族嵌套功能可以在项目中作为一个整体进行管理,更好地去为模型服务。同时,将已创建的参数关联到组合族的族参数中,以便在项目中进行参数调整,提高建模效率。本节以桩基础和承台的族嵌套为例讲解族嵌套下的参数化设计,也可以根据工程实际将桥墩或桥台进行嵌套。勾选子族族参数中的"共享"选项,可在项目中实现子族的调用共享,如图 3.83、图 3.84 所示。

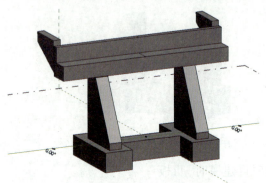

图 3.82　桥台模型

图 3.83　族类别

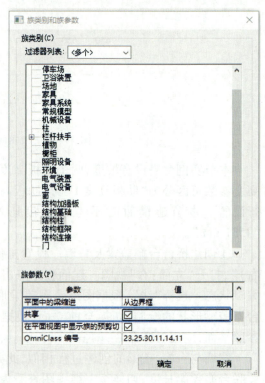

图 3.84　勾选共享

(2)具体操作

①组合族的创建。打开桩基族,点击族编辑器面板中的"载入到项目",选中承台族并点击"确定",如图 3.85、图 3.86 所示。

图 3.85　载入到项目

进入承台族后,鼠标位置会带入刚载入的桩基族,按 Esc 键,暂时退出放置命令。打开参照标高视图,根据图纸桩基与承台的位置关系,绘制参照平面,定位桩基位置,如图 3.87 所示。可根据项目实际选择是否将定位线进行参数化设计。

在项目浏览器中,可随时调用并创建载入的族,如图 3.88 所示。创建的方法有两种:一是找到对应的族,点击右键,选择"创建实例";二是选中项目浏览器中对应的族,鼠标左键拖动到绘图区域。将族放置到对应的位置上。

②组合族的参数设计。打开族参数,在族参数中只含有创建的承台参数。如果要改变桩基的参数,需在属性栏关联参数到族参数中。单击桩基图元,在左侧属性栏中,出现之前设置好的桩基实例属性参数,点击各参数后面的灰色小方块,新建族参数并进行关联,如图 3.89 至图 3.91 所示。

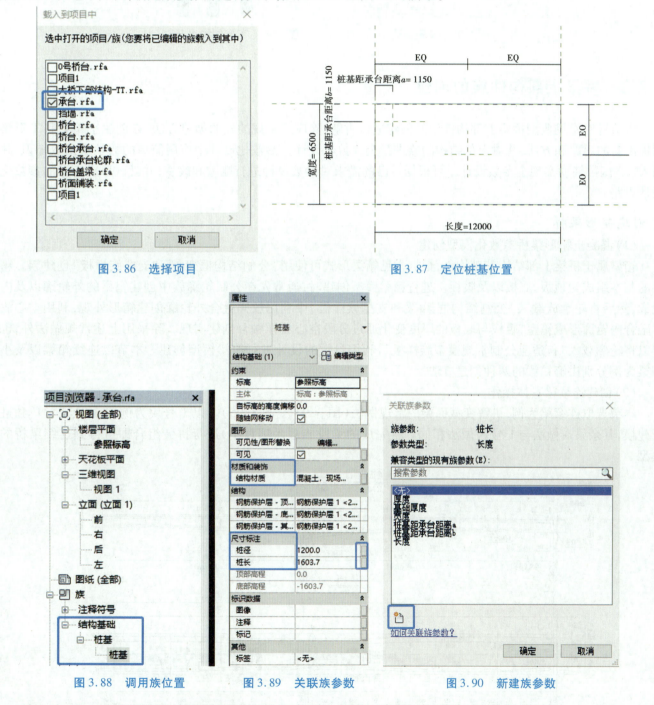

图 3.86　选择项目

图 3.87　定位桩基位置

图 3.88　调用族位置　　图 3.89　关联族参数　　图 3.90　新建族参数

③切换至立面视图,对桩基位置进行调整。转至参照标高视图,对已设计好的桩基进行复制,完成下部结构的组合族设计,切至三维视图进行检查,如图 3.92 所示。

图 3.91　设置参数　　　　　图 3.92　下部结构组合族

3.2.2　桥梁上部构件族的创建

本节针对常见典型桥梁上部构件族的创建进行讲解,除应用常规的族的创建方法,在创建小箱梁和 T 形梁时提出新的思路和方法,并对上部结构的族进行全参数化设计。参数化设计中应用简单的数学及函数知识,并引入"if"函数辅助实现全参数设计。可根据自己的需求对参数设计进行删减和改变,并尝试形成自己的参数化设计思路。

1)创建箱形梁桥

(1)混凝土箱形梁桥参数化模型创建

箱梁属于桥梁上部结构基础构件,根据常见箱梁形式可使用"公制结构框架-梁和支撑族样板"创建族。箱梁的基本组成为顶板、底板以及腹板。进行箱梁模型创建时,通常先在公制轮廓族中创建箱梁的外轮廓以及内轮廓,然后将轮廓族载入"公制结构框架-梁和支撑族样板"中利用放样融合外轮廓创建箱形外观,利用空心放样融合内轮廓形成箱室,腹板与底板的厚度变化通过分段空心放样融合创建实现。除采用上述常规做法外,也可以将轮廓载入"自适应公制常规模型族样板",利用参数的设计进行箱梁模型创建。本节以连续箱梁以及小箱梁为例分别讲解箱梁的两种创建方法。

(2)创建连续梁具体操作

本节选取连续梁为例,讲解变截面梁的常规做法(图 3.93 至图 3.95)。以 1 号块为例,0 号块通常单独进行建模,其余梁端做法与 1 号块做法相同。将完成的梁段族载入项目中,进行拼装组合即可得到连续梁桥的模型。

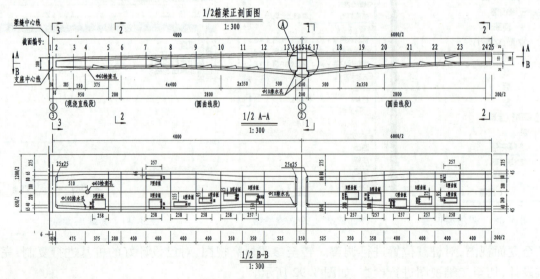

图 3.93　连续箱梁立面图

计算截面编号	1	2	3	4	5	6	7	8	9	10	11	12	13 14 15 16 17	18	19	20	21	22	23	24 25
施工节段名称	现浇直线段				合拢段	6号块	5号块	4号块	3号块	2号块	1号块	0号块		1号块	2号块	3号块	4号块	5号块	6号块	1/2合龙段
节段长度(m)	9.5				2.0	4.0	4.0	4.0	4.0	3.5	3.5	12.0		3.5	3.5	4.0	4.0	4.0	4.0	2.0/2
C55混凝土体积(m³)	86.28				13.7	26.85	29.74	30.21	32.07	31.58	34.97	156.3		34.97	31.58	32.07	30.21	29.74	26.85	13.7/2
梁高 H(cm)	200.0	200.0	200.0	200.0	200.0	203.3	211.3	229.5	252.3	277.6	307.8	345.3 360.0 345.3 307.8	277.6	252.3	229.5	213.1	203.3	200.0	200.0
顶板厚(cm)	50	35	25	25	25	25	25	25	25	25	25	50	25	25	25	25	25	25	25
底板厚(cm)	50	35	24	24	24	24.4	25.7	27.8	30.8	34.1	38.1	42.1	45.0 42.1 38.1	34.1	30.8	27.8	25.7	24.4	24.0	24.0
腹板厚(cm)	65	55	45	45	45	45	45	54	64	72	80	80 — 80 80	72	64	54	45	45	45	45
底板宽(cm)	650	650	650	650	650	650	650	650	650	650	650	650 650 650	650	650	650	650	650	650	650
梁底桥高(m)	23.276	23.332	23.370	23.445	23.485	23.532	23.514	23.430	23.282	23.099	22.867	22.566 22.445 22.592 22.967	23.269	23.522	23.75	23.914	24.012	24.045	24.045
预拱值(mm)	0	0	0	0	0	0	0	0	0	0	0	4 9 13 17	21	24	20				

图 3.94　连续箱梁参数

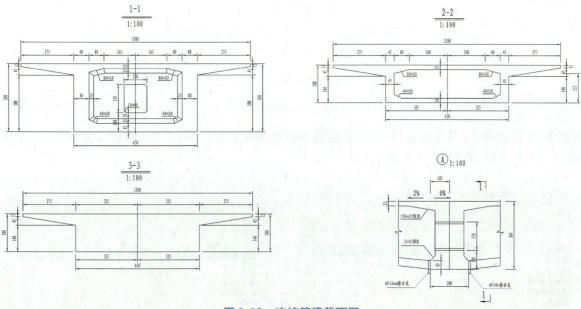

图 3.95　连续箱梁截面图

①创建参数化的轮廓族。在桌面上选中 Revit 图标，进入 Revit 主界面，按照顺序点击"族"→"新 建"→"公制轮廓"族样板→"打开"→"保存"→"箱梁外轮廓"。点击"插入"→"导入 CAD"，导入对应的 2-2 截面 CAD 底图，单位通常与 CAD 图纸绘制时的单位保持一致，定位可使用"自动-中心到中心"，放置于参照标高，点击"打开"进入轮廓族。移动图纸使外轮廓顶部中点与参照平面中心重合，点击"创建"，选择"线"选项卡下的绘制面板，拾取箱梁外轮廓线，应用"临时隐藏/隔离"功能将 CAD 底图隐藏，完成外轮廓的绘制。内轮廓创建方式与外轮廓相同，创建完成后保存族文件并命名为"箱梁内轮廓"。注意，内外轮廓虽然是两个族，但它们本身存在位置关系，所以采用相同的参照平面进行控制有利于下一步箱梁族创建。对外轮廓族以及内轮廓族进行参数化设计，如图 3.96、图 3.97 所示。

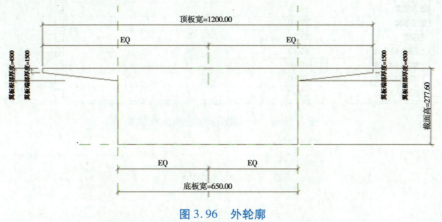

图 3.96　外轮廓

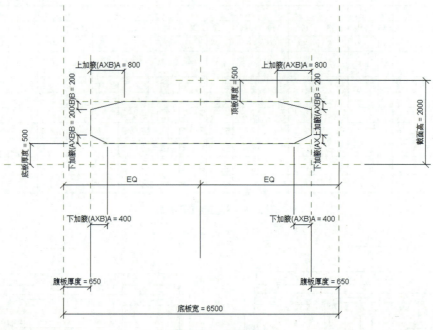

图 3.97　内轮廓

1 号块由 11 截面和 12 截面组成,在内外轮廓族中新增不同类型,并命名为"11 计算截面""12 计算截面",按照图纸进行参数设置,如图 3.98 至图 3.101 所示。

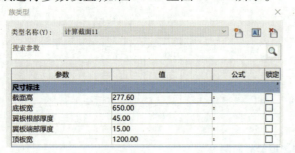

图 3.98　1—1 截面外轮廓参数设置　　　　图 3.99　1—2 截面外轮廓参数设置

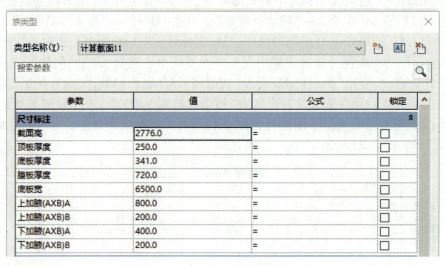

图 3.100　1—1 截面内轮廓参数设置

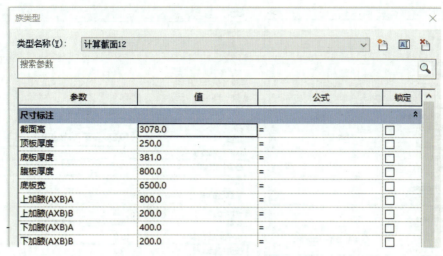

图 3.101 1—2 截面内轮廓参数设置

②创建箱梁族。在"公制结构框架-梁和支撑族样板"中删除样板已有构件及其参照平面,保留长度参数及其参照平面,载入已创建好的外轮廓与内轮廓族。利用放样融合命令在参照标高平面上绘制梁段路径,并与两端参照平面锁定。完成路径绘制后,在"选择轮廓 1"和"选择轮廓 2"处分别选择载入的外轮廓族 11 截面和 12 截面,完成外轮廓实心模型的创建;创建箱梁内轮廓模型。以相同的方法对内轮廓进行空心放样融合,完成箱梁族的创建,如图 3.102、图 3.103 所示。

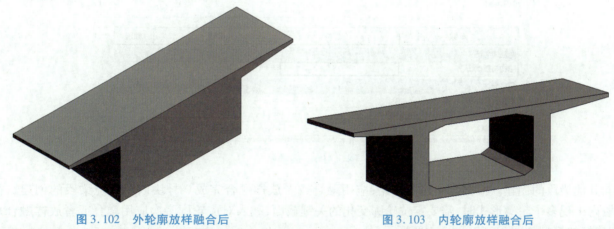

图 3.102 外轮廓放样融合后 图 3.103 内轮廓放样融合后

③箱梁横坡、纵坡参数的设置。横坡、纵坡参数化设计注意设置参数时参数与截面的对应关系,外轮廓 11 截面与内轮廓 11 截面关联同一参数,外轮廓 12 截面与内轮廓 12 截面关联同一参数。箱梁横坡利用角度参数进行设置,纵坡利用 11 截面和 12 截面不同的竖向位移参数进行设置。单击外轮廓创建的放样融合模型,属性栏出现轮廓 1(即计算截面 11)与轮廓 2(即计算截面 12)的相关属性,将垂直轮廓偏移关联新建族参数"梁顶标高偏移 11""梁顶标高偏移 12";单击内轮廓创建的空心放样融合模型,属性栏出现轮廓 1(即计算截面 11)与轮廓 2(即计算截面 12)的相关属性,将垂直轮廓偏移关联已创建的族参数"梁顶标高偏移 11""梁顶标高偏移 12",如图 3.104 至图 3.106 所示。

本例横坡为 0,故不需对角度进行参数关联。竖向位移可根据梁段长度、纵坡坡度计算出两个截面的位移差设置,也可以在竖向位移中设置函数实现整体的位移变化。

④添加箱梁材质参数。材质参数与下部结构设置方法相同,此处不再赘述,切换至三维视图查看箱梁 1 号块模型。

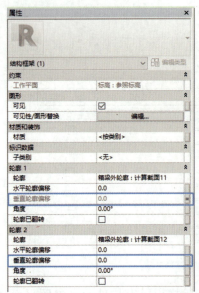

图 3.104　外轮廓关联族参数　　　　图 3.105　内轮廓关联族参数

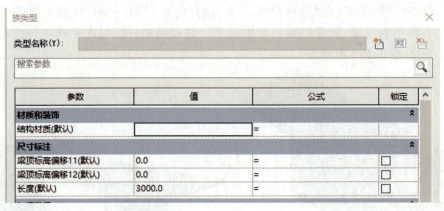

图 3.106　族参数

⑤其他梁段的创建。根据以上建模思路,应用融合或者放样融合完成 0 号块以及现浇梁段的创建。在同一梁段内出现多个轮廓形式时,需要定位轮廓变化的关键截面,载入对应轮廓多次应用融合或者放样融合来实现,创建好的模型如图 3.107、图 3.108 所示。

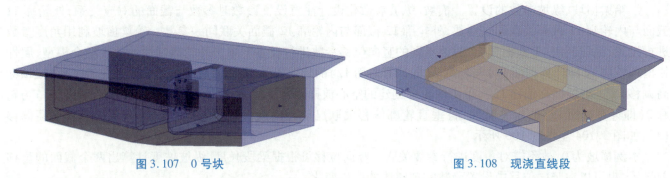

图 3.107　0 号块　　　　　　　　　图 3.108　现浇直线段

(3)创建小箱梁具体操作

以小箱梁为例,讲解等截面箱梁的自适应常规模型做法。以图 3.109、图 3.110 跨中箱梁为例进行建模,利用参数化设计后再应用 Dynamo 即可得到桥的整体模型。

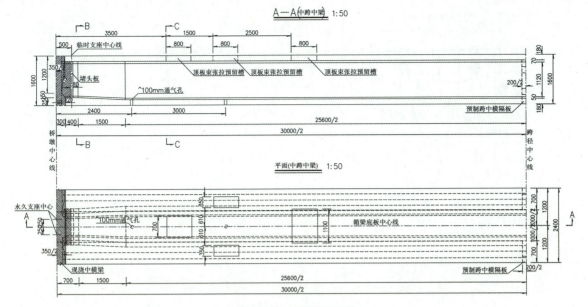

图 3.109　箱梁立面图

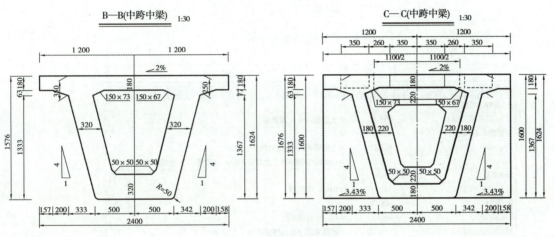

图 3.110　箱梁截面图

①创建参数化轮廓。在桌面上选中 Revit 图标,进入 Revit 主界面,按照顺序点击"族"→"新建"→"公制常规族"族样板→"打开"→"保存"→"小箱梁外轮廓"。"创建"选项板点击"模型线",完成外轮廓的绘制。内轮廓创建方式与外轮廓相同,创建完成后保存族文件并命名为"小箱梁内轮廓"。内外轮廓虽然是两个族,但它们本身存在位置关系,所以采用同样的参照平面进行控制有利于下一步箱梁族的创建。也可以将内外轮廓绘制在同一个族中,通过属性面板中"可见"的勾选保存为两个族,如图 3.111 所示,即外轮廓可见时保存为"小箱梁外轮廓"族,内轮廓可见时保存为"小箱梁内轮廓"族。对外轮廓族以及内轮廓族进行参数化设计,如图 3.112、图 3.113 所示。

②创建小箱梁外轮廓实心族。"新建"→"自适应公制常规族"族样板→"打开"→"保存"→"小箱梁族",在创建的内、外轮廓族属性栏勾选"基于工作平面",取消"总是垂直"勾选,如图 3.114 所示,并载入"小箱梁族"。

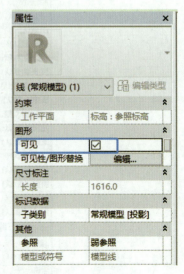

图 3.111　可见勾选

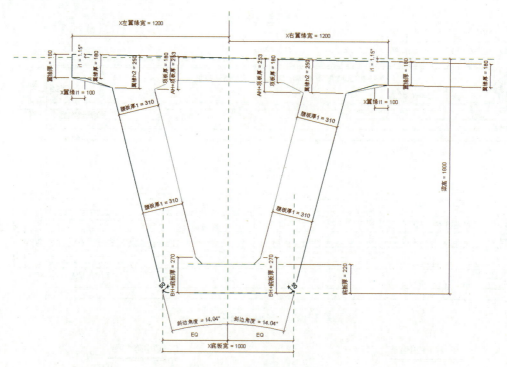

图 3.112 截面参数设计

参数	值	公式	锁
尺寸标注			
上加腋AH(默认)	73.0	=	
AH+顶板厚(默认)	253.0	= 上加腋AH + 顶板厚	
上加腋AL(默认)	150.0	=	
XAL(默认)	150.0	= 上加腋AL / cos(夹角)	
ALL(默认)	166.8	=sqrt(上加腋AH * 上加腋AH + 上加腋AL * 上加腋AL)	
BH(默认)	50.0	=	
BH+底板厚(默认)	270.0	=BH + 底板厚	
BL(默认)	100.0	=	
XBL(默认)	100.0	= BL / cos(夹角)	
X右翼缘宽(默认)	1200.0	=右翼缘宽 / cos(夹角)	
X左翼缘宽(默认)	1200.0	=左翼缘宽 / cos(夹角)	
X底板宽(默认)	1000.0	=底板宽 / cos(夹角)	
X翼缘l1(默认)	100.0	=翼缘l1 / cos(夹角)	
i1(默认)	1.15°	=atan(i / 100)	
夹角(默认)	0.00°	=	
斜边角度(默认)	14.04°	=atan(斜边比率)	
翼缘厚(默认)	180.0	=	
翼缘h2(默认)	250.0	=	
翼缘l1(默认)	100.0	=	
右翼缘宽(默认)	1200.0	=	
左翼缘宽(默认)	1200.0	=	
底板宽(默认)	1000.0	=	
梁高(默认)	1800.0	=	
底板厚(默认)	220.0	=	
腹板厚(默认)	320.0	=	
腹板厚1(默认)	310.4	=腹板厚 * cos(斜边角度)	
顶板厚(默认)	180.0	=	
其他			
i(默认)	2.000000	=	
右折线(默认)	☑	=右翼缘宽 = 1200 mm	
右直线(默认)	☐	=右翼缘宽 > 1200 mm	
左折线(默认)	☑	=左翼缘宽 = 1200 mm	
左直线(默认)	☐	=左翼缘宽 > 1200 mm	
斜边比率(默认)	0.250000	=	

图 3.113 参数设置

创建两个点在水平参照平面,单击 Esc 键,选择点,选择使其自适应,使每个点出现 3 个参照平面,如图 3.115 至图 3.117 所示。

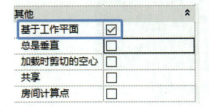

图 3.114　勾选基于工作平面　　　图 3.115　创建点　　　图 3.116　自适应　　　图 3.117　放置点

选中两个点,单击"修改|自适应点"选项卡中绘图区域"通过点的样条曲线"。预留伸缩缝距离,在自适应 1、2 点的连线上放置两个参照点,设置工作平面,单击自适应点 1 的竖直平面。为确认工作平面是否设置成功,可单击工作平面面板中"显示"进行查看,如图 3.118、图 3.119 所示。

在项目浏览器"常规模型"中选择"小箱梁外轮廓",在放置面板选择"放置在工作平面上",如图 3.120 所示。

图 3.118　显示工作平面　　　图 3.119　视图区工作平面　　　图 3.120　放置选择

将外轮廓放置在点 1,同样操作,在点 2 处放置外轮廓,选中两个外轮廓,单击"创建形状",完成小箱梁外轮廓实心族的创建,如图 3.121、图 3.122 所示。

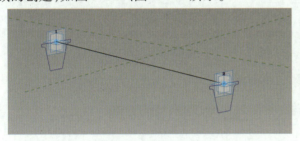

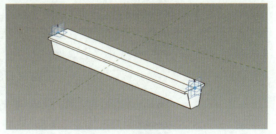

图 3.121　放置轮廓　　　　　　　　　图 3.122　创建模型

③创建小箱梁内轮廓空心族。可暂时将外轮廓实心族进行隐藏,根据图纸,确定内轮廓截面变化的位置,并在对应位置放置点在自适应点连线上,选中点后,可在属性栏将测量类型修改为"线段长度",并修改线段长度为"600",也可以关联族参数以便进行修改,如图 3.123 所示。

将内轮廓分别放置在自适应点 1、2 以及截面变化的点,放置方法同外轮廓,然后根据图纸在属性栏对每个内轮廓参数进行调整,分段进行创建空心形状,完成内轮廓空心的创建,如图 3.124 至图 3.127 所示。

图 3.123　修改测量类型

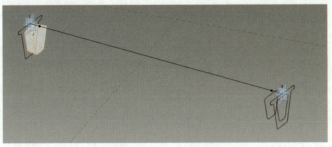

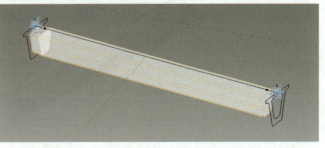

图 3.124　空心创建 1　　　　　　　　　图 3.125　空心创建 2

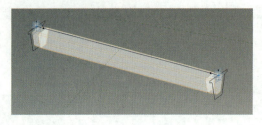

图 3.126　空心创建 3

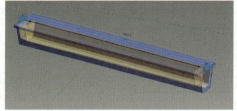

图 3.127　显示外轮廓

④小箱梁族参数的设置。根据小箱梁图纸数据,考虑伸缩缝的设置,对小箱梁的族参数进行设置。在关联族参数时,将内外轮廓同时关联,参数化设计如图 3.128 至图 3.130 所示。

参数	值	公式	锁定
材质和装饰			
混凝土	混凝土	=	
尺寸标注			
AH	100.0	=	☐
AL	150.0	=	☐
BH	0.0	=	☐
BL	100.0	=	☐
L (报告)	30000.0		
L1	350.0	= 伸缩缝l	☐
L2	475.0	=	☐
L3	4100.0	=	☐
L/2(默认)	14950.0	= L / 2 - 50 mm	☐
伸缩缝h	180.0	=	☐
伸缩缝l	350.0	=	☐
右翼缘宽(默认)	1200.0	=	☐
夹角	0.00°	=	☐
左翼缘宽(默认)	1200.0	=	☐
底板厚1	180.0	=	☐
底板厚2	280.0	=	☐
底板宽(默认)	1000.0	=	☐
梁高(默认)	1600.0	=	☐
翼缘h1(默认)	180.0	=	☐
翼缘h1(伸缩缝处)(默认)	360.0	=	☐
翼缘h2(默认)	250.0	=	☐
翼缘h2(伸缩缝处)(默认)	360.0	=	☐
翼缘l1(默认)	100.0	=	☐
腹板厚1	220.0	=	☐
腹板厚2	320.0	=	☐
顶板厚(默认)	180.0	=	☐

图 3.128　几何参数

其他		
前简支(默认)	☑	= 前伸缩缝 = 1
前伸缩缝(默认)	1.000000	=
后伸缩缝(默认)	0.000000	=
后简支(默认)	☐	= 后伸缩缝 = 1
后连续(默认)	☑	= 后伸缩缝 = 0
斜率(默认)	0.250000	=
i(默认)	-2.000000	= -横坡
前连续(默认)	☐	= 前伸缩缝 = 0
横坡(默认)	2.000000	=

图 3.129　其他参数

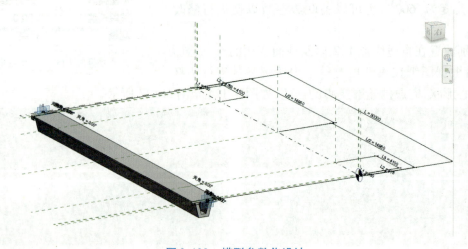

图 3.130　模型参数化设计

⑤根据图纸,对两侧端头板进行创建,创建方法同外轮廓实心族,单击自适应点 1、2 间的模型线,在属性栏勾选为参照线,完成自适应小箱梁族的创建,如图 3.131、图 3.132 所示。第 4 章将详细介绍如何利用 Dynamo 进行箱梁上部结构拼装。

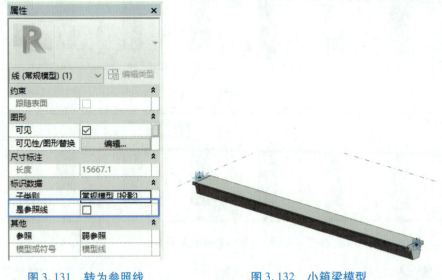

图 3.131　转为参照线　　　　　图 3.132　小箱梁模型

2)创建 T 形梁桥

(1)混凝土 T 形梁桥参数化模型创建

T 形梁简称 T 梁,属于桥梁上部结构基础构件,根据梁片横桥向位置不同,分为边梁和中梁,基本组成为翼缘板、腹板、马蹄和横隔板。T 梁创建可采用前述常规方法,即基于"公制结构矿界-梁和支撑"族样板,通过放样融合方式创建。本节采用自适应族的做法进行建模,以便后期使用 Dynamo 进行 T 梁整体模型创建。

T 梁主要参数为翼缘板宽度(实例参数)、翼缘厚度 H(实例参数),如图 3.133 至图 3.135 所示。

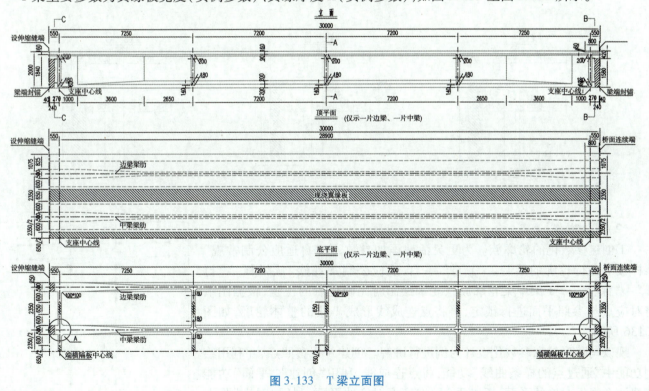

图 3.133　T 梁立面图

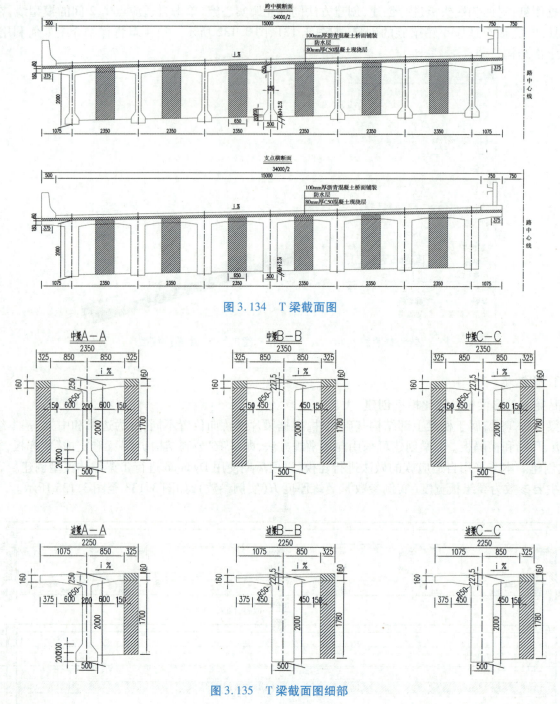

图 3.134　T 梁截面图

图 3.135　T 梁截面图细部

（2）具体操作

①创建参数化的轮廓族。为更灵活地添加参数，在"自适应公制常规"族样板下进行轮廓的绘制。"新建"→"自适应公制常规族"族样板→"打开"→"保存"→"T 梁中梁轮廓族"，轮廓绘制时先确定点的位置，根据图纸将对应点与参照平面进行锁定，再将点连成线形成 T 梁的整体轮廓，如图3.136 所示。

现以马蹄形轮廓参数化设计为例进行讲解。创建 6 个参照点，并利用绘制功能中"通过点的样条曲线"功能，将点连成线，利用"创建""平面"功能新建两个腹板对应的平面，新建两个马蹄宽度对应的平面，利用"对齐"将上面两个点与腹板对应平面锁定，下面 4 个点与马蹄宽对应的平面锁定，改变腹板宽度参数即可实现对应截面变化的需求，如图 3.137、图 3.138 所示。

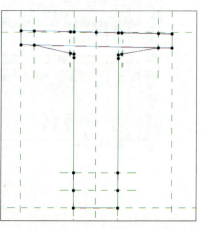

图 3.136　T 梁轮廓

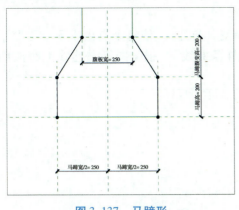

图 3.137　马蹄形

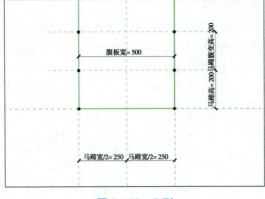

图 3.138　T 形

根据参数化设计需求,对轮廓进行参数化设计,应用数学函数将翼板上表面各点 h 与坡度值进行关联,通过对各点 h 的不同变化实现 T 梁横坡的变化,详细参数设计如图 3.139、图 3.140 所示。

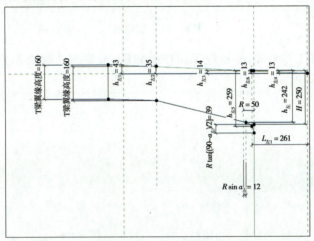

图 3.139　翼缘板参数

参数	值	公式	锁定
尺寸标注			
H	250.0	=	☑
L右1(默认)	261.6	= R * (1 - cos((90° - a右) / 2)) + 腹板宽	☑
L左1(默认)	261.0	= R * (1 - cos((90° - a左) / 2)) + 腹板宽	☑
R	50.0	=	☑
R*sina右(默认)	8.9	= R * sin(a右)	☑
R*sina左(默认)	10.7	= R * sin(a左)	☑
R*tan((90-a右)/2)(默认)	41.8	= R * tan((90° - a右) / 2)	☑
R*tan((90-a左)/2)(默认)	40.2	= R * tan((90° - a左) / 2)	☑
T梁翼缘高度(默认)	160.0	=	☑
T梁高(默认)	2000.0	=	☑
a右(默认)	10.20°	= atan(((H - T梁翼缘高度) - i * (右翼缘长)	☑
a左(默认)	12.41°	= atan(((H - T梁翼缘高度) + i * (左翼缘	☑
e(默认)	1.15°	= atan(i)	☑
h右5(默认)	259.5	= H + R * tan((90° - a右) / 2) - R * sin((	☑
h右6(默认)	5.2	= i * L右1	☑
h左5(默认)	259.1	= H + R * tan((90° - a左) / 2) - R * sin((	☑
h右(默认)	241.8	= H - R * (1 - sin(a右)) * (i + tan(a右))	☑
h左1(默认)	17.0	= h左1	☑
h左2(默认)	14.0	= h左2	☑
h左3(默认)	5.8	= h左3	☑
h左4(默认)	5.0	= h左4	☑
h左(默认)	242.1	= H - R * (1 - sin(a左)) * (-i + tan(a左))	☑
h左1(默认)	17.0	= 左翼缘长 * i	☑
h左2(默认)	14.0	= (左翼缘长 - 左等翼缘长) * i	☑
h左3(默认)	5.8	= (腹板宽 / 2 + R * sin(a左)) * i	☑
h左4(默认)	5.0	= i * 腹板宽 / 2	☑
h左6(默认)	5.2	= i * L左1	☑
右等翼缘长(默认)	150.0	= 右翼缘长 - 700 mm	☑
右翼缘长(默认)	850.0	=	☑
左等翼缘长(默认)	150.0	= 左翼缘长 - 700 mm	☑
左翼缘长(默认)	850.0	=	☑
腹板宽(默认)	500.0	=	☑
马蹄宽(默认)	500.0	=	☐
马蹄宽/2(默认)	250.0	= 马蹄宽 / 2	☐
马蹄渐腹变高(默认)	200.0	=	☐
马蹄高(默认)	200.0	=	☐
其他			
i(默认)	0.020000		

图 3.140　翼缘板参数设计

②创建 T 梁族。"新建"→"自适应公制常规族"族样板→"打开"→"保存"→"T 梁中梁",将创建的 T 梁中

梁轮廓族载入"T 梁中梁"。

创建两个点在水平参照平面,单击 Esc 键,选择点,选择使其自适应,使每个点出现 3 个参照平面。选中两个点,单击"修改|自适应点"选项卡中绘图区域"通过点的样条曲线"。根据图纸在连线上距离两个自适应点各创建 3 个参照点,如图 3.141 所示。

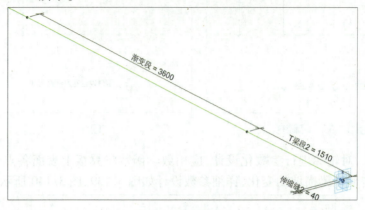

图 3.141　创建点

依次在 6 个参照点上设置工作平面,并放置 T 梁中梁轮廓,放置方法同小箱梁轮廓放置方法。根据图纸对轮廓参数进行调整,如图 3.142 所示。

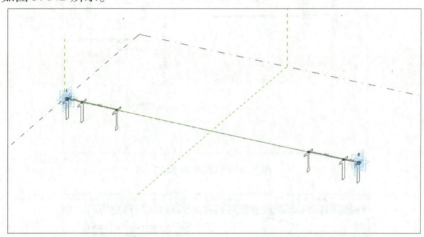

图 3.142　放置轮廓并调整参数

依次选中两个外轮廓,单击"创建形状",完成 T 梁中梁创建,如图 3.143 至图 3.146 所示。

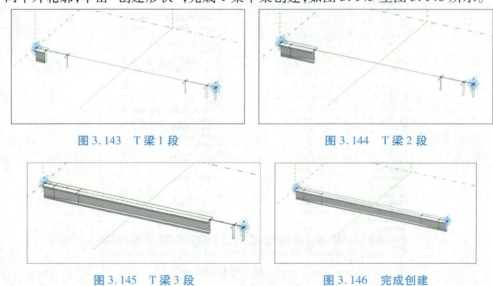

图 3.143　T 梁 1 段　　　　　　　　　图 3.144　T 梁 2 段

图 3.145　T 梁 3 段　　　　　　　　　图 3.146　完成创建

③T 梁族参数设置。根据 T 梁图纸,设置 T 梁族参数,将轮廓参数关联族参数,参数化设计如图 3.147 所示。

尺寸标注			☆
T型段1(默认)	1510.0	= 1550 mm - 伸缩缝1	☑
T梁段2(默认)	1510.0	= 1550 mm - 伸缩缝2	☑
伸缩缝1(默认)	40.0	=	☑
伸缩缝2(默认)	40.0	=	☑
渐变段	3600.0	=	☑
其他			☆
翼缘横坡(默认)	0.020000	=	

图 3.147　参数设置

④边梁创建。创建边梁时,因为两侧翼缘板宽度的渐变,一般不与腹板的变化正好在同一截面位置,所以创建 T 梁轮廓族时,可以将腹板与翼缘板分开创建。考虑腹板与翼缘板有位置关系,可在一个族中同时绘制腹板、翼缘板,然后选中不需要的轮廓线设置为参照线,另存为"T 梁翼缘板轮廓族"与"T 梁下部轮廓族",如图 3.148 至图 3.150 所示。

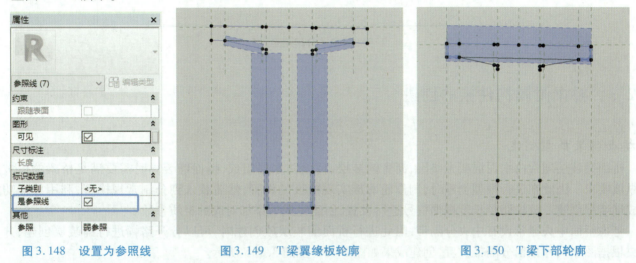

图 3.148　设置为参照线　　　　图 3.149　T 梁翼缘板轮廓　　　　图 3.150　T 梁下部轮廓

将两个族载入自适应族分别进行分段放置、分段融合,创建方法同前述,创建成果如图 3.151、图 3.152 所示。

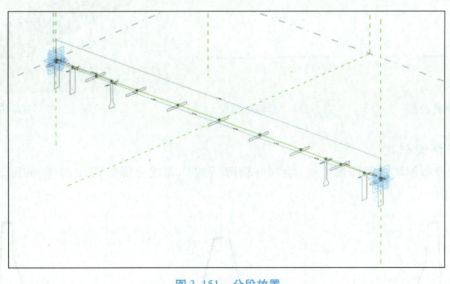

图 3.151　分段放置

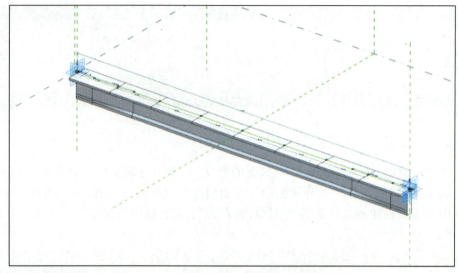

图 3.152　分段融合

3.2.3　桥梁附属构件族的创建

1）桥面铺装模型创建

　　桥面铺装层通常由水泥混凝土垫层、沥青铺装层、桥面防水层组成,桥面铺装同时需要满足桥梁的横坡以及纵坡要求。因此在进行模型创建时,制作轮廓族实现横坡的设置,然后载入到公制常规模型,利用放样功能完成铺装层创建。放样路径长度根据桩号进行设置,创建完成后添加对应的材质参数。

　　考虑桥面中央通常设有中央分隔带,因此进行桥面铺装层族创建时,可以分开路幅进行铺装层创建,并在中央根据图纸尺寸预留分隔带位置,创建成果如图 3.153 至图 3.155 所示。

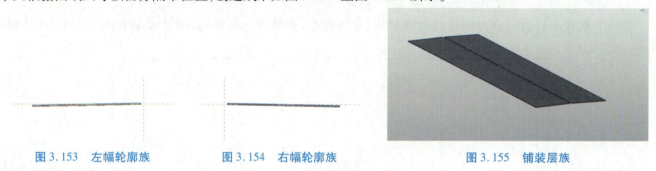

图 3.153　左幅轮廓族　　　　图 3.154　右幅轮廓族　　　　图 3.155　铺装层族

2）混凝土分隔带模型创建

　　混凝土分隔带模型创建思路同铺装层,绘制好轮廓后放样完成分隔带模型创建,如图 3.156 至图 3.159 所示。

图 3.156　左防撞栏轮廓族　　　图 3.157　中分隔带轮廓族　　　图 3.158　右防撞栏轮廓族

图 3.159　混凝土防撞栏族

3）栏杆式护栏模型创建

根据栏杆式护栏组成，将构件进行分解制作，总体构建思路同混凝土分隔带。根据图纸创建护栏轮廓、创建防阻块构件，如图 3.160、图 3.161 所示。

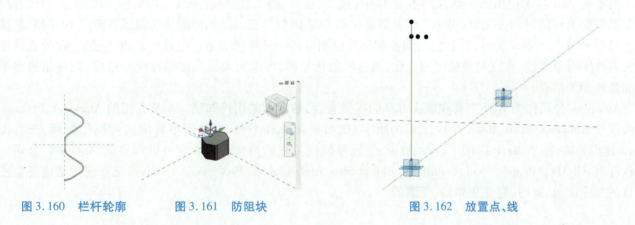

图 3.160　栏杆轮廓　　　　图 3.161　防阻块　　　　　　　图 3.162　放置点、线

载入自适应公制常规模型族，根据图纸尺寸创建自适应点 1、自适应点 2，以及对应参照点、参照线，如图 3.162 所示。创建中，注意点、线所对应的工作平面设置。

在自适应点 1 水平面上绘制圆形，生成立柱构件，放置防阻块，然后根据护栏轮廓创建护栏模型，添加所需参数，完成栏杆式护栏模型的创建，如图 3.163 所示。

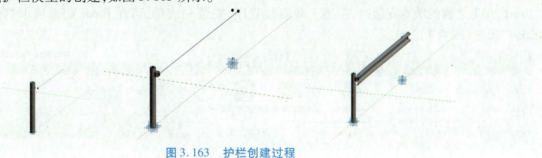

图 3.163　护栏创建过程

复习思考题

3.1　采用公制常规模型进行桥梁下部结构创建时，试在学习完自适应常规模型建模后采用自适应常规模型进行下部结构建模。

3.2　在创建有斜交角的桥台时，若想通过正交桥台设置参数实现，如何设定相关参数？

3.3　创建桥梁上部结构轮廓时，如何设置参数通过线条的变化实现轮廓的变化？

第4章 参数化建模

4.1 Dynamo 基础知识

4.1.1 Dynamo 简介

近几年,随着 BIM 技术的快速发展,BIM 与参数化越来越多被人们熟悉。工程建设行业各参与方都在追求高效、准确、可行的建模方法,以满足 BIM 模型在各阶段的应用。

模型是 BIM 技术应用的基础,在实际工作中(规划、设计、施工、运维各阶段),BIM 模型的创建、修改、维护、完善都需要大量的时间去完成,BIM 工作者都是在和 BIM 模型打交道。如何能快速完成各阶段 BIM 模型,成为当前采用 BIM 技术的关键性问题之一,而参数化建模则提供一种解决方案。参数化是指通过数值、公式或逻辑语言来改变对象属性,实现对象的可控变化,通过参数化建模,可以大大提高建模速度与精度,同时给模型批量添加各种相关信息。

Autodesk 公司作为 BIM 工具和解决方案的提供者,已被广大的用户知晓。本节介绍的 Autodesk Dynamo 作为内嵌于 Autodesk Revit(Revit 2017 之后的版本)的可视化编程平台,以其简单易学的可视化编程方式,提高 Revit 建模效率,拓展 Revit 应用于桥梁、隧道、管廊等线性工程的可操作性。它可以和多款 Autodesk 公司的其他软件(Civil 3D、Advance Steel、FormIt Pro、Robot Structural Analysis Professional、Alias),交互使用适应各类使用人员的专业需求,同时,它是免费的、开源的。

4.1.2 Dynamo 界面

Dynamo 可以是单独运行的,也可以和 Revit 并行工作,其工作界面和 Revit 类似。下面介绍 Dynamo 的常用功能及工作流程。

Revit 2017 之前的版本安装时,需要下载安装程序,安装完成后,可在 Revit 的选项卡"附加模块"中启动"Dynamo"程序(图 4.1)。

图 4.1 启动界面(Revit 2016)

Revit 2017 及以上的版本中,Dynamo 已经成为默认安装的插件,在 Revit 安装过程中会自动安装。安装完成后,可在 Revit"管理"选项卡下的"可视化编程"栏里找到"Dynamo"的启动按钮(图 4.2)。

图4.2 启动界面(Revit 2018)

1)初始界面

Dynamo 启动后,进入初始界面。初始界面由以下8个部分组成(图4.3):

①菜单和工具栏:包括"文件""编辑""视图""设置""帮助",以及快捷工具栏"新建""打开""保存""撤销""恢复""将工作空间另存为图像"。

②文件:开始新建项目,打开自定义节点或打开已有项目。

③最近使用的文件:显示最近打开过的文件。

④备份:文件备份位置,点击"备份位置"可以修改备份文件的位置。

⑤询问:从"讨论论坛"和"Dynamo 网址"上得到常见问题的答案。

⑥参照:Dynamo 学习参考资料,包括"快速入门""Dynamo Primer""视频教程""Dynamo 词典"。

⑦代码:分享在 Github 中的开源代码。

⑧样例:提供多个基础教学案例,可以帮助学习者快速了解 Dynamo 的工作流程。

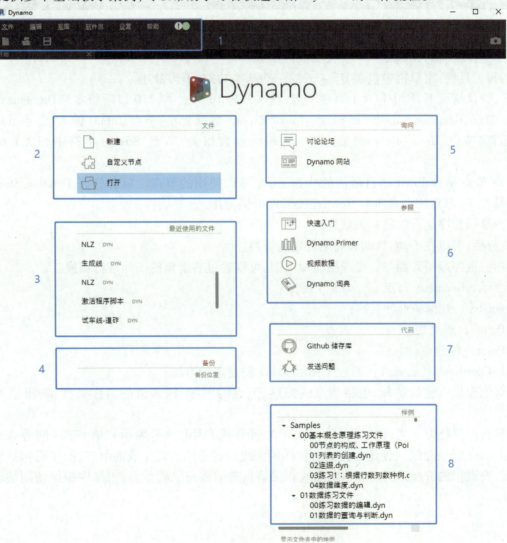

图4.3 Dynamo 初始界面

2）工作界面

点击"新建"按钮，新建一个项目，进入 Dynamo 工作界面，如图4.4 所示。

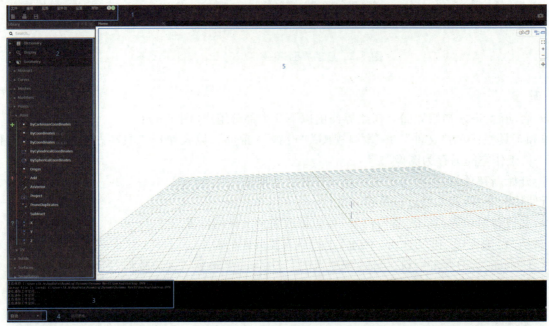

图4.4　Dynamo 工作界面

Dynamo 工作界面(UI)由以下5个主要功能区组成：

①菜单栏和工具栏：菜单栏中包含 Dynamo 的一些基本功能，不再赘述。

②节点库：默认情况下，库中包含上百种节点，基本分为10个大类(2.0 以后版本)：Dictionary(词典)节点、Display(显示)节点、Geometry(几何图形)节点、ImportExport(数据交互)节点、Input(输入)节点、List(列表相关)节点、Math(运算)节点、Revit(Revit 相关)节点、Script(函数相关)节点、String(字符串相关)节点，如图4.5 所示。

其中，Revit 节点是在 Revit 项目激活的状态下，才可以使用的节点。单独打开 Dynamo Studio 或 Dynamo SANDBOX 的情况下，节点库中则没有 Revit 相关节点可供使用。

③控制台：显示程序运行时的相关信息。

④程序执行栏：可以在手动、自动和周期性之间切换。

⑤工作空间：程序编写界面与三维视图显示界面，可以通过右上角的图标进行切换。

如图4.6 所示，Geometry 节点库分为5个部分：

①库(Geometry)：几何图形库名称；

②类别(Points)：点类别；

③子类(Point)：创建点；

④节点［ByCoordinates(x,y,z)］：通过坐标值 x,y,z 创建点的方法；

⑤注释：对创建点方法的解释，包括节点的描述、节点的图标、输入值的名称类型、输出值的数据结构和类型。

Dynamo 节点类型分为3类：创建类(加号表示)、操作类(闪电符号表示)、查询类(问号表示)。如 Point(点)和 NurbsCurre(样条曲线)：创建栏包括点和样条曲线通过不同方式生成的节点；操作栏包括对点和样条曲线的编辑节点，查询栏的节点是对点和样条曲线相关信息查询或获取的节点，工作中根据使用情况选择相应的节点(图4.7)。

图 4.5　Dynamo 节点库

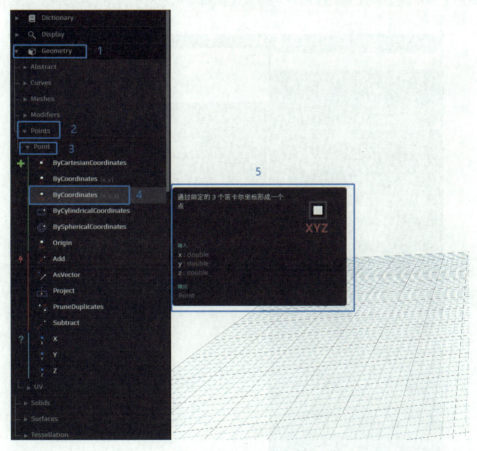

图 4.6　Geometry 节点库

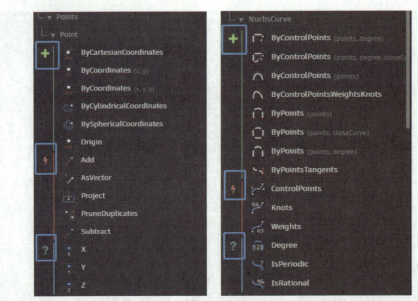

图 4.7　节点类型

　　在节点库中有成百上千个节点，要想快速、准确地找到相关的节点，可以通过搜索关键字来获取节点。在搜索栏中输入关键字，Dynamo 的库就会显示最接近的结果，并且包含所在类别的信息。鼠标单击或敲击回车键时，高亮显示的那个节点就会添加到工作区中。搜索过程如图 4.8 所示，即搜索栏→最佳匹配项→最佳匹配项节点说明→其他匹配项。

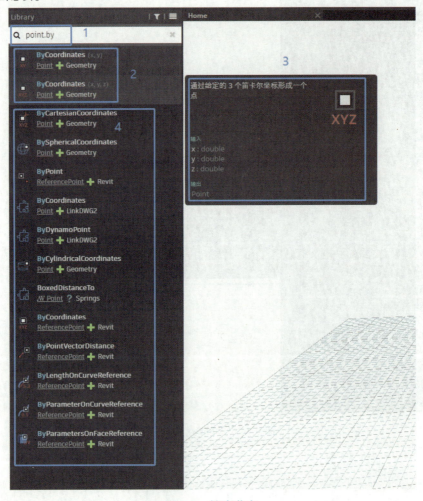

图 4.8　搜索节点

3）软件包

软件包也称节点包，是自定义节点的集合。Dynamo 软件包管理器是从社区下载已在线发表的任何软件包的一个门户。Dynamo 不仅有默认的节点库，还可以在网站上联机搜索第三方开发的工具包。

安装软件包最简单的方法是通过 Dynamo 程序界面的包工具栏进行。首先，点击工具栏的"软件包"，再点击"搜索软件包"，在弹出来的搜索界面中输入"BIM"，即可找到和"BIM"相关的软件包，单击按钮即可下载安装，如图 4.9 所示。

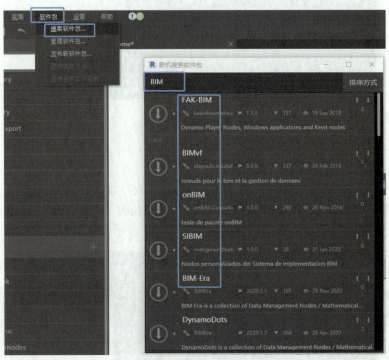

图 4.9　搜索软件包

安装完成的软件包同样可以通过"管理软件包"工具实现统一管理，如图 4.10、图 4.11 所示。可以在已安装的软件包上单击右键进行卸载、弃用等操作。

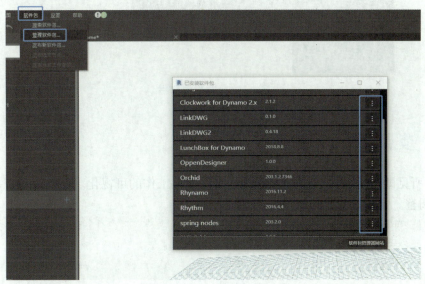

图 4.10　管理软件包

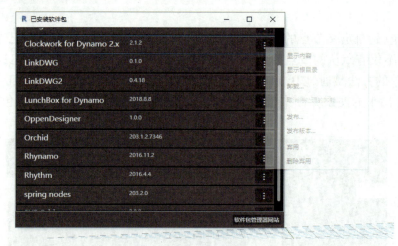

图 4.11　已安装软件包

4）设置

从几何图形到用户设置,这些选项都可以在设置菜单中完成。设置菜单包括以下内容:启用匿名概要报告、启用详细的可用性数据报告、显示梯段预览、数字格式、渲染精度、几何图形缩放、隔离选定的几何图形、显示边、显示预览气泡图、管理节点和软件包路径、实验,如图 4.12 所示。

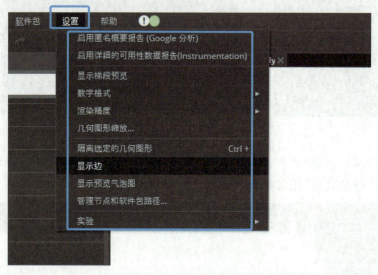

图 4.12　设置菜单栏

4.1.3　Dynamo 节点解析

可视化编程以"所见即所得"的编程思想为原则,实现编程工作的可视化。即随时可以看到编程结果,实现程序与结果的同步调整。常规的编程代码如图 4.13 所示。

图 4.13　编程代码

可视化编程的节点如图4.14所示。

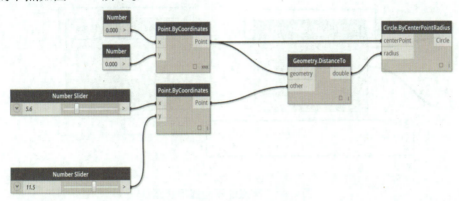

图4.14 可视化编程

通过两种创建过程的对比可以看出,可视化编程可以像搭积木式地构造各种程序,无须编写太多的代码甚至不需要懂太多的语法知识和API就能实现一些功能。这对工程人员非常有用,既实现了编程,又无须掌握过多的编程语言。

1)节点的构成

在Dynamo节点库中,选取适当的节点,如选取一个创建点(Point. ByCoordinates)的节点,通过导线将多个节点按照一定的逻辑关系连接起来,构成一个可视化程序,运行程序获得目标成果。这是Dynamo程序的一般工作流程。了解节点的功能,理清创建目标成果的逻辑关系,进行正确的节点间连接,是做出一个简明、有效的Dynamo程序的关键。

通常,节点由6个部分组成,如图4.15所示。以"Point. ByCoordinates"节点为例,进行说明。

①节点名称:双击可重命名。

②输入项:鼠标光标悬停在输入项上方,会提示输入的类型以及默认输入值,在输入项区域点鼠标右键,则可勾选是否使用默认值;在输入项的右侧箭头位置单击鼠标左键,可以对输入的数据进行设置,包括使用级别和保持列表结构。

③输出项:鼠标悬停在输出项上方,会提示输出的类型。

④连缀图标:表示当前节点的连缀状态,会影响节点运算结果,在接下来的章节会以具体例子详细说明。

⑤节点面板:鼠标右键单击面板区域,弹出右键菜单,包含删除、创建组、从组中删除、创建组、设置连缀状态、冻结、是否显示预览、重命名节点、显示节点帮助等操作。

⑥节点运算结果:显示节点运算完成的结果(图4.16)。

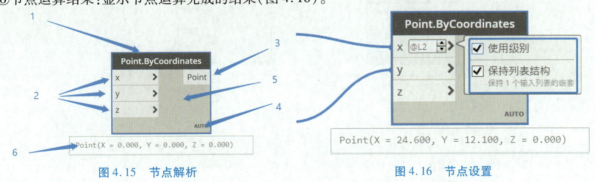

图4.15 节点解析　　　　　　　图4.16 节点设置

节点输入项读入正确的输入类型,将进行节点功能的运算,运算结果从输出项读出。完成运算并生成正确输出结果的节点,其节点名称区域以黑色显示,将光标悬停在该节点任意区域,则可在节点正下方预览运行结果,节点运算结果是坐标点(24.6,12.1,0);取消该节点的默认输入值后,该节点名称区域以灰色显示,表明未进行运算,预览显示"Function",如图4.17所示。

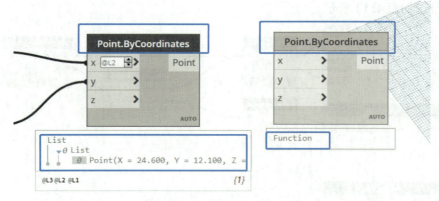

图 4.17　节点的不同显示状态

若输入项读入错误的输入类型,如"x"分量连接的是字符串"123",则该节点运行失败,以黄色显示,如图 4.18 中左侧节点所示,光标悬停至上方信息符号处,则会显示具体错误的说明。将输入项改成数字类型后,节点运行成功,得到坐标点(123,0,0),选中该节点,则如图 4.18 右侧节点所示,节点边框变为蓝色高亮显示,且三维视图中该坐标点也处于选中状态。

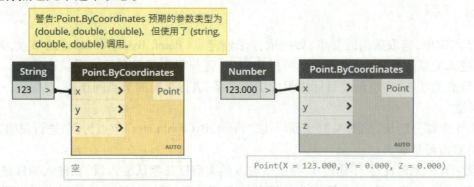

图 4.18　节点的错误和正确输入状态

在节点右键菜单中勾选"冻结",节点则以图 4.19 右侧节点所示,呈半透明状,其节点功能暂时处于不运行的状态。在节点右键菜单中取消勾选"预览",节点则以图 4.19 左侧节点所示,呈灰显状态。其节点运行生成的几何形体则不会在工作空间的三维视图界面中显示。

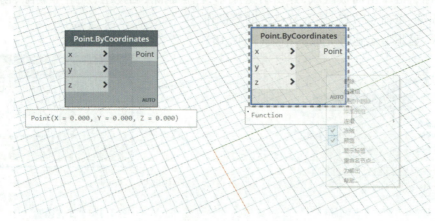

图 4.19　节点冻结状态

2）节点连接

节点与节点之间通过导线相连,图 4.20 所示一个完整的 Dynamo 程序的节点连接。由最左侧生成的数字值的滑块节点连接到下游节点的输入项,经过运算,输出结果连接到更下游节点的输入项。以此类推,完成整个程序的运行,最终输出图 4.20 所示圆柱体方阵。

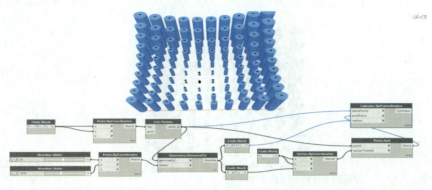

图 4.20　节点连接——曲线

Dynamo 中连接节点的导线形式有两种,可在"菜单→视图→连接件→连接件类型"中选择"曲线"或"多段线"两种显示方式,将上述例子改为多段线连接线,如图 4.21 所示。

通过导线连接,将节点与节点之间建立起数据流,可以理解为将数据从一个上游节点传递到下游节点,通过一个节点的端口拖到另一个节点的端口。在这个过程中,导线表现为虚线,连接成功后导线即变为实线,数据只能从输出端接到输入端。导线的连接顺序从两边都可以,可以从节点 1 的输出端连接到节点 2 的输入端,反过来也可以从节点 2 的输入端连接到节点 1 的输出端,运行结果是一样的。

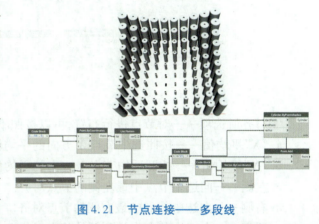

图 4.21　节点连接——多段线

程序编写的过程中,需要改变程序的流程时,可以通过改变导线的连接到达目的,用左键单击已经连接的导线输入端,这时可以将导线再次接入到其他节点的输入端,或在工作空间的空白区域单击鼠标左键可以取消连接。

3)节点的管理

可视化编程是创造性的工作,当 Dynamo 程序中节点数量较多时,程序会变得非常复杂,容易引起混淆,或难以理清节点间的逻辑关系。通常,可以使用"编辑"菜单下的命令对节点进行一系列管理,包括创建注释、创建组、对齐所选项、清除节点布局等。

①注释——给节点添加文字说明(图 4.22)。

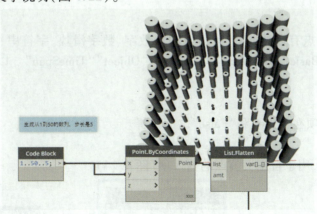

图 4.22　注释

②创建组——当程序变得越来越复杂,可以通过创建组来管理节点,把多个节点打包成组并添加组标题,不同的组可以用不同的背景颜色示意(图 4.23)。

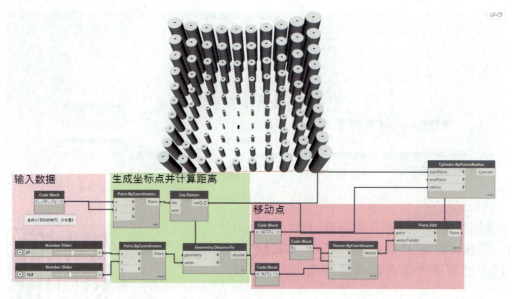

图 4.23 创建组

③对齐所选项——对节点进行布置,可以按照不同的方式有多种对齐方法。

a."X"平均值——按照选中节点 X 方向的平均值位置重排节点。

b."Y"平均值——按照选中节点 Y 方向的平均值位置重排节点。

c.左侧——向选中节点中最左侧的节点对齐。

d.右侧——向选中节点中最右侧的节点对齐。

e.顶部——向选中节点中最顶部的节点对齐。

f.底部——向选中节点中最底部的节点对齐。

g."X"分发——将选中节点在 X 方向上等间距重排。

h."Y"分发——将选中节点在 Y 方向上等间距重排。

节点成组和节点对齐功能可以让 Dynamo 程序更加整齐、美观、简洁,使读者更好地了解程序的结构和逻辑。

4.1.4　Dynamo 节点介绍

1)输入节点

Dynamo 中用于输入的节点有多种类型,可用于输入数字、数字滑块、字符串、布尔值以及文件路径等。节点库中 Input 下拉列表中有"Basic""DateTime""Location""Object""TimeSpan"。以下介绍几种常用的输入节点的用法。

(1)Boolean

Booleam 指布尔值,输入项在"True"和"False"之间选择。

(2)Input

"Input"节点是函数参数,用于自定义节点的输入项(图 4.24)。

图 4.24 输入节点

（3）Number

"Number"节点用于创建数字,可向其输入任意数字,将其作为输入项供下游节点使用,通过"Watch"节点可以查看运算完成后的结果,如图4.25所示。

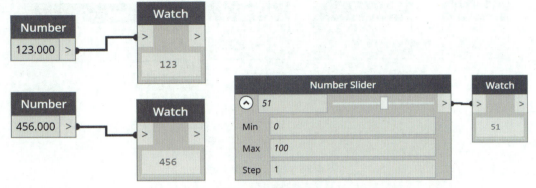

图4.25　数字节点

（4）Number Slider

"Number Slider"节点用于创建数字滑块,可以定义数字的区间,以及在此区间内数字的步长,最小值、最大值、步长值可以是整数,也可以是小数。如图4.26所示的设定,数字滑块范围为0～100,步长为1范围内的任意数,拖动滑块即改变输入的数值。

图4.26　数字滑块节点

（5）Integer Slider

"Integer Slider"节点用于创建整数数字滑块,区别于"Number Slider"节点之处在于输入项最小值、最大值、步长值只能是整数。输入值为小数时,默认变成0。

（6）String

"String"节点用于创建字符串,可以向其输入任意数字、字母、汉字等,将其作为输入项连接到读取字符串的功能节点。如图4.27所示,在"String"节点中输入的数字、字母、汉字,输出的结果类型都是字符。

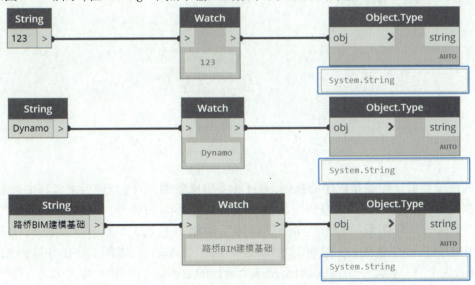

图4.27　字符节点

（7）Code Block

双击工作空间空白处，可以调用"Code Block"节点，使用"Code Block"输入数字、字符串、列表、函数命令等（图4.28）。"Code Block"有很多种灵活的用法，将在后续章节中单独讲解。

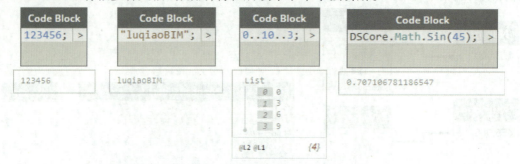

图4.28　Code Block 节点

（8）ImportExcel

在 Dynamo 中，不仅可以手动输入数据，还可以通过节点"Data. ImportExcel"将 Excel 中的数据导入程序中，这样可以大大提高数据的输入效率。如图4.29所示，"Data. ImportExcel"节点的第一个输入端"file"连接文件路径的导线；第二个输入端"sheetName"输入相应的工作表名称"中心线数据"；第三个输入端"readAsStrings"输入布尔值"True"和"False"，作用为是否将输入的数据转换成字符串，默认值是"False"；第四个输入端"showExcel"同样也是输入布尔值"True"和"False"，作用为显示或隐藏主 Excel 窗口之间切换，默认值是"False"。

这样就将 Excel 表格内的数据导入程序中，可以为后续程序编写提供数据来源。

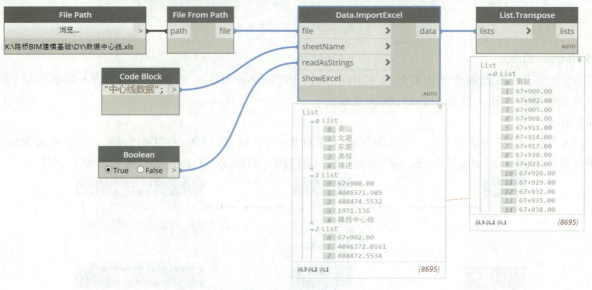

图4.29　输入节点

2）数据节点

数据是确定的值或变量。数据是程序的基础，通过导线传递数据，节点处理后变成新的数据类型作为输出值。最简单的数据是数字，如0、100、234、369、-5；数据也可以是不同的类型，如字符"Dynamo""你好""asdf"，各类变量"半径""梁高"，几何图形"圆形""方形""球体"，数组"（1，2，3，5，6，…）""A，S，D，F，…"或是空值"null"。Dynamo 中的数据都存放在 List 数列中，可以是一维的、二维的、三维的。在工作区添加一个节点，如果没有输入任何数据，这个节点就是一个函数，而不是这个函数的返回值。如图4.30中所示，当"＊"节点的输入端没有数据输入时，该节点就是一个函数。

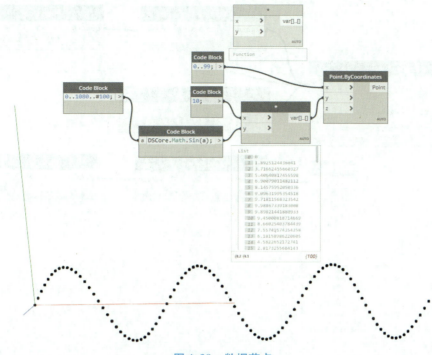

图 4.30　数据节点

（1）Math

Dynamo 提供丰富的数学功能,在 Dynamo 2.0 以后的版本中重新整理节点库,对节点进行重新分类。在 Math 库中分为 Functions、Logic、Operators、Units 4 个类别(图 4.31)。

图 4.31　数学节点

①Functions 类别中的节点包括绝对值、三角函数、随机函数、幂函数、指数函数、对数函数等一系列函数。图 4.32 所示为函数的基本用法。

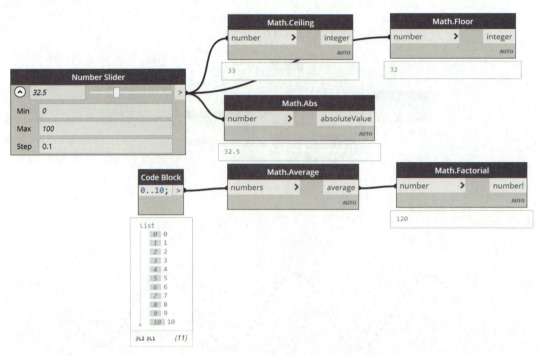

图 4.32　函数节点

在图 4.32 中首先创建一个数字滑块,在 0 到 100 之间产生一个数,分别对这个数进行取绝对值运算、大于该数的第一个整数和小于该数的第一个整数运算,运算结果分别为 32.5、33、32。然后再看几个产生随机数的函数,"Math. Rand"节点是产生[0,1)内的一个随机数;"Math. Random"节点是产生输入值范围内的一个随机数;"Math. RandomList"节点是在[0,1)内产生输入数量的随机数,在示例中输入的数量为 72,则生成 72 个随机数;"Math. RemapRange"节点重新调整数字列表的范围,同时保留分布率(图 4.33)。其他的节点不再介绍,在使用过程中进行讲解。

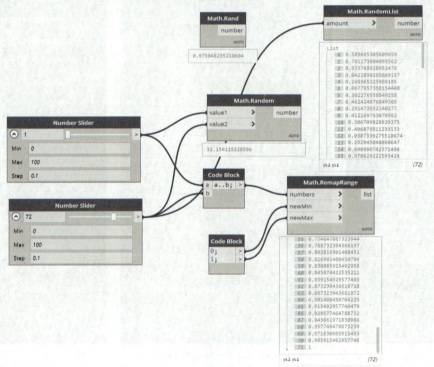

图 4.33　随机数节点

②Logic。在逻辑类别中，有 3 个节点分别是布尔运算输入项同时为真返回结果为真的"And"，输入项任意为真的"Or"，输入项当且仅当一个为真的"Math.Xor"，用法如图 4.34 所示。

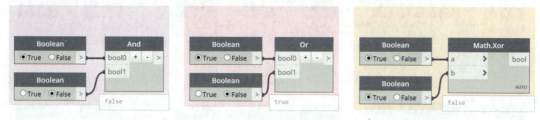

图 4.34　逻辑节点

③Operations。最简单的运算符就是加、减、乘、除，通过输入两个数计算完成输出结果，计算示例如图 4.35所示。

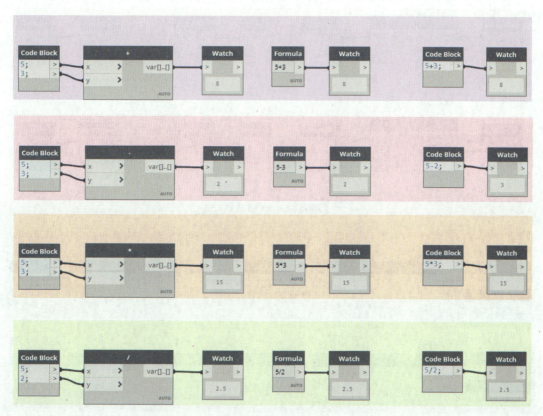

图 4.35　运算节点

对于小于(<)、小于或等于(<=)、大于(>)、大于或等于(>=)节点的用法，判断返回的结果布尔值"true"和"false"，计算结果如图 4.36 所示。

特殊的运算符"x"是否等于"y"(==)、"x"是否不等于"y"(||)、"x"和"y"是否都为真(&&)、"Not"节点等，具体用法如图 4.37 所示。

④Units。在 Units 类别中主要的节点是转换单位，如不同单位之间的换算：弧度转角度、角度转弧度等(图4.38)。

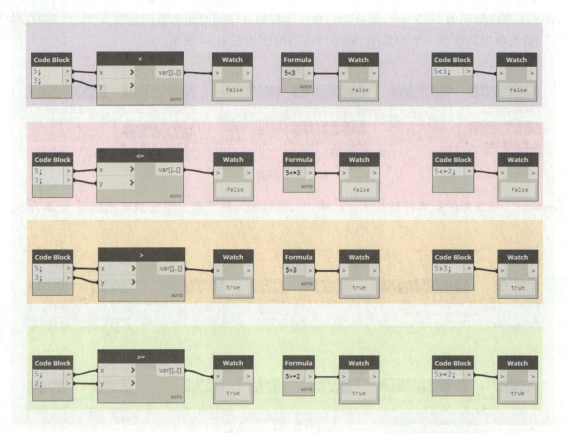

图 4.36　判断节点

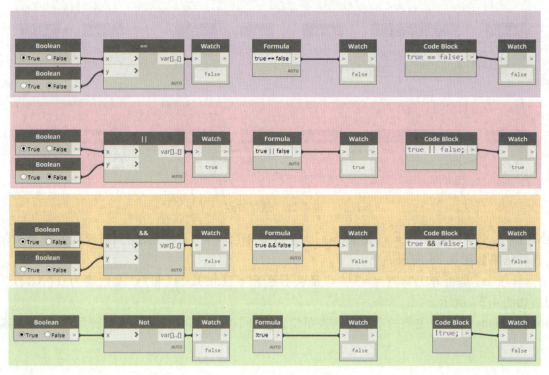

图 4.37　特殊节点

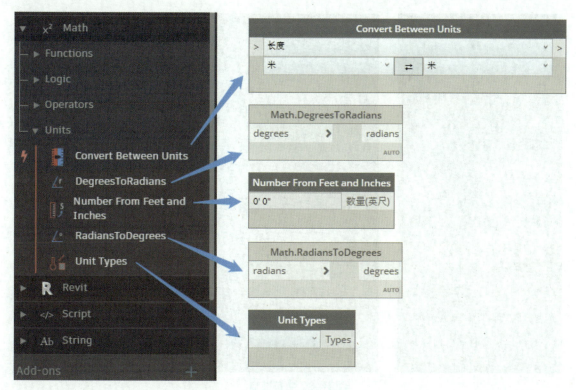

图 4.38　单位节点

图 4.39 所示为 Math 节点库中的案例。

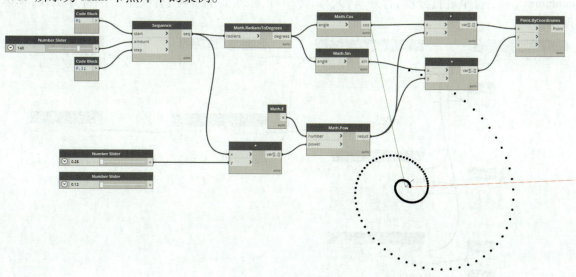

图 4.39　螺旋线节点

（2）String

一个字符串代表一个文字常量或某种类型的变量。字符串是文本的编程术语。很多程序都可以使用字符串，包括自定义参数、注释文档、分析基于文本类型的数据。在 Dynamo 2.0 以后的版本中，将 String 字符串单独列为一个库，字符串的生成、检查、修改等都在该库中（图 4.40）。

图 4.40　字符节点

Dynamo 中常用到编辑字符串的命令,以基于 String 的相关操作为例。首先创建一串字符串"Dynamo is Visual Programming",对字符串进行分段、合并、转大写、转小写、移除某个字符、替换某个字符等操作,具体节点如图 4.41 所示。

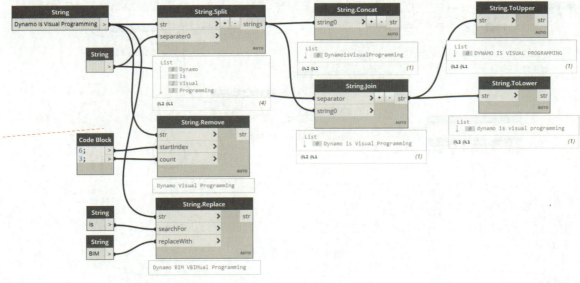

图 4.41　字符编辑节点

在字符串 String 库中,还有很多其他节点,具体用法不再赘述。

（3）List

列表 List 是 Dynamo 中的一个重要概念,是组织数据的方式,也是一系列元素的集合。这些元素可以是数字、字符串、几何形体等,还可以是 Revit 中的图元和信息。列表 List 数据是有序的,每个列表的第一个元素的索引值为"0",如图 4.42 所示。创建一个列表,包括 5 项,将这 5 项放到一个列表中,Dynamo 会将它们的索引赋值为 0～4。值得注意的是,列表中仍然是 5 个元素,只是列表使用 0 开始计数。也可以看出,列表的元素不一定是数字,可以是 Dynamo 支持的任何类型,如布尔值、字符串、几何图形等。

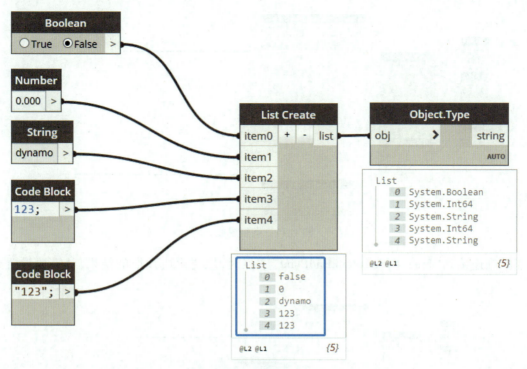

图 4.42　创建列表节点

列表的输入输出由所使用的节点决定,如图 4.43 所示。创建一列有 7 个点的列表,分别将该列表连接两个不同的节点"PolyCurve. ByPoints"和"Circle. ByCenterPointRadius"。从图 4.43 可以看出,两个节点输入的数据是一样的,而得到的结果不同。这是因为"PolyCurve. ByPoints"节点的第一个输入项是要输入一系列创建复合线的点数据,不论输入是 7 个点数据还是 8 个点数据,计算的结果都是一条线,所以输出的结果为一项。"Circle. ByCenterPointRadius"节点的第一项是输入创建圆的圆心点坐标,输入的圆心点为 7 个,自然就会创建 7 个圆。可以看出,通过节点的计算会改变数据结构,掌握 Dynamo 中输入端的差异,对处理数据大有帮助。

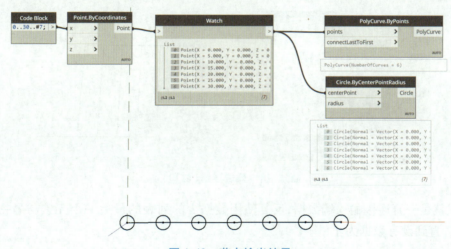

图 4.43　节点输出结果

列表的连缀(lacing):当节点的两个输入端数据数量不匹配时,计算的结果会有所差异,不同的匹配模式会导致不同的计算结果。

创建两个列表,第一个列表中有 6 个点,第二个列表中有 8 个点,每个列表都通过"PolyCurve. ByPoints"节点生成一条线,如图 4.44 所示。

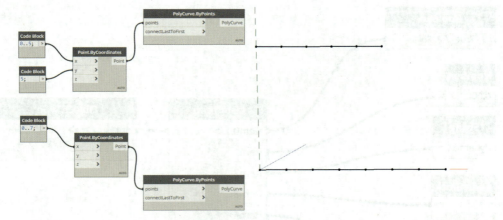

图 4.44　点生成线

将两组点数据连接到"Line. ByStartPointEndPoint"节点时,想要生成预期的结果,就需要设置列表的连缀(图 4.45)。

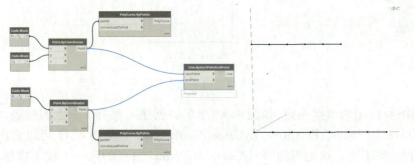

图 4.45　列表连缀

最简单的连接方式就是一一对应相连,这种方式称为"最短",这也和 Dynamo 节点的默认连接方式"自动"是一样的计算结果(图 4.46)。

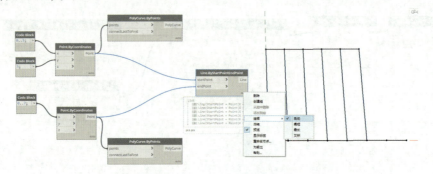

图 4.46　列表连缀(最短)

"最长"的方式就是一直连接输入端数据,反复使用数据少的列表的最后一个元素与另一个列表中多余出来的数据进行连接,直到没有数据为止(图 4.47)。

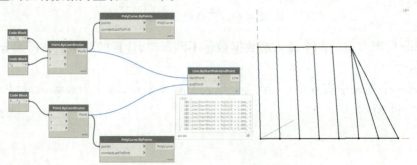

图 4.47　列表连缀(最长)

"叉积"是两个列表中的数据计算所有可能的连接,如图 4.48 所示。

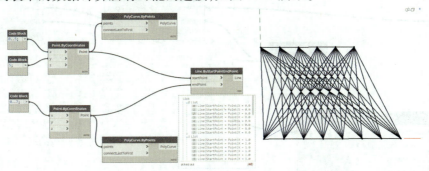

图 4.48　列表连缀(叉积)

列表(List)库中将列表的节点分为 5 类:生成(Generate)、检查(Inspect)、匹配(Match)、修改(Modify)、组织(Organize)。

数字列表的创建通常有 3 种节点:"List Create""Range""Sequence"。其中,"List Create"不仅可以创建数字列表,也可以创建其他任意类型的列表。例如,想要生成列表"0,2,4,6,8,10"可以使用图 4.49 所示的方法。列表的另一种创建方法是使用"Code Block"节点,将在后面章节中单独介绍。

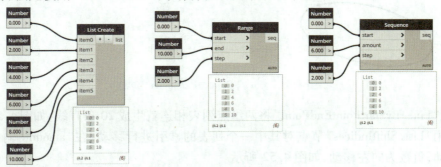

图 4.49　创建列表

下面通过一个列表操作练习来学习列表的编辑。

首先通过"Point.ByCoordinates"节点创建一个点,坐标为"500,0,0",再通过"Circle.ByCenterPointRadius"节点创建一个半径为 50 的圆,如图 4.50 所示。

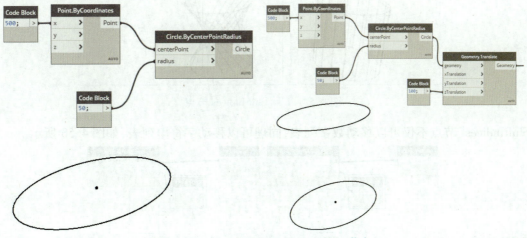

图 4.50　Circle.ByCenterPointRadius 节点

第一个几何图形创建完成以后,将它按指定向量(0,0,100)做一个位移,这时就生成两个图形。在这两个几何图形上分别使用"Curve.PointAtParameter"节点创建 20 个点,如图 4.51 所示。

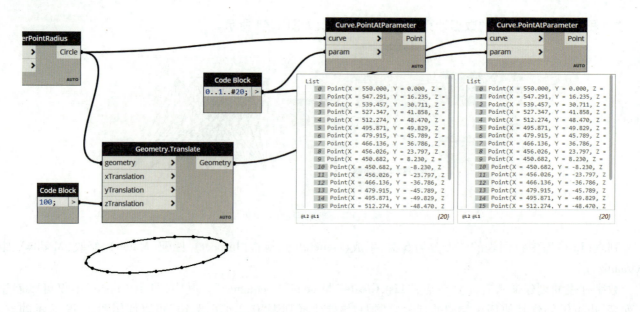

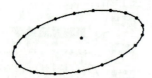

图 4.51　Curve.PointAtParameter 节点

这时再用节点"Line.ByStartPointEndPoint"将两组点列表相连就生成 20 条直线,如图 4.52 所示。对现有的图形进行变换,使用"List.ShiftIndices"节点对其中一个列表的索引进行移动,在"amount"输入端输入移动的数量,正数为向右移动,负数为向左移动,如图 4.52 所示。

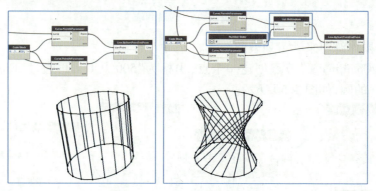

图 4.52　List.ShiftIndices 节点

"List.ShiftIndices"节点不仅可以移动数字列表,同理可以移动字符串列表,如图 4.53 所示。

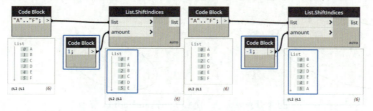

图 4.53　List.ShiftIndices 节点(字符)

"List.Combinations"节点是生成给定列表给定长度的所有组合,"List.Permutations"节点是生成给定列表给定长度的所有排列,如图 4.54 所示。

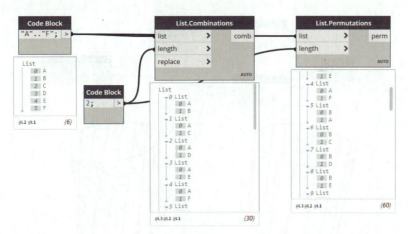

图 4.54　List. Combinations 节点

"List. Cycle"节点通过连接给定的副本创建新列表。"List. OfRepeatedItem"创建包含给定项和给定次数的列表,如图 4.55 所示。两个节点都是创建重复的列表,要注意计算结果的区别。

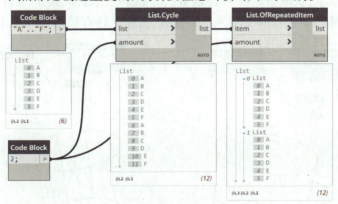

图 4.55　List. Cycle 节点

类似的列表节点还有很多,如"List. Combine""List. Join""List Create"等,具体用法的差异还需在使用过程中体会,如图 4.56 所示。

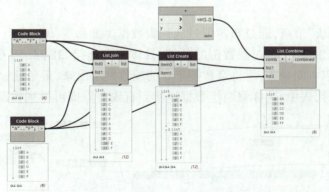

图 4.56　List. Combine 节点

"List. Reverse"节点可在最后生成直线节点前添加一个翻转列表顺序的节点,计算结果如图 4.57 所示。

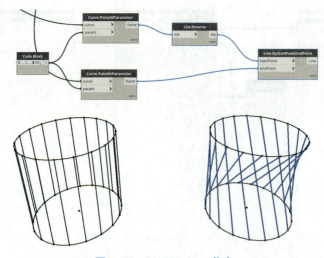

图 4.57　List. Reverse 节点

"List. GetItemAtIndex"节点,获取指定的列表索引项。如果只想获取其中一条或几条直线,需要用到该节点。图 4.58 所示左侧的计算结果是获取 1、4、9 三条直线,右侧的计算结果是获取 10 ~ 16 七条直线。

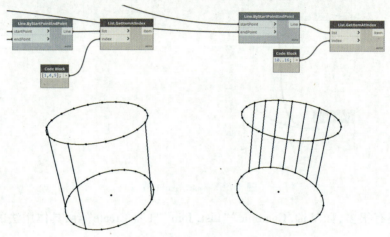

图 4.58　List. GetItemAtIndex 节点

"List. FilterByBooleanMask"节点,通过布尔值过滤列表数据。如果每隔 3 个点进行连接可以使用该节点完成。首先要创建一系列的布尔值,作为过滤数值的条件,具体节点连接如图 4.59 所示。用节点"List. Count"计算点的项数,再计算项数除以 4 的余数,再将余数等于 0 的项数判断出来,最后通过过滤节点将余数为 0 和余数不为 0 的项数分别放到两个列表中,这样将两组数据连接到直线节点即可得到预期结果。

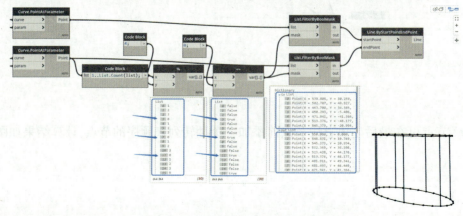

图 4.59　List. FilterByBooleanMask 节点

"List. Flatten"节点,按照一定嵌套层展开列表,如图 4.60 所示。将多维列表通过该节点展开成一维列表和二维列表。

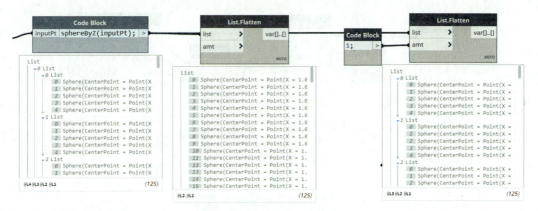

图 4.60　List. Flatten 节点

"List. Transpose"节点,对列表进行转置,即在列表中进行行列互换(图 4.61)。如果行列长短不一,则用空值作为占位符添加到列表中,使其始终为矩形数。

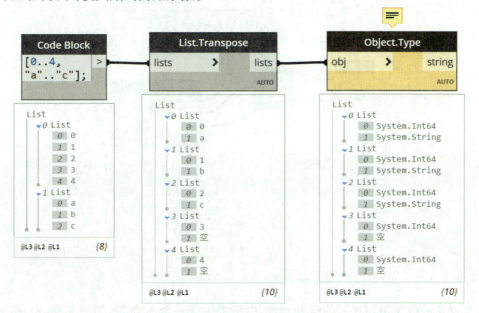

图 4.61　List. Transpose 节点

"List. ReplaceItemAtIndex"节点,删除指定索引处给定列表的项。如图 4.62 所示,删除了索引为 1 的项。

"List. RemoveItemAtIndex"节点,替换指定索引处给定列表的项。如图 4.63 所示,将小写的"a、b、c"替换成大写的"A、B、C"。

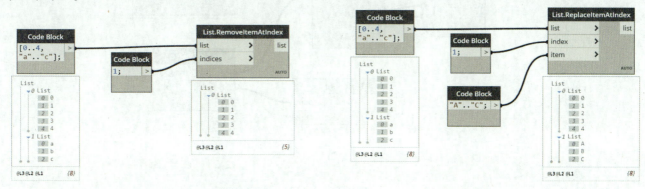

图 4.62　List. ReplaceItemAtIndex 节点　　　　　图 4.63　List. RemoveItemAtIndex 节点

"List. Chop"节点是将列表分割为指定长度的一组连续子列表;"List. Slice"节点是根据开始索引、结束索引和步长,从指定列表返回单个子列表,如图 4.64 所示。

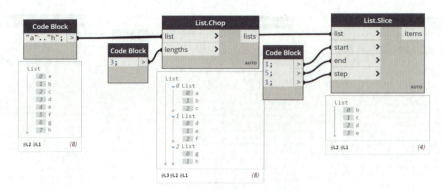

图 4.64　List. Chop 节点

"List. Reduce"节点是将每个元素与累积结果结合,将列表缩减至新值;"List. Scan"节点是将每个元素与累积结果结合,将列表缩减至新值,并生成连续值列表,如图 4.45 所示。

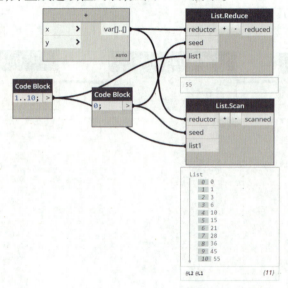

图 4.65　List. Reduce 节点

"List. Map"节点是函数应用到列表的所有元素,由结果生成一个新列表,如图 4.66 所示。在嵌套列表中,要计算每个列表的项数,直接用"List. Count"节点只能计算最外层的列表项数,通过"List. Map"则可计算每个列表内的项数。

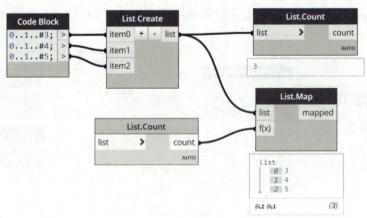

图 4.66　List. Map 节点

3)图形节点

几何图元(Geometry)与数字、字符不同,但也是数据(Data)的一种。它是由形状(Shape)、尺寸(Size)、空间位置(Position)构成的大量数据(Data),如图 4.67 所示。

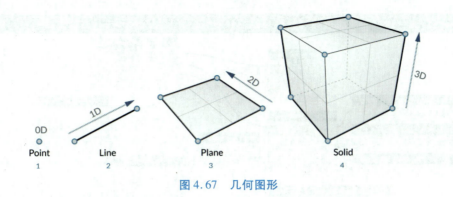

图 4.67　几何图形

用维度来描述几何形体,分级如下:

①点(坐标定义)——没有任何维度;

②线(由两个点定义)——有一个维度;

③面(由两条线定义)——有两个维度;

④体(由两个面定义)——有三个维度。

下面介绍如何创建各类基本的几何形体,如点、线、圆形、多边形、立方体、长方体和球体等。在节点库 Geometry(几何形体)分类下,调用相关节点,在输入端连接匹配的输入项,完成形体创建。

(1)Abstract types

向量、平面和坐标系统组成主要的抽象几何类型(图 4.68)。它们通过定义几何体的位置和其他几何体的相对关系来描述形状。假设你在天安门广场(坐标系统),站在街道上(平面)、向北看(向量),刚刚使用"辅助选项"来定义你的位置。

①Vector。向量(Vector)是一个描述方向和方向大小的几何量,向量是抽象的(图 4.69)。它们代表一个量,而不是几何体。向量很容易和点混淆,因为它们都是由一列值组成。它们有着本质的区别:点在坐标系统中描述一个确定的位置,而向量则描述相对位置,同样可以说成是"方向"。

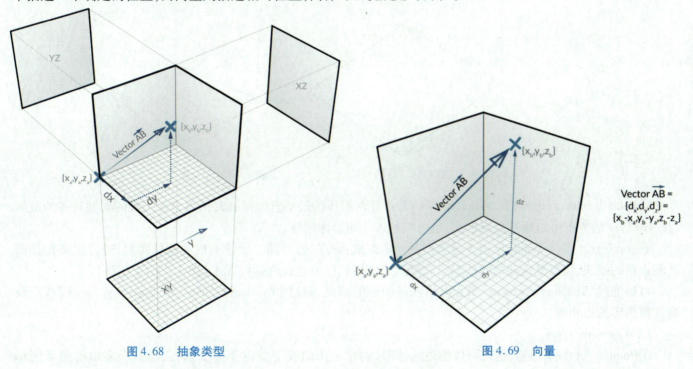

图 4.68　抽象类型　　　　　　　　　　　　　　　图 4.69　向量

在 Dynamo 中,向量是关键的组成部分。因为它们是抽象范畴的辅助对象,创建向量后,在视图中看不见任何对象。向量的具体运算练习如图 4.70 所示。

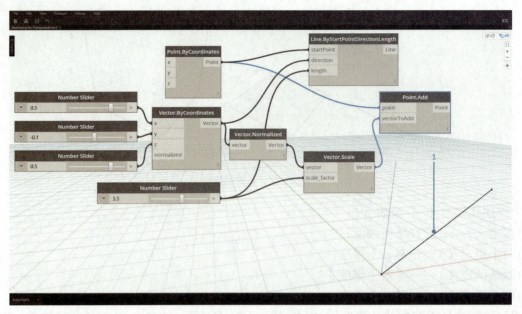

图 4.70　向量运算

②Plane。平面(Plane)是二维的抽象辅助工具。具体地说,面是抽象概念上的"平面",在两个方向上无限延展。通常,它们显示为原点处的一个小矩形。在 Revit 中,标高和参照平面都是平面。图 4.71 所示为 XY 平面,它是一个无限延伸的平面,没有深度,但可以描述方向。每个面都有原点、X 方向、Y 方向和 Z 方向。

③Coordinate System。坐标系(Coordinate System)就是规定坐标的方法。坐标系的种类很多,有笛卡尔直角坐标系、平面极坐标系、柱面坐标系(或称为柱坐标系)和球面坐标系(或称为球坐标系)等。最常用的坐标系是直角坐标系,也就是"欧几里得"坐标系和"XYZ"坐标系(图 4.72)。

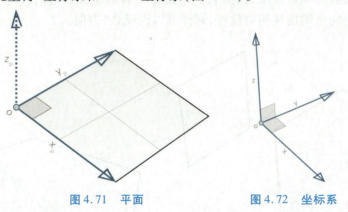

图 4.71　平面　　　　　　图 4.72　坐标系

④Bounding Box。边界框(Bounding Box)是指几何形体的最小点坐标和最大点坐标构成的与轴对齐的范围(图 4.73)。边界框可以通过角点创建,也可以通过几何形体创建。

⑤Topology。实体 Topology 由 3 种类型的元素组成:顶点、边和面。面是构成实体的曲面,边是定义相邻面之间连接的曲线,顶点是这些曲线的起点和终点。使用拓扑节点查询这些元素(图 4.74、图 4.75)。

可以通过"Topology. Vertices"节点获取几何图形的顶点,通过"Topology. Edges"和"Topology. Faces"节点获取几何图形的边和面。

(2)Geometry types

①Point。点(Point)是其他几何体创建的基础,创建一条曲线至少需要两个点,创建一个多边形或者网格面至少需要 3 个点(图 4.76、图 4.77)。在一堆点中定义距离、顺序、关系(试试正弦函数),可以创建高阶几何体。

点的坐标通过一个或多个坐标值定义。点由坐标系或它所在的环境决定。在三维坐标系统中,有 3 个坐标(X,Y,Z);在二维的坐标系统中,有两个坐标(X,Y);在曲面上,用(U,V)表示点的坐标。各个坐标系的坐标值可以相互转化。

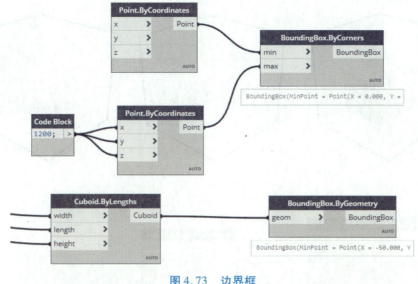

图 4.73　边界框

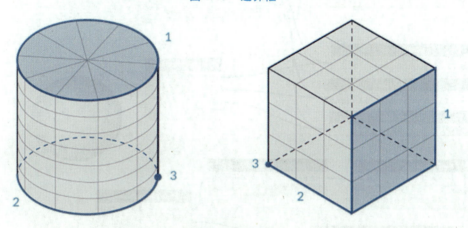

图 4.74　拓扑

1—面；2—边；3—顶点

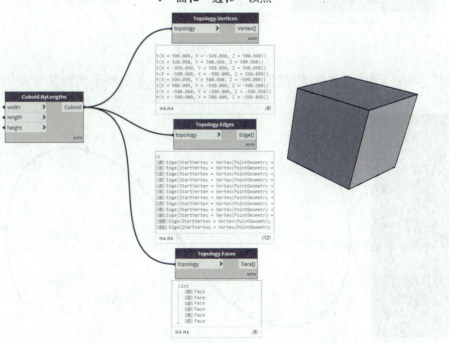

图 4.75　拓扑节点

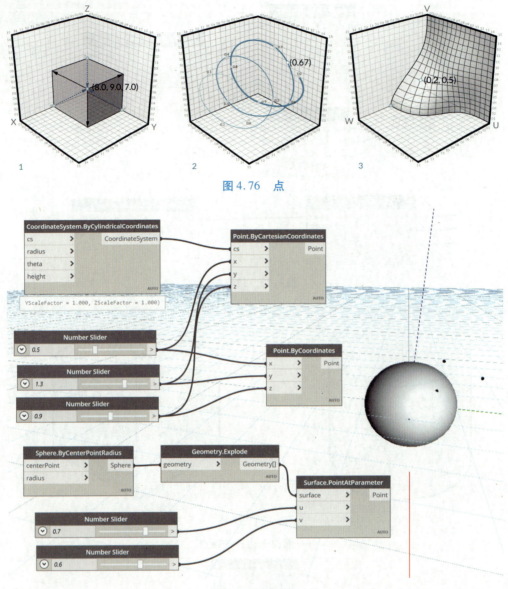

图 4.76　点

图 4.77　创建点

②Curve。曲线(Curve)通常是线的统称(即使是直的)。Curve 是这些形状的父分类,子分类有直线、圆、样条线等(图 4.78)。

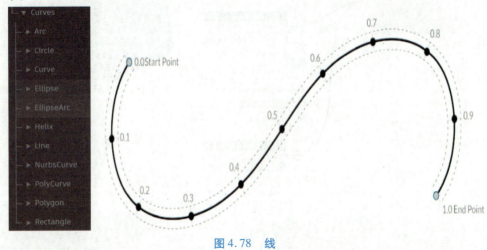

图 4.78　线

所有曲线都拥有一些属性和特征,可以用这些属性和特征来描述或者分析它们。当曲线的起始点距离为 0 时,曲线即为闭合的。每条曲线都有一系列控制点,如果这些点都在一个平面上,则该曲线就是平面曲线。总的来说,有些属性可以描述整个曲线,然而有些其他属性只能描述曲线上的一些特殊点。例如,平面化是一个整体的属性,而方向向量只有在给定的点才有效,这就是局部属性。

a. Lines。Lines(直线)是一种特殊的没有曲率的 Curves(曲线)。有两种方法建立直线,最直观的就是从点 A 到点 B。直线 AB 的形状就会表现在两个点之间,但是数学上来讲,它们在两端无限延伸(图 4.79)。

把两个直线连接在一起,就得到多段线。编辑任何一个点的位置都会改变多段线;如果多段线是闭合的,就形成多边形。如果多边形的边长相等,就是正多边形(图 4.80)。

b. 弧、圆、椭圆弧线、椭圆。使用更复杂的参数方程来创建曲线时,可以通过给定一个或两个半径创建弧、圆、椭圆弧线或椭圆(图 4.81)。弧、圆或椭圆的唯一区别就是它们是否闭合。

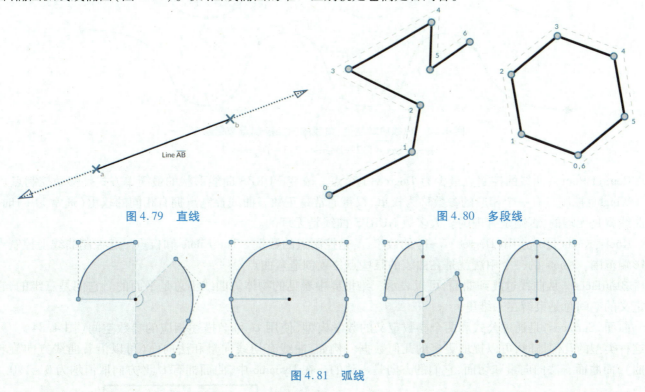

图 4.79   直线   图 4.80   多段线

图 4.81   弧线

c. NURBS + Polycurves。NURBS(Non-uniform Rational Basis Splines)可以精确创建任何形状,从简单的二维直线、圆、弧或矩形到复杂的三维自由曲线的数学表达方式(图 4.82)。基于它们的灵活性(相对较少的控制点,基于阶数设置的平滑插值)和精度(由强大的数学支持),NURBS 模型在任何行业中均可应用,从插图动画到制造业。

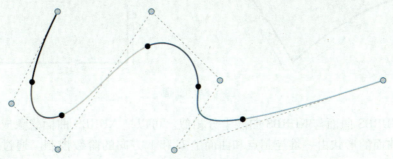

图 4.82   样条曲线

Degree:阶数决定曲线控制点的影响范围,阶数越高,范围越广(图 4.83)。阶数是正整数。通常,NURBS 直线和多段线的阶数为 1,大多数自由曲线的阶数是 3 或 5。

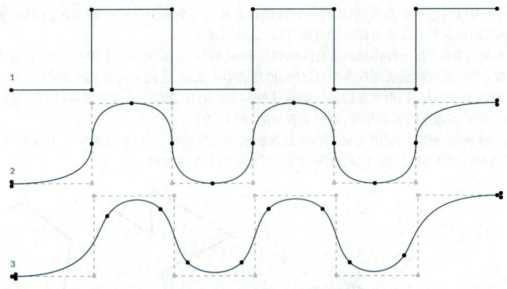

图 4.83　曲线阶数越高,曲线的内插控制点数量越多

1—Degree=1；2—Degree=2；3—Degree=3

Control Points：曲线的控制点最少为 Degree+1 个点。改变 NURBS 曲线形状的最简单方式是移动控制点。

Weight：控制点有一个相应的参数称为权重,权重通常是正数。曲线控制点拥有相同的权重(通常为 1)时,该曲线就是无理的,否则是有理的。大多数 NURBS 曲线是无理的。

Knots：Knots 是一连串(Degree+N−1)的数字,N 是控制点的数量。The Knots 和权重一起控制曲线上控制点的影响范围。Knots 的一个用法就是在曲线的某些点位置创造弯曲点。

③surfaces。从曲线过渡到曲面,可以表示三维世界中看见的物体。曲线不总是平面的。它们是三维的,它们定义的空间总是束缚在一维里。

曲面(Surfaces)是通过公式和两个参数定义的数学模型,使用 U 和 V 描述相应的参数空间(图 4.84)。处理这种类型的几何体时,可以提取更多的几何数据。例如,曲线有切线向量和法向面(可以沿着曲线方向旋转扭曲),而曲面有法向向量和切面,它们的方向是一致的。在 Dynamo 中,曲面拥有 U、V 方向取值均为 0～1.0。

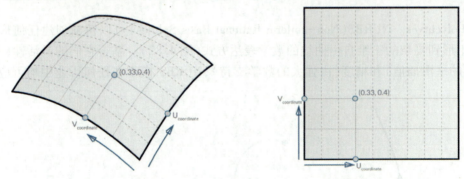

图 4.84　曲面

a. NURBS 曲面。NURBS 曲面与 NURBS 曲线十分相似。可以把 NURBS 曲面想象成两个方向的 NURBS 曲线交织而成。NURBS 曲面的形状由一堆控制点和曲面上 U 和 V 方向的阶数控制。通过控制点,权重和阶数使用同样的算法来计算曲面的形状、法线、切线、曲率和其他属性(图 4.85)。

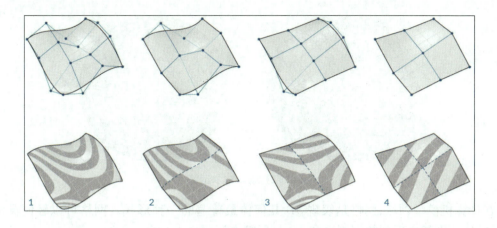

图 4.85　NURBS 曲面

1—Degree(U,V)=$(3,3)$;2—Degree(U,V)=$(3,1)$
3—Degree(U,V)=$(1,2)$;4—Degree(U,V)=$(1,1)$

b. 多重曲面。多重曲面(Polysurfaces)是由多个曲面通过边组合而成的曲面。

④Solid。要创建一个有明确体积的物体,必须学习实体和多重曲面。即使一个简单的立方体就需要 6 个面。实体有两个关键概念:拓扑关系(面、边、顶点)和布尔操作。

实体(solid)由一个或多个曲面组成,由封闭边界定义"里"或"外",并包含体积,不管有多少面,必须是封闭的,这样才能称为实体。实体可以通过组合曲面或多重曲面,也可以通过放样、扫掠和旋转等操作来创建。球体、立方体、圆锥体或圆柱体都是常见的实体。一个立方体移除至少一个曲面就变成多重曲面,虽然它们拥有相似的属性,但不是实体。

实体的布尔操作(Boolean Operations)可以组合两个或多个实体(图 4.86)。布尔操作可以执行 4 种运算:

a. 相交两个或多个实体;

b. 从相交处分割实体;

c. 删除几何体中不想要的部分;

d. 把几何体拼接起来。

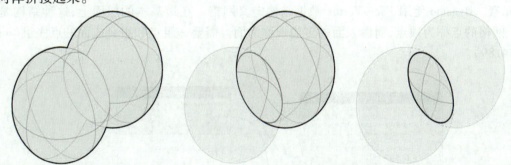

(a)并集:移除相同部分,并把不同　　(b)差集:从一个实体中减去另一个实体　　(c)交集:保留两个实体中相交的部分
　　部分结合为一个几何体

图 4.86　布尔运算

除此之外,Dynamo 还有"Solid. DifferenceAll"和"Solid. UnionAll"节点进行多个物体之间的差集和并集操作(图 4.87)。

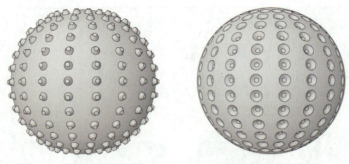

图 4.87　球体布尔运算

⑤Mesh。在计算机模型领域,网格是表现 3D 几何体最普遍的一种形式。网格可以轻便灵活地与 NURBS 相结合,而且网格从渲染和表现到数字制造和 3D 打印都有运用。

网格(Mesh)是四边形和三角形的集合,它代表一个平面或立体几何(图 4.88)。像实体一样,网格对象的结构包括顶点、边和面,并且有一些附加属性使网格独一无二,如方向。

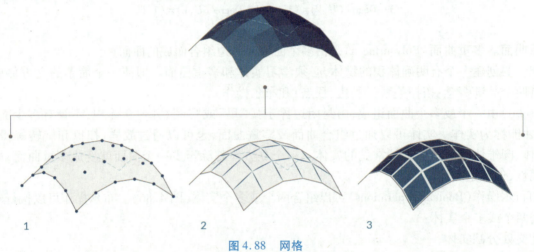

图 4.88　网格

1—网格顶点(Mesh vertices);2—网格边(Mesh edges);3—网格面(Mesh faces)

a. Mesh 元素。Dynamo 使用 Face-Vertex 数据结构定义网格。在最基本的层面上,这种结构是组成多边形的点的集合。网格的点称为顶点,而像表面的多边形称为面。需要一组点和组合成面的点序组(index group)来创建网格(图 4.89)。

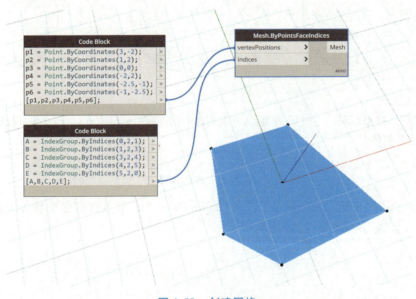

图 4.89　创建网格

网格的顶点是一组简单的点。在生成网格或者在查询网格的结构信息时定点的顺序很重要。对于每一个顶点来说,还有一个相对应的法线,用以描述点相连接面的平均方向,这有助于理解网格的"内部"和"外部"方向(图4.90)。

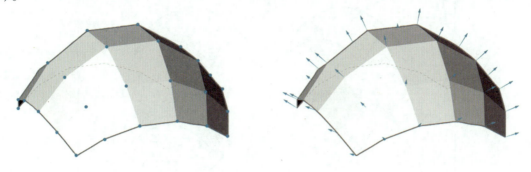

图4.90　网格顶点+顶点法线

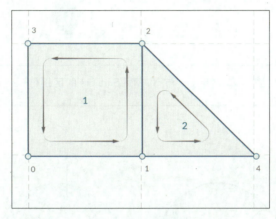

图4.91　网格面

b. 网格面。网格面不是一个实体面,而是3个或4个顶点的有序列表。已经有构成网格的顶点的列表,相比于使用个别的点来定义面,可简单使用顶点的索引。这也才能够在不同的面中更方便地使用共同的顶点。

例如,一个四边形面由索引0,1,2,3组成,一个三角面由索引1,4,2组成,注意index groups可以按顺序平移:只要这个数列是按逆时针方向组织的,面都会被正确定义(图4.91)。所以,列表索引可以是1,4,2,也可以是4,2,1和2,1,4。

c. Meshes与NURBS Surfaces的区别:NURBS面由一系列NURBS曲线向两个方向延伸构成。这些方向被标记为U和V,也可以根据一个二维曲面空间来参数化NURBS曲面。这些曲线自身以方程式的方式存储,允许表面被计算到任意小的精确程度上。将多个NURBS曲面合并到一起可能很困难,组合NURBS曲面会得到一个polysurface。几何体的不同部分拥有不同的UV参数和曲线定义。

网格由离散的确定顶点数和面所定义。顶点的网络不能通过简单的UV坐标定义,面的数量决定网格的精度,所以,能通过添加面来细化网格。没有复杂的数学公式定义,可以灵活地使用单一网格处理复杂的几何体(图4.92)。

对一个位置的改变程度在网格或NURBS几何体上影响的范围不同。移动网格的一个顶点仅影响与顶点相邻的面。而对于NURBS曲面,影响的程度也更加复杂,取决于表面的degree、控制点的weights和knots。一般而言,移动单一控制点后NURBS曲面改变得很平滑,几何体的变化影响更广泛(图4.93)。

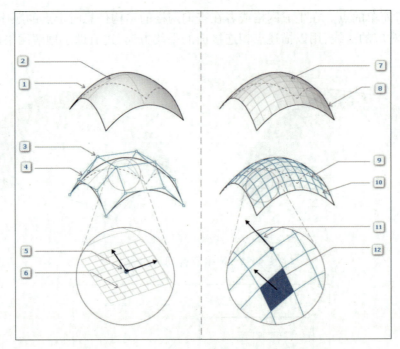

图 4.92　Meshes 与 NURBS Surfaces 的区别(一)

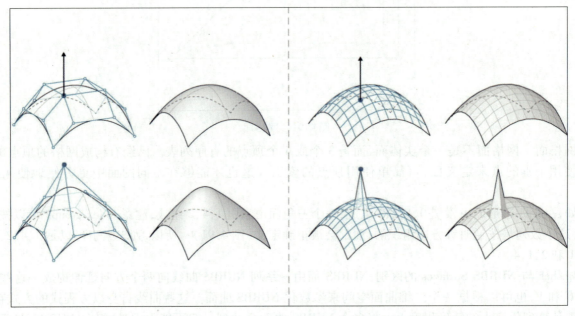

图 4.93　Meshes 与 NURBS Surfaces 的区别(二)

4) 交互节点

Dynamo 作为一个可视化编程平台,已经与很多三维建模软件兼容,如 Revit、Civil3D、Formlt、Advance Steel、Alias 等软件。此外,还有 Dynamo Sandbox 和网页浏览版本,并且可以提供迭代运算和衍生式设计等功能。在 Dynamo 的节点库中,有一个专门的节点分类,就是"Revit",包含一系列用于分析、选择、创建、编辑、查询、过滤 Revit 中图元的节点,极大地简化建模过程、提高建模效率、拓展模型的应用。本节将介绍常用的 Revit 相关节点。

Revit 是一个数据丰富的环境,了解模型层次对 Dynamo 和 Revit 的交互使用有很大的帮助。在基本的层级上,Revit 层级可以分解为类别(Categories)、族(Families)、类型(Types)和实例(Instances)。一个实例是一个单独的模型元素(有一个唯一的 ID),而一个类定义一个类别(如"walls"或"floors")。如图 4.94 所示,以柱为例,介绍各层级的关系。

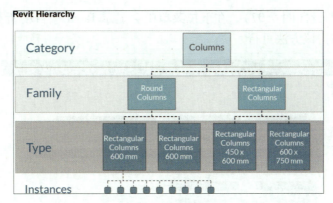

图 4.94 层级关系

（1）图元的选择

在 Dynamo 与 Revit 的交互中，最基础的是对 Revit 图元的选择，Dynamo 提供 3 种选择方式。

第一种选择方式是点击选择（图 4.95）。用鼠标点击可以选择整个模型或几何体的部分（如面或者边）。Revit 与选择的图元保持联系，所以当 Revit 文件更新位置或参数，引用的 Dynamo 元素也会自动更新。

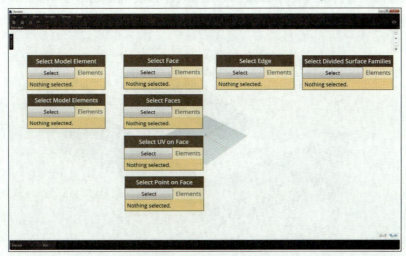

图 4.95 要素选择节点

第二种选择方式是根据模型层次或模型所在位置选择（图 4.96），便于使用者更有针对性地对同一个类别或同一族的模型统一选择、编辑和修改。

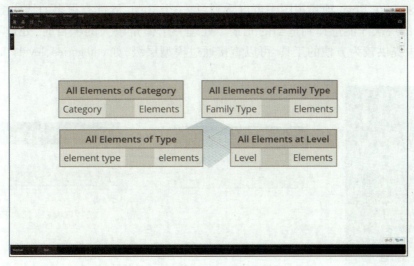

图 4.96 全部选择节点

第三种是下拉菜单选择元素（图4.97）。在下拉菜单中会显示 Revit 项目中所有可用的元素。当需要选择在图中不可见的 Revit 元素时，该方法可行。

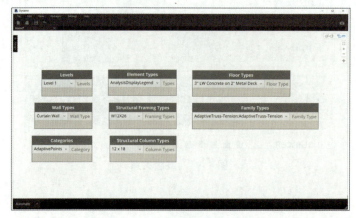

图4.97　下拉菜单选择元素

在 Revit 样例文件中，有3个简单的元素类型（图4.98）：建筑体量、梁（结构框架）、桁架（自适应构件）。

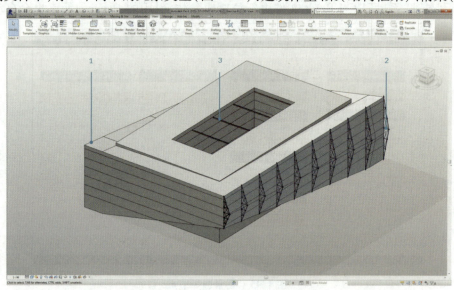

图4.98　样例文件

使用不同的方法选择3种 Revit 元素。

①建筑体量的选择。在 Revit 项目视图中可以看到，每一个 Revit 族都有很多的结构层次，所以选择模型元素时需要深入到不同的层次才能选择到适当的元素。处理一个体量较大的项目时，处理不同层次的选择会更为复杂。在 Dynamo 中提供较为方便的工具，可以直接通过模型层级，如 categories、levels、families、instances 等来选择元素（图4.99）。

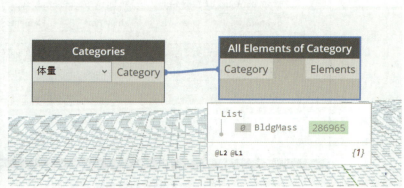

图4.99　类别选择节点

a. 在 Revit>Selection 目录下,点击"Categories 节点",将 Categories 节点的下拉菜单改为"体量"。

b. 体量 category 的输出端并不是 Revit 元素,而是模型类别。因此,使用"All Elements of Category"节点,来选择此类别下的所有 Revit 元素。

c. 节点显示选择 BldgMass。

此时,在 Dynamo 看不见任何几何体,这是因为虽然已经选择一个 Revit 元素,但是并没有转化为 Dynamo 几何体。因为 Dynamo 是管理 Revit 项目的工具,并不是必须执行几何操作。

本例中,首先处理的是简单几何体,要让几何体显示在 Dynamo 窗口中,节点中的"BldgMass"右边有一个绿色的数字。所选元素的 ID 代表正在处理 Revit 元素,而不是 Dynamo 几何体。下一步就是将 Revit 元素转化为 Dynamo 几何体。

使用 Element. Faces 节点得到一系列曲面,代表 Revit 体量的每一个表面(图 4.100)。现在可以在 Dynamo 中看到几何体,接着可以使用这些面来执行参数操作。

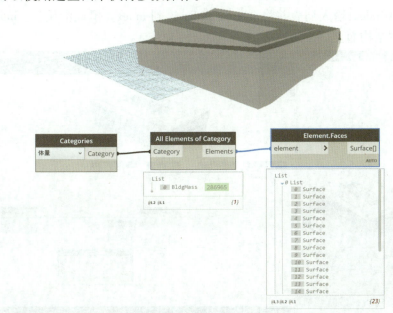

图 4.100　Element. Faces 节点

建筑体量的点选择操作如图 4.101 所示。

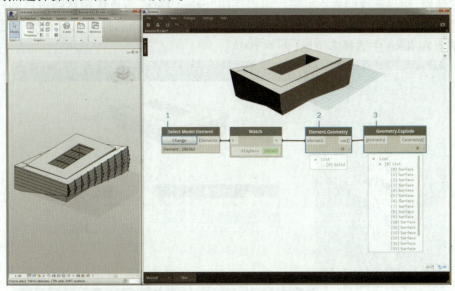

图 4.101　Select Model Element 节点

具体步骤如下：

a. 使用"Select Model Element"节点，然后点击"选择"（或者"更改"）按钮。在 Revit 窗口中选择要选择的元素，本例中选择建筑体量。

b. 相比 Element. Faces，可以选择整个体量为一个实体，通过使用 Element. Geometry。这会选择体量中的所有元素。

c. 使用 Geometry. Explode，可以再次得到一系列曲面。这两个节点和 Element. Faces 一样，但为深入使用 Revit 元素中的几何体留有余地。

建筑体量面的选择操作如图 4.102 所示，具体步骤如下：

a. 使用一些基本的操作列表，可以查询感兴趣的曲面。

b. List. Count 节点显示在处理的体量含有 23 个面。

c. 根据这个数字，将 integer slider 最大值改为"22"。

d. 使用 List. GetItemAtIndex，输入列表并将 integer slider 连到 index。滑动滑块，当 index 变为 9 时停止，然后会选择到支撑桁架的主结构面。

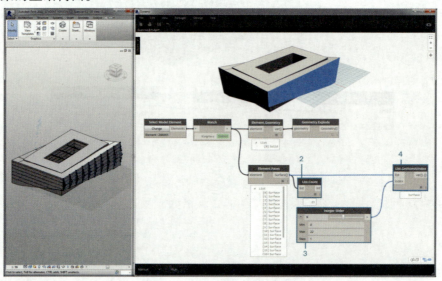

图 4.102　建筑体量面的选择

以上步骤比较烦琐，而且选择的面不可控。可以使用"Select Face"节点快速达到该目的（图 4.103）。该节点允许选择一个面，选择方法和"Select Model Element"一样，只不过选择的是面而不是整个元素。同样，可以使用"Select Faces"节点在 Revit 中选择多个面（图 4.104）。

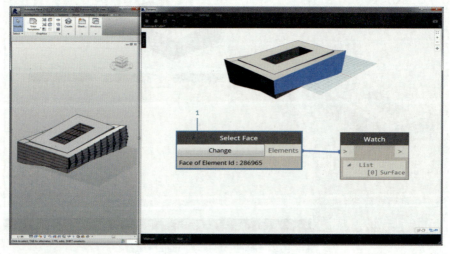

图 4.103　Select Face 节点

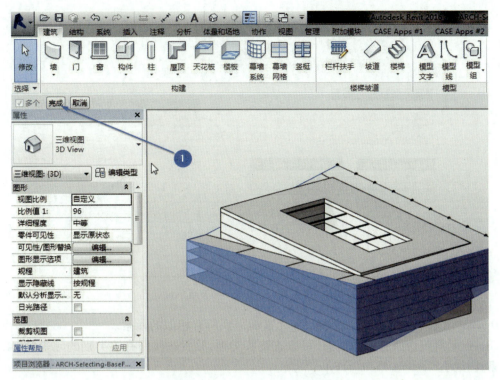

图 4.104　Select Faces 节点完成

选择完 4 个立面后,在 Revit 中点击"完成"按钮。选择面作为曲面导入 Dynamo 窗口中,通过 Watch 节点可以查看选择面的信息(图 4.105)。

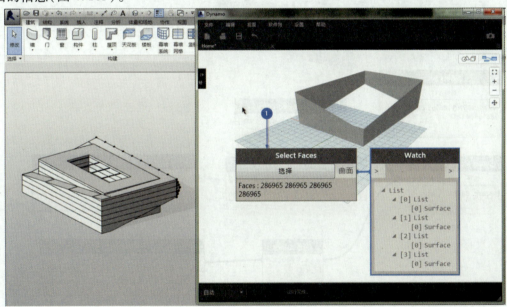

图 4.105　Watch 节点

②梁(结构框架)的选择:

a. 对于中庭上的梁,使用"Select Model Element"节点,然后选择一根梁。

b. 将梁连接到 Element. Geometry 节点,然后可以在 Dynamo 窗口中看到。

c. 可以使用一个 Watch3D 节点来放大元素。如果在 Watch 3D 中看不到梁,右键点击"缩放到合适大小"(图 4.106)。

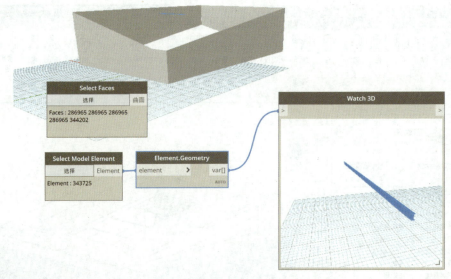

图 4.106　Watch3D 节点

在 Revit/Dynamo 工作流中,可通过选择一个元素而得到所有相似的元素。

被选择的 Revit 元素包含所有层次信息,可以查询族类别,然后选择所有该类别的元素(图 4.107)。

a. 将梁元素连接到 Element.ElementType 节点。

b. Watch 节点显示输出为一个 family Type,而不是一个 Revit 元素。

c. Element.ElementType 是一个简单的查询节点,也可以在 code block 中输入:"x.Type"得到同样的结果。

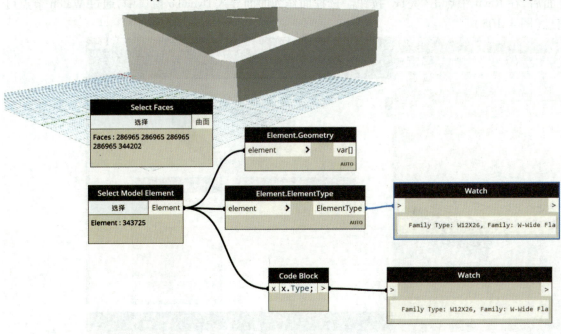

图 4.107　Element.ElementType 节点

d. 使用"All Elements of Family Type"节点来选择其余的梁。

e. 使用 Watch 节点查看选择 5 个 revit 元素,同样可以将 5 个元素转化为 Dynamo 几何体。

注:Dynamo 需要很长时间运行计算,可以使用"冻结"功能暂停 Revit 操作的执行。

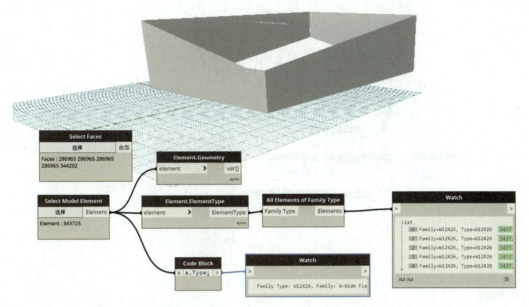

图 4.108 All Elements of Family Type 节点

③桁架(自适应构件)的选择。使用图 4.109 所示节点,选择桁架元素。

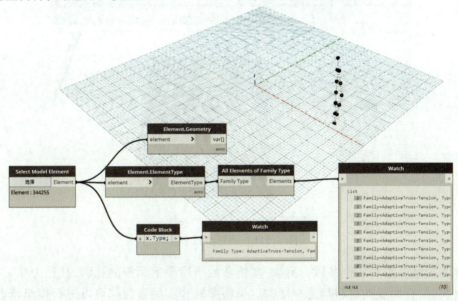

图 4.109 桁架选择

a. 在 Watch 节点中,从 Revit 中选择的一列自适应构件,可以从自适应点开始提取需要的基本信息。

b. 将"All Elements of Family Type"节点连入"AdaptiveComponent. Location"节点,得到一个二维列表,每个子列表包含 3 个点,分别表示自适应点的位置。

c. 连接一个"Polygon. ByPoints"节点返回 polycurve(图 4.110)。在 Dynamo 中看到,通过这种方法,就可视化了一些元素的几何体,抽象了其余元素的几何体。

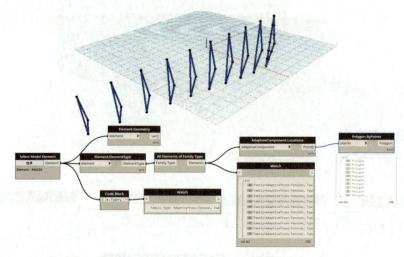

图 4.110　Polygon. ByPoints 节点

（2）图元的编辑

Dynamo 的一项强大功能是可以在参数层级上编辑参数。例如，一个生成算法和仿真的结果可以驱动一组元素的参数。在 Revit 项目中，一组同样的族实例可以拥有自定义的属性（图 4.111）。

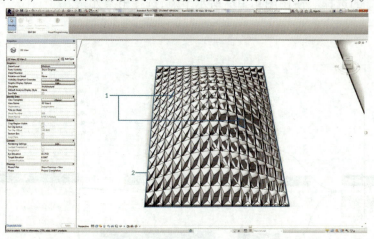

图 4.111　图元参数节点

图元的参数分为类型参数和实例参数。例如：实例参数指屋面上面板的孔洞，孔径为 0.1 ~ 0.4。类型参数就是指屋面板的材料，所有面板的材料都是一样的。类型参数和实例参数都可以进行拟量修改。设置 Revit 族参数时，每一个参数都必须指定一个参数类型（字符串、数字、尺寸等）。在 Dynamo 中为族赋值时，同样需要确保数据类型正确（图 4.112）。

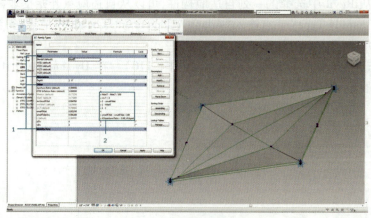

图 4.112　参数类型

从 0.8 版开始，Dynamo 本质上是没有单位的。这使得 Dynamo 保持一个抽象的可视化编程环境。与 Revit

尺寸相联系的 Dynamo 节点会引用 Revit 项目的单位,从 Dynamo 中提取一个长度参数,在 Dynamo 中的值会和 Revit 项目的单位保持一致。使用"Convert Between Units"可快速转换单位。它是工作中转换长度、面积、体积单位的便捷工具(图 4.113)。

图 4.113 Convert Between Units 节点

本案例着重编辑 Revit 元素,而不是在 Dynamo 中执行几何操作。所以,不需要导入 Dynamo 几何体,只是在 Revit 项目中编辑参数。这些都是体量的实例参数,但同样的逻辑可以应用到其他图元的编辑上。编辑参数需要用到"Element. SetParameterByName"节点。

在 Revit 中选择建筑体量,可以在属性面板看到很多实例参数(图 4.114)。

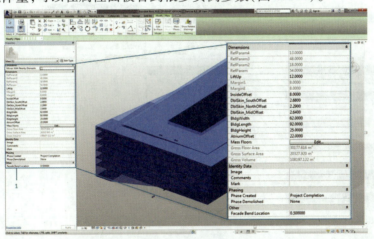

图 4.114 查看参数

a. 用"Select Model Element"节点选择体量,用"Element. Parmaters"节点查询体量的所有参数,包括类型参数和实例参数(图 4.115)。在 Element. Parameters 节点的数据中查找目标参数,或者从属性面板上查看需要编辑的参数。本例中,需要编辑影响体量几何体的参数。

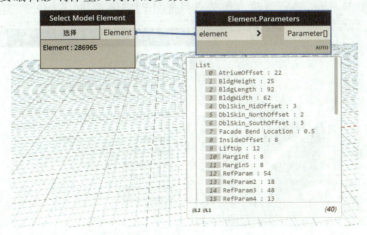

图 4.115 Element. Parmaters 节点

163

b. 使用"Element. SetParameterByName"节点编辑 Revit 元素参数(图 4.116)。

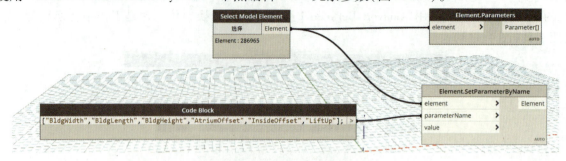

图 4.116　Element. SetParameterByName 节点

c. 使用 Code Block 定义这些参数,加引号表示输入的类型为字符串。也可以使用"List. Create"节点来组合一系列"string"节点,使用 Code block 较为简单快捷。确保字符串与 Revit 中的参数相对应,注意区分大小写:["BldgWidth","BldgLength","BldgHeight","AtriumOffset","InsideOffset","LiftUp"]。

d. 要为每个参数指定值。添加 6 个"integer sliders"到窗口上,然后重命名它们,与参数相对应。按图 4.117 设置值,从上到下依次为:62,92,25,22,8,12(图 4.117)。

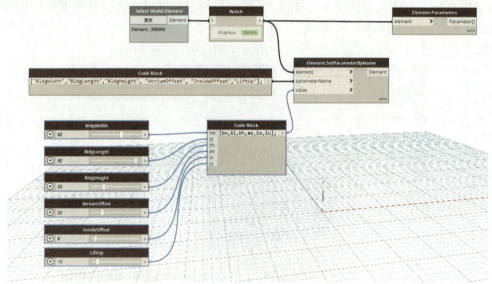

图 4.117　参数

e. 定义另一个 Code Block,输入变量(这里不加引号),数量与参数数量相同。将 sliders 依次连到相应输入端:"[bw,bl,bh,ao,io. lu]"。

f. 将 Code Block 连接到"Element. SetParameterByName"节点,查看运行结果(图 4.118),体量形体发生了明显的变化,说明参数已经由 Dynamo 进行修改。该节点只能处理实例参数,不能处理类型参数。

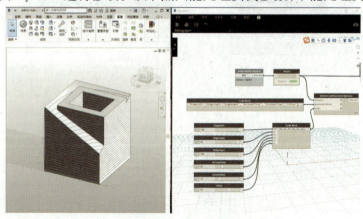

图 4.118　设置参数

g.用同样的方法可以设置其他实例参数,如图 4.119 所示。对建筑体量的[" DblSkin_SouthOffset"," DblSkin_MidOffset"," DblSkin_NorthOffset"," Facade Bend Location"]4 个参数进行设置,修改完成后的体量形状如图 4.120 所示。

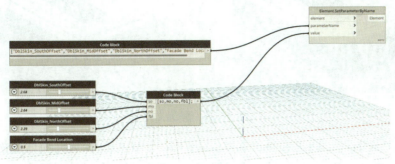

图 4.119　设置其他参数

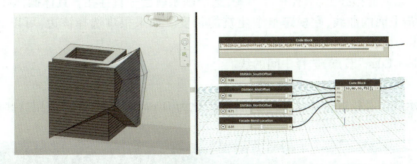

图 4.120　修改结果

(3)图元的创建

在 Dynamo 中能够创建一个全参数控制的 Revit 元素。Revit 节点提供导入各种不同类型族的方法。本节介绍自适应构件的创建方法。

自适应构件是一种灵活的族类型,它适用于 Dynamo 批量生成构件。图 4.121 所示为一个三点驱动的自适应构件,由自适应点控制桁架形体。以下操作中,使用该构件沿着体量表面创建桁架。

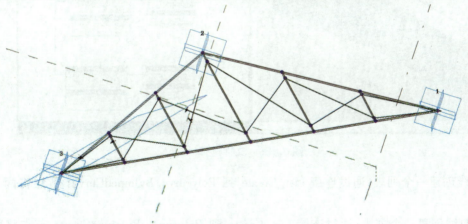

图 4.121　自适应构件族

自适应构件是交互操作性良好的图元。通过定义一些基本的自适应点创建一系列自适应构件,再将这些数据传送到其他程序,将几何体转变为简单的数据,并可以导入或导出到 Excel 中进行编辑。

打开样例文件,根据样例文件使用 Dynamo 创建的桁架系统,智能连接建筑体量(图 4.122)。

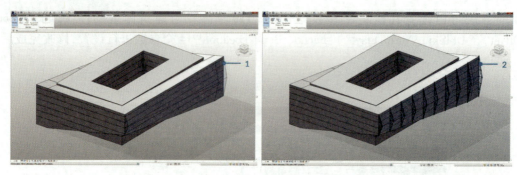

图 4.122　样例文件

前述内容介绍使用"Select Model Element"和"Select Face"节点后，深入几何体层次，使用"Select Edge"节点选择几何体的棱边。首先将 Dynamo 运行方式设置成"自动"，程序会实时更新 Revit 文件中的变化。将选择的边动态绑定到 Revit 元素的拓扑上，只要拓扑不变，这个联系就会一直存在。具体操作如下：

a. 选择玻璃幕墙最上面的曲线，它横跨整个建筑的长度。如果很难选择该边，可以通过按"Tab"切换选择，直到选择想要的线为止。

b. 使用两个"Select Edge"节点，选择中间的线。

c. 选择下面的线。

d. Watch 节点显示线已经拾取进 Dynamo，并自动转化为 Dynamo 几何体，将使用这些曲线来沿着表面放置桁架（图 4.123）。

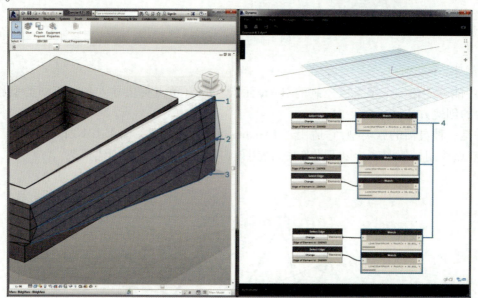

图 4.123　文件选择

e. 为中间的曲线创建一个列表，通过连接 List. Create 到 Polycurve. ByJoinedCurves 节点将两个曲线组合成一个多段线。

f. 为下面两条曲线创建一个列表，通过连接 List. Create 到 Polycurve. ByJoinedCurves 节点将两个曲线组合成一个多段线。

g. 将 3 条曲线（一条直线、两条多段线）组合为一个列表（图 4.124）。

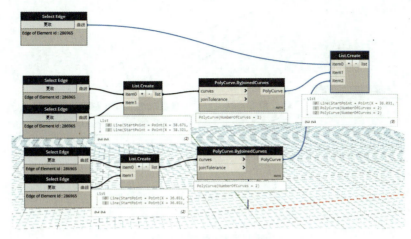

图 4.124　创建曲线列表

h. 顶部曲线是一条直线,代表面的整个长度。沿着这条直线创建若干平面与之前已经做成一组的曲线求交集(图 4.125)。

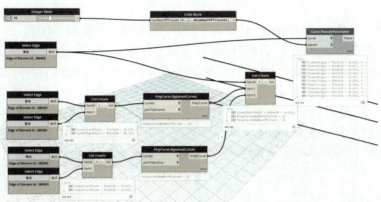

图 4.125　组合曲线列表

i. 使用一个 Code Block 定义范围:"0..1..#numberOfTrusses",连接一个 integer slider 节点到 Code Block,用来控制 0~1 范围内数字的数量(它代表桁架的数量)。

j. 将 Code Block 连接到"Curve. PlaneAtParameter"节点的 param,然后将顶边连到 Curve 输入端。这时会生成 10 个 0~1 范围内的平面。平面是抽象的几何体,代表一个无限的二维空间。使用 Geometry. Intersect 节点,将 Curve. PlaneAtParameter 连入 Geometry. Intersect 节点的 entity 输入端,将 List. Create 节点连到 geometry 输入端,就可以在 Dynamo 中看到平面与每个曲线的交点(图 4.126)。

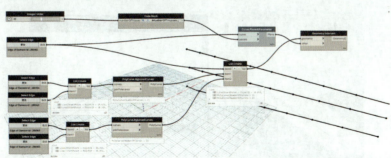

图 4.126　生成曲线上的点

k. 生成的交点数据为一个多维列表,需要局部拍平。使用 List. Map 节点操作连接 Geometry. Intersect 节点到 List. Map,连接一个 Flatten(拍平)节点到 List. Map 的 f(x)输入端。结果得到 3 个列表,每个列表的元素与桁架的数量相同(图 4.127)。

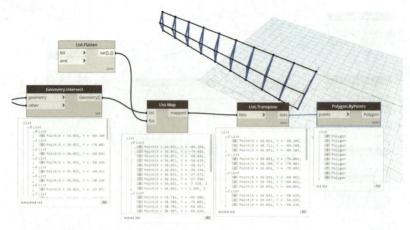

图 4.127　生成多边形

l. 改变这种数据结构。要实例化桁架,必须保证数据点与族中定义的自适应点数量相同。自适应构件中有3 个自适应点,需要 10 列包含 3 个元素的列表而不是 3 列包含 10 个元素的列表,这样才能创建 10 个自适应桁架。

m. 将 List. Map 连入一个 List. Transpose(转置)节点中,得到相应的数据结构。

n. 为确认数据正确,添加一个 Polygon. ByPoints 节点到工作区中,查看 Dynamo 预览窗口显示是否正确。

o. 添加一个 AdaptiveComponent. ByPoints 节点,将 List. Transpose 节点连到 points 输入端,使用 Family Types 节点,选择自适应族"AdaptiveTruss",并将它连到 AdaptiveComponent. ByPoints 节点的 familyType 输入端(图 4. 128)。在 Revit 中查看结果,可以看到沿着面放置 10 个桁架,修改 slider 的数值为 15,可以看到图中参数连接正常,桁架数量随数值的变化而相应更新(图 4.129)。

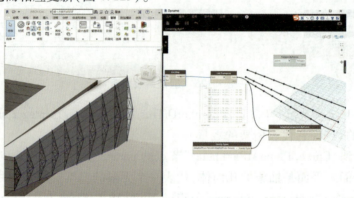

图 4.128　放置自适应构件

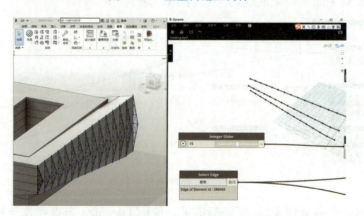

图 4.129　调整参数

(4)图元的分析

打开样例文件,可以看到已经创建好屋面的模型,每一个屋面板都是一个四点自适应构件,中心的空白位置由"ApertureRatio"参数控制,控制范围为 0.05 ~ 0.45(图 4.130)。

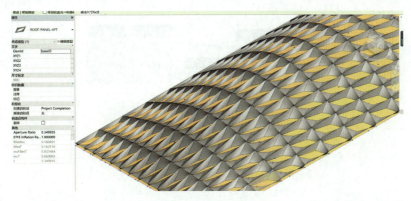

图 4.130　ApertureRatio 参数

可以通过软件中的太阳路径来驱动每一个面板的孔径。打开太阳路径,在 Revit 中看到当前太阳的位置(图 4.131)。

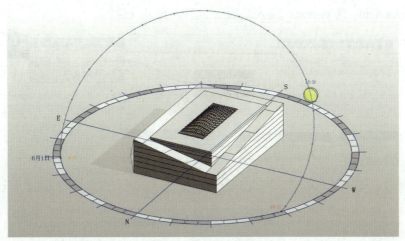

图 4.131　设置太阳路径

具体操作如下:

a. 使用 Sunsetting. SunDirection 来获得太阳的方位角(图 4.132)。

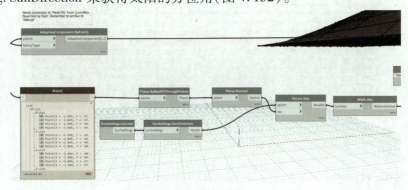

图 4.132　计算太阳方位角

b. 使用创建自适应构件的自适应点(Panel Pts)和 Plane. ByBestFitThroughPoints 节点为构件创建一个平面,并通过节点 Plane. normal 获得该平面的法线方向。

c. 使用 Vector. Dot 节点来计算太阳方位角。Vector. Dot 用来计算两个向量的点积,通过平面的法线和太阳光线的方向来大致模拟太阳方位。ApertureRato 参数范围为 0.05 ~ 0.45,计算的结果取绝对值。

d. Vector. Dot 计算出的结果数值较大,需要利用它们的相对分布将数值映射到"Aperture Ratio"的取值范围内。利用 Math. RemapRange 节点将输入的数据映射到目标范围内,在 code block 中定义新目标范围的上下限值,即"Aperture Ratio"的范围值(图 4.133)。

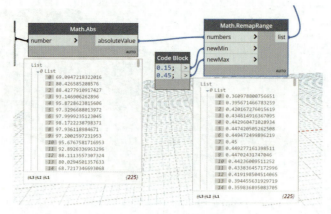

图 4.133　调整太阳方位角

e. 连接调整后的值到 Element. SetParameterByName 节点,连接字符串"Aperture Ratio"到 parameterName 输入端,连接 adaptive components 到 element 输入端,点击运行(图 4.134)。

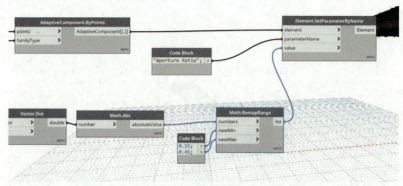

图 4.134　设置太阳方位角

f. 回到 Revit 中,可以看到面板孔洞的变化,越正对太阳的面板,孔洞越闭合(图 4.135)。这样可以减少阳光照射引起的过热。如果需要更多的阳光,只需要调整 Math. RemapRange 的范围即可。

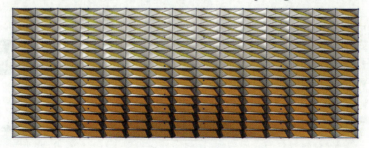

图 4.135　设置结果

4.1.5　Dynamo 其他内容

1)Code Block

代码块(Code Block)是在一个可视化脚本编写环境内的文本脚本接口。它们可以作为数字、字符串、公式和其他的数据类型使用。"Code Block"是为 Dynamo 设计的,所以可以在"Code Block"中定义任意变量,而且这些变量可以自动添加到输入端,可以通过双击鼠标左键,快速打开"Code Block",也可以在节点库中找到(图 4.136)。

"Code Block"对数据类型的输入很灵活,可以快速定义数字、字符串和公式。常规的输入方式与使用"Code Block"输入的区别如图 4.137 所示。

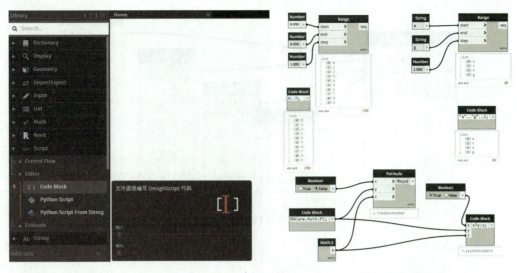

图 4.136　Code Block 节点　　　　　　　图 4.137　节点对比

　　"Code Block"的语法具有一定规律,若要作为数值的输入节点,则直接输入数值;若要作为字符串的输入节点则需在字符串两端添加双引号;若输入的数值是可变的,或者是一个数值列表,则可以在"Code Block"节点中加入未知数,如图 4.138 所示。

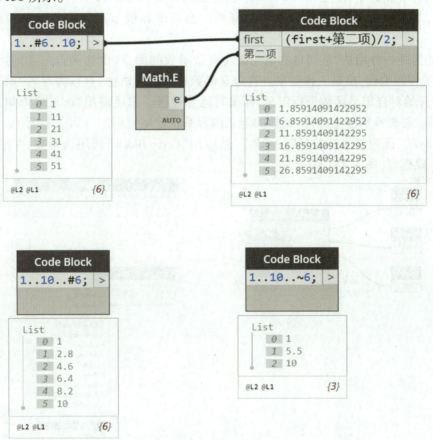

图 4.138　"Code Block"输入数组

　　"Code Block"还可以写入多行内容,不仅可以创建一维列表,还可以快速创建多维列表,即嵌套列表,如图 4.139 所示。

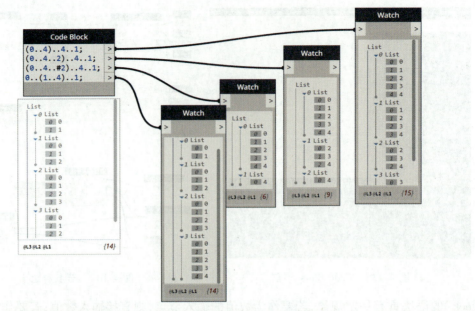

图 4.139　"Code Block"创建数组

"Code Block"执行节点命令,使用"Code Block"创建点的方法,如图4.140所示。

在"Code Block"节点中输入命令"是",其下拉菜单中会显示和该节点相关的列表,列出所有相关联的命令,供读者选择。

"Code Block"的另外一种用法,从简单的语句创建复杂函数的命令,也称为自定义函数。使用自定义函数能极大减少重复性工作的编程,提高工作效率。自定义函数有特定的语法,首行需写入"def 自定义函数的名称(未知数)",第二行开始对自定义函数进行定义,即编写运算过程。末尾需用"return"语句,将函数中运行的结果返回,作为输出项。需要特别注意的是,函数的定义内容需在首尾使用"{ }"(大括号)。先定义一个函数,函数的名称为"sphereByZ",函数的未知数是"inputPt",然后用"Code Block"调用该函数,并给这个函数的未知数输入点数据,即可生成模型(图4.141)。

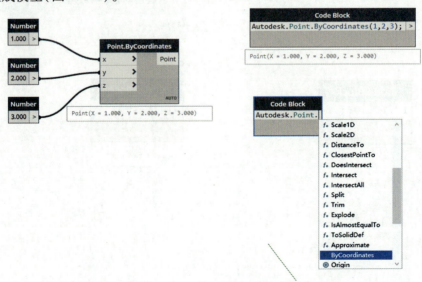

图 4.140　"Code Block"创建点

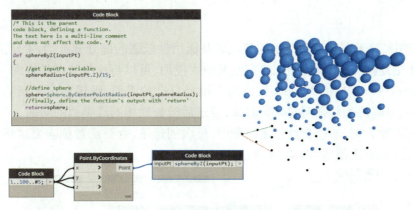

图 4.141　定义函数

事实上，"Code Block"可以调用大部分节点库中的节点，以简化程序。合理使用"Code Block"简化程序是Dynamo 提供给读者进行可视化编程的另一种优化思路。

2）DesignScript

DesignScript 是 Dynamo 的编程语言。通过代码块（Code Block），可以快速、简明地实现许多功能，前提是使用者有一定的计算机编程语言基础。同时，Dynamo 也提供了一个十分有用的功能，就是可以很便捷地将庞大的可视化编程好的节点和接线，直接变为代码块"Code Block"中的编程语言代码。通过 DesignScript 在"Code Block"中进行操作，如图 4.142 所示。

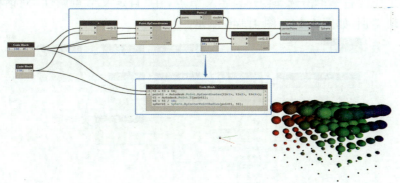

图 4.142　DesignScript 操作

3）Python

Python 是一种广泛使用的编程语言。对于工程人员来说相对容易，它是一种简单、快捷、高效的编程开发语言。可视化编程虽然有很多优点，但是用它做复杂程序时会变得杂乱无章，而且有时还会出现功能不足的情况。Python 是一个强大的工具，它可以拓展 Dynamo 的功能。通过 Python 能让 Dynamo 变得更强大，并通过几行简洁的代码替换许多节点。上一节的案例可以通过 Python 来实现，如图 4.143 所示。

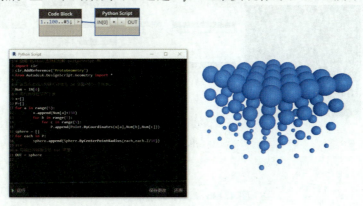

图 4.143　Python 操作

4）Custom Nodes

编写 Dynamo 程序中，对于那些经常使用的节点以及通用性较强的部分节点，为了让工作空间更清晰、更整洁，程序更简化和便于重复使用，以及传递和分享给其他人使用，可以将这些节点封装成一个自定义节点。

自定义节点（Custom Nodes）：由 Dynamo 的使用者根据自己的需要，编辑和定义新的节点（.dyf）。这些自定义节点可以将很多已经解决的复杂问题封装起来，便于后续处理相同或类似的问题。

以创建正弦、余弦函数为例，通过节点创建的程序，每次创建正、余弦函数都需要这样一个过程，因此，可以将这些节点封装起来，以便下次使用（图 4.144）。

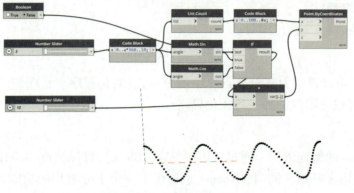

图 4.144　创建正弦函数

选择前述节点，在工作区右键单击选择创建自定义节点，在"自定义节点属性"对话框中，为自定义节点指定名称、说明和附加模块类别，如图 4.145、图 4.146 所示。

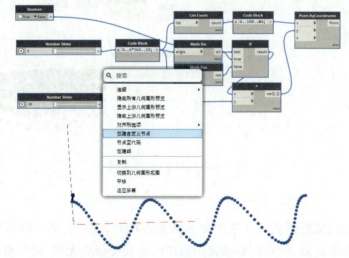

图 4.145　创建自定义节点

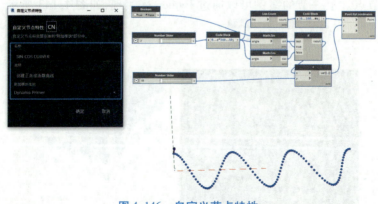

图 4.146　自定义节点特性

自定义节点创建完成后，保存成".dyf"时，可以从节点库中找到"SIN-COS CURVER"节点，光标放到节点上会提示说明"创建正余弦函数曲线",下次使用时只需输入 3 个变量值即可创建正余弦函数曲线,如图 4.147 所示。

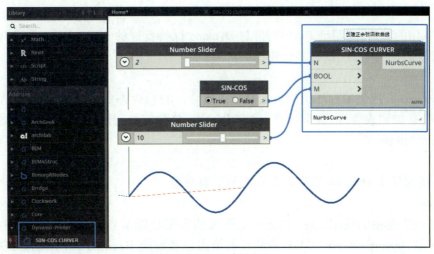

图 4.147　使用自定义节点

5)常用节点包

下面介绍 Dynamo 社区中一些使用频率比较高的节点包,从安装频率最高的节点包开始介绍(图 4.148)。

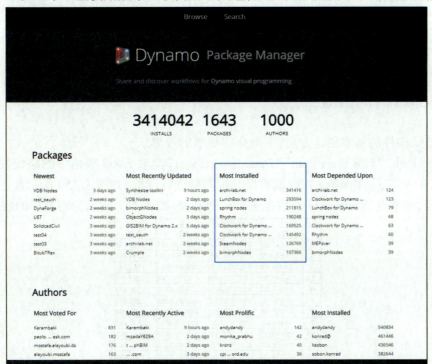

图 4.148　节点包界面

(1)Archi-lab

这个节点包是 50 多个自定义包的集合,极大地扩展了 Dynamo 与 Revit 交互的能力。archi-lab 包中包含从列表操作到 Revit 的高级分析等节点。

(2)LunchBox for Dynamo

这个节点是可重复使用几何和数据管理节点的集合。该工具包括用于曲面镶板、几何图形、Revit 数据收集等的节点。

(3)Spring

Spring 节点的主要作用是改进 Dynamo 与 Revit 的交互操作。更广泛的目标是探索任何有助于加速以 BIM

为重点的工作流程的方法。许多节点使用 IronPython 或 DesignScript，可以作为学习特定语法和两者精髓的良好起点。

（4）Rhythm

Rhythm 是一组有用的节点，可帮助 Revit 项目与 Dynamo 保持良好的节奏。Rhythm 是开源的，主要用 C#构建，并向 Dynamo 中添加 Revit 节点、核心节点和视图扩展。

（5）Clockwork

Clockwork 是 Dynamo 可视化编程环境的自定义节点集合。它包含许多与 Revit 相关的节点，但也包含许多用于其他各种目的节点，如列表管理、数学运算、字符串运算、单位转换、几何运算（主要是边界框、网格、平面、点、曲面、UV 和向量）和镶板。

（6）SteamNode

SteamNode 是一系列优化 Dynamo 流程非常有用的节点集合。

（7）BimorphNodes

BimorphNodes 是一个通用的应用程序，包含一组强大的实用功能节点。该软件包的亮点包括超高效的碰撞检测和几何交叉节点、ImportInstance（CAD）曲线转换节点以及解决 Revit API 中限制的连接元素收集器。

（8）Bridge

Bridge 节点包是一个通用的应用程序，包含18 个节点，在桥梁的建模过程中可以极大提高建模效率。该节点包是开放的，使用者可以在 Dyanmo 程序中双击节点查看该功能的节点构成，也可以查看节点内的 python 代码。这不仅给初学者提供便捷、高效的节点，同时还为初学者提供建模思路，有助于后期的深入学习。

4.2　Dynamo 应用场景

4.2.1　桥梁下部结构的放置

前面已经介绍桥梁构件的基本创建方法，下面介绍桥墩的放置。

①通过节点"File Path""File From Path""Data. ImportExcel"读取 Excel 表格中的路线数据（图 4.149）及桥墩桩号位置（图 4.150）等信息，Dynamo 在读取数据时按照行进行读取，如图 4.150 所示蓝色框内的数据。需要将数据按列进行排列，用节点"Transpose"对数据进行行列互换，图 4.151 所示为转置后的数据结构。

	A	B	C	D
1	测站	北距	东距	高程
2	0+827.30	4707762.611	489539.414	1161.488
3	0+830.00	4707774.166	489541.02	1161.486
4	0+835.00	4707774.891	489545.9734	1161.483
5	0+840.00	4707775.119	489550.9744	1161.479
6	0+845.00	4707775.845	489555.9278	1161.474
7	0+850.00	4707776.072	489560.9289	1161.469
8	0+855.00	4707776.798	489565.8823	1161.464
9	0+860.00	4707777.025	489570.8834	1161.457
10	0+865.00	4707777.751	489575.8368	1161.451
11	0+870.00	4707777.979	489580.8378	1161.443
12	0+875.00	4707778.704	489585.7912	1161.435
13	0+880.00	4707779.181	489590.7685	1161.427

图 4.149　路线数据

	A	B	C	D	E	F	G	H	I	J
1	桥名称	墩号	桩号	族名称	旋转角度	承台顶标高	平台编码	所属	标段	编号
2	右线	0号桥台	2.200	右线桥台	0	-5.000	平台-1	集二铁路大桥	一标段	0号桥台
3	右线	1号桥墩	30.000	右线桥墩	0	-6.265	平台-1	集二铁路大桥	一标段	1号桥墩
4	右线	2号桥墩	60.000	右线桥墩	0	-6.634	平台-1	集二铁路大桥	一标段	2号桥墩
5	右线	3号桥墩	90.000	右线桥墩	0	-6.421	平台-1	集二铁路大桥	一标段	3号桥墩
6	右线	4号桥墩	120.000	右线桥墩	0	-6.828	平台-1	集二铁路大桥	一标段	4号桥墩
7	右线	5号桥台	147.605	右线桥墩	180	-5.304	平台-1	集二铁路大桥	一标段	5号桥台

图 4.150　桥墩数据

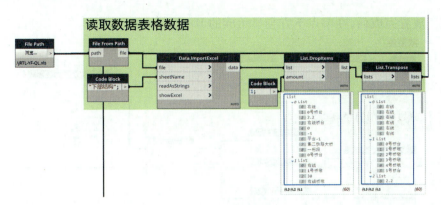

图 4.151　读取数据

②通过自定义节点"BIM point(x,y,z)from excel"将 Excel 表格中的数据分别提取成"X 坐标""Y 坐标""Z 坐标",这里的坐标值通过计算得到。从图 4.149 可知,坐标值都比较大,因此要用所有的坐标值分别减去对应的基点数据,再通过自定义节点"BIM curve by input xyz of point"生成三维空间曲线和空间曲线投影线,如图 4.152 所示。

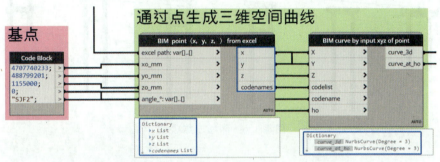

图 4.152　通过点生成三维空间曲线

读取桥墩桩号,通过桩号计算桥墩位置坐标,如图 4.153、图 4.154 所示。

图 4.153　计算桥墩桩号位置

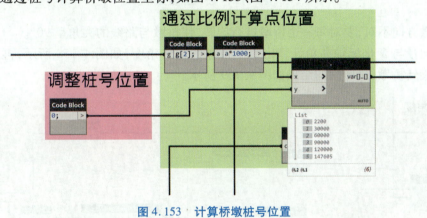

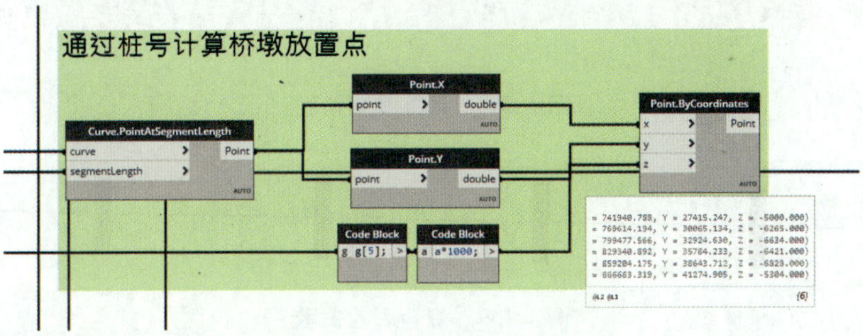

图 4.154　桥墩桩号坐标

③通过节点"FamilyInstance. ByPoint"放置桥墩,放置时需要注意输入端的族类型(family Type)和放置点

（point）应一一对应。放置完成后,在节点下方会显示族的 ID,如图 4.155 所示。

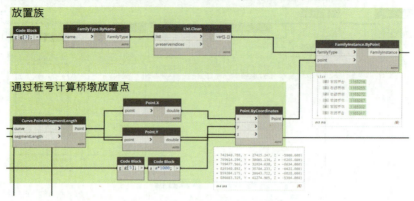

图 4.155　通过节点放置桥墩

在 Revit 中放置完成后的桥墩三维视图、俯视图如图 4.156、图 4.157 所示。

图 4.156　桥墩三维视图

图 4.157　桥墩俯视图

这时放置的桥墩方向不对,要对每一个桥墩进行旋转,使桥墩与路线的夹角呈 90°。

通过路线的切向量与 X 坐标轴夹角计算出每个桥墩的旋转角度,如图 4.158 所示;再通过节点"FamilyInstance. SetRotation"旋转桥墩,旋转后的结果如图 4.159 所示。

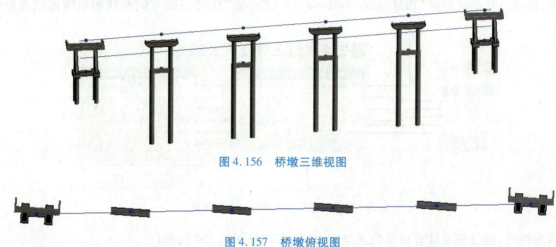

图 4.158　计算旋转角度

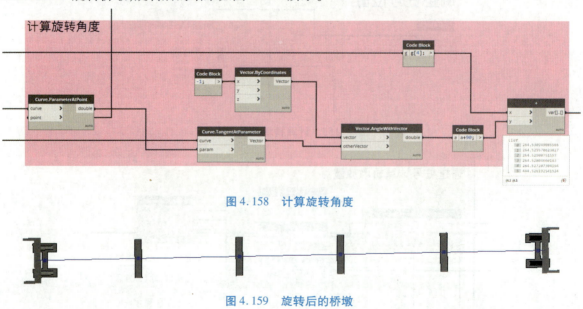

图 4.159　旋转后的桥墩

桥梁的方向与路线的方向存在一定夹角时,可以通过修改预先设置的"夹角"参数来使之保持一致,将桥墩的夹角参数修改成 45°,则桥墩的形状发生变化,如图 4.160 所示。

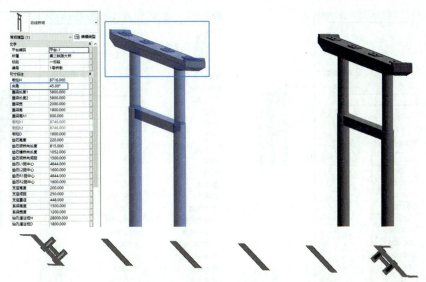

图 4.160　修改夹角参数

　　桥墩有多个参数需要进行修改,可以通过"Element. SetParameterByName"节点对桥墩参数进行批量修改,如图 4.161 所示。在输入端"element"处输入桥墩族名称,在"parameterName"处输入参数名称"墩柱 H",在参数值"value"处输入要修改的参数值,运行即可批量修改桥墩的参数,如图 4.162 所示。1—4 号桥墩的"墩柱 H"值全部修改完成。

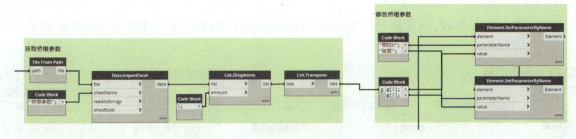

图 4.161　修改桥墩参数

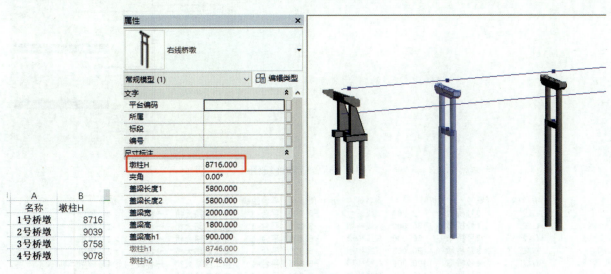

图 4.162　修改墩柱 H 参数

　　再对桥台的参数进行修改,如图 4.163、图 4.164 所示。

图 4.163　修改前桥台参数　　　　　　图 4.164　修改后桥台参数

继续给桥台添加文字参数,同样通过"Element. SetParameterByName"节点来完成,如图 4.165 至图 4.167 所示。

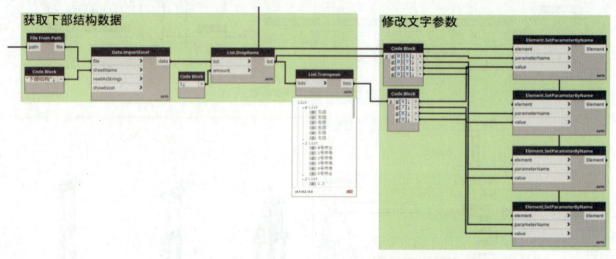

图 4.165　节点连接图

桥名称	墩号	桩号	族名称	承台顶标高	平台编码	所属	标段	编号
右线	0号桥台	2.200	右线桥台	-5.000	平台-1	集二铁路大桥	一标段	0号桥台
右线	1号桥墩	30.000	右线桥墩	-6.265	平台-1	集二铁路大桥	一标段	1号桥墩
右线	2号桥墩	60.000	右线桥墩	-6.634	平台-1	集二铁路大桥	一标段	2号桥墩
右线	3号桥墩	90.000	右线桥墩	-6.421	平台-1	集二铁路大桥	一标段	3号桥墩
右线	4号桥墩	120.000	右线桥墩	-6.828	平台-1	集二铁路大桥	一标段	4号桥墩
右线	5号桥台	147.605	右线桥台	-5.304	平台-1	集二铁路大桥	一标段	5号桥台

图 4.166　文字参数

图 4.167　修改完成后的模型参数

其他类型桥墩同样可以通过该程序完成放置。例如,互通立交的桥墩放置比较复杂,通过 Dynamo 程序可以快速、准确地完成放置,如图 4.168、图 4.169 所示。

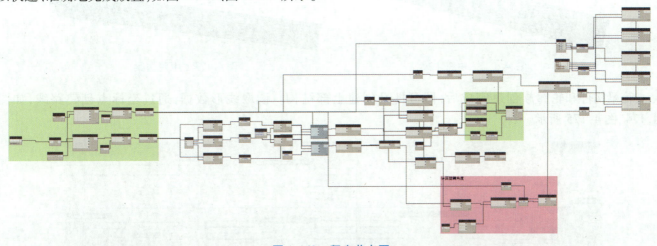

图 4.168　程序节点图

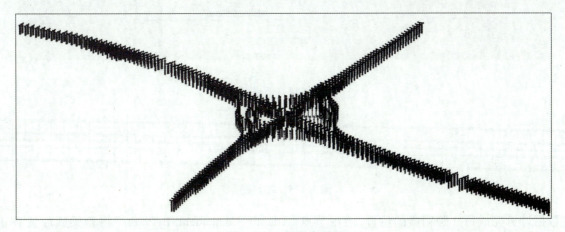

图 4.169　桥墩布置图

4.2.2 桥梁上部结构的创建

1）小箱梁的创建

（1）桥梁的斜交角度为零时

根据小箱梁的图纸创建箱梁族，图 4.170 至图 4.173 分别为中跨边梁和中跨中梁的模型。

图 4.170　中跨边梁横断面　　　　　　　图 4.171　中跨中梁横断面

图 4.172　中跨中梁　　　　　　　图 4.173　中跨边梁

箱梁构件和轮廓族创建完成后，即可批量创建上部结构。读取线形数据，通过坐标点创建路线，如图 4.174、图 4.175 所示。

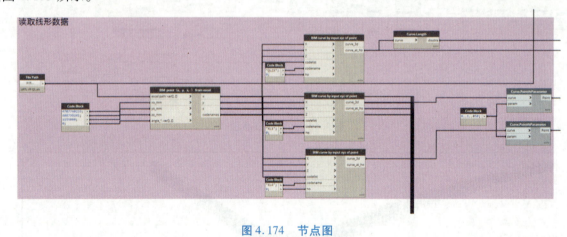

图 4.174　节点图

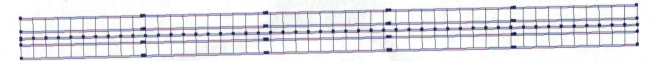

图 4.175　路线图

通过数据计算完成每一跨箱梁的位置，使用节点"AdaptiveComponent. ByPoints"将箱梁族放置在正确的位置上，如图 4.176 所示。需要注意的是，输入端"points"的数据是二维数组，这样才能使输入的点与自适应族一一对应，否则运行时会报错。图 4.177 所示为放置完成一侧的边梁。使用同样的方法放置完成其余的箱梁，如图 4.178 所示。

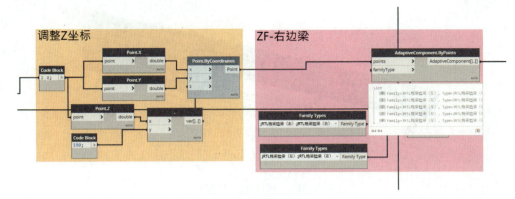

图 4.176　箱梁放置

图 4.177　边梁放置完成

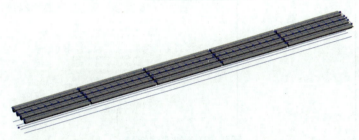

图 4.178　箱梁放置完成

　　箱梁放置完成后,放置横隔板,使用自定义节点"放置族"完成。在输入端分别输入族、桩号、空间曲线、曲线长和布尔值,每一个构件需要单独连接一个自定义节点,如图 4.179 所示,完成后成果如图 4.180 所示。

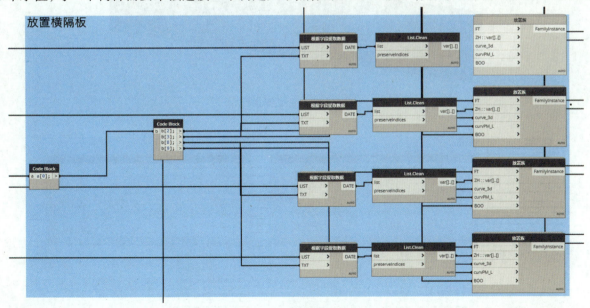

图 4.179　放置横隔板节点

图 4.180　横隔板放置完成

接下来进行铺装层结构创建。由于铺装层的特殊性,即横断面形状是一样的,采用放样的方式完成。自定义节点"SH 创建族"就是将轮廓沿着路线方向进行放样创建形体。这些包括湿接缝创建、路面创建、防撞墙创建等,分别如图 4.181 至图 4.186 所示。

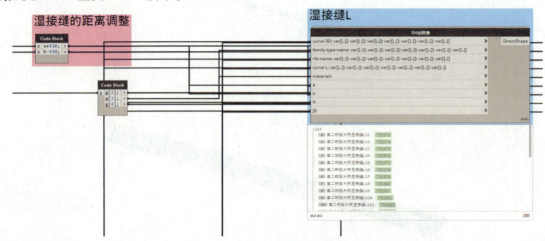

图 4.181　创建湿接缝

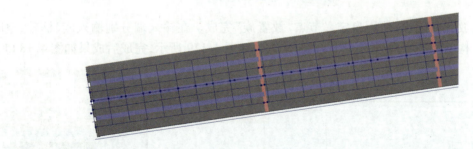

图 4.182　完成湿接缝

图 4.183　创建路面

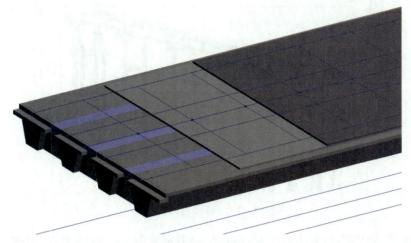

图 4.184　完成路面

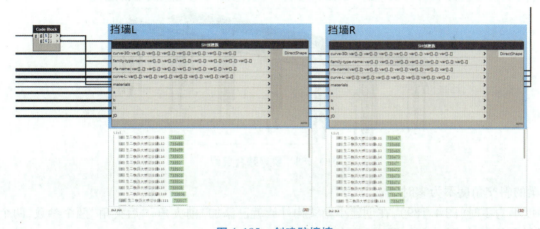

图 4.185　创建防撞墙

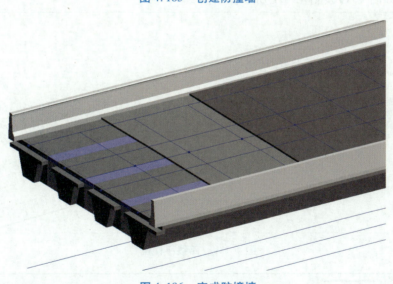

图 4.186　完成防撞墙

　　桥梁上部结构、下部结构、铺装层、防撞墙等全部创建完成后，可以进行拼装。各个构件在创建时都根据坐标进行，在进行整合时，只需要将 Revit 文件进行连接即可完成。图 4.187 所示为集二铁路大桥右幅模型。

图 4.187　桥梁右幅模型

右幅桥梁创建完成后,用同样的方法创建左幅桥梁,只需再复制一个程序节点,更改线形数据文件即可,或将 Dynamo 程序保存后重新打开,选择左线数据再运行一次,同样可以完成模型创建,如图 4.188 所示。

图 4.188　桥梁整合模型

(2)桥梁的斜交角度不为零时

斜交角度不为零时(图 4.189),在创建小箱梁构件族就已添加"前夹角""后夹角"两个参数,两个参数值可以任意设置斜交角度,如图 4.190、图 4.191 所示。

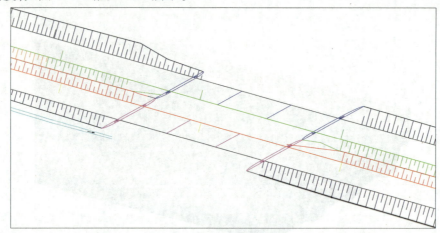

图 4.189　路线平面图

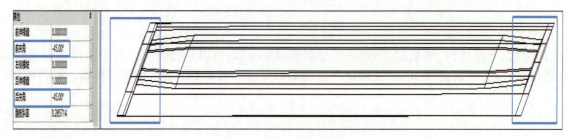

图 4.190　单片梁斜交角度设置

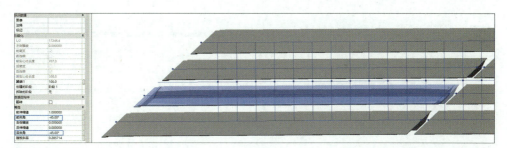

图 4.191　斜交角度设置为"-45°"

斜交角度需根据路线的实际情况进行设置,图 4.192 至图 4.195 所示分别为-15°、-30°、-45°、45°斜交角度的设置情况。

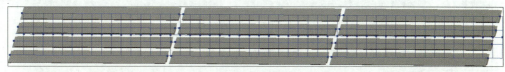

图 4.192　斜交角度设置为"-15°"

图 4.193　斜交角度设置为"-30°"

图 4.194　斜交角度设置为"-45°"

图 4.195　斜交角度设置为"45°"

修改夹角的同时也要修改湿接缝、路面的夹角,如图 4.196 至图 4.199 所示。

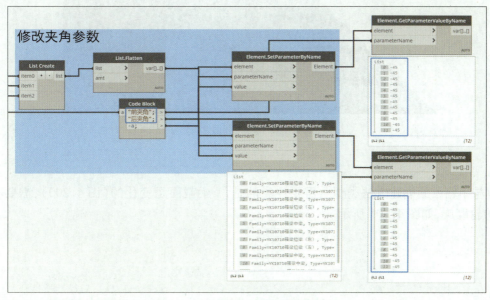

图 4.196　修改参数节点

图 4.197 创建湿接缝节点

图 4.198 创建路面节点

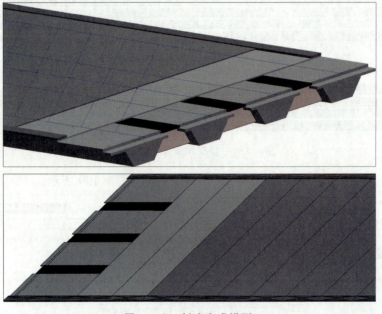

图 4.199 创建完成模型

2)T 梁的创建

T 梁族创建与小箱梁族创建方法类似。需要注意的是,T 梁截面是变化的(图 4.200),需要在截面变换的位置添加不同的轮廓族,如图 4.201 所示。

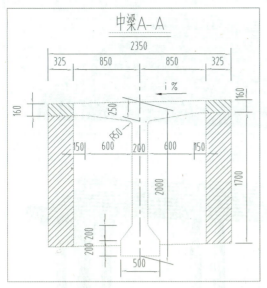
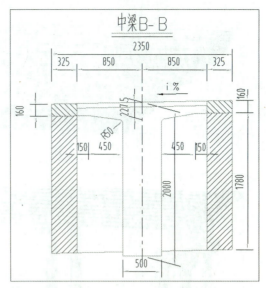

图 4.200　T 梁截面

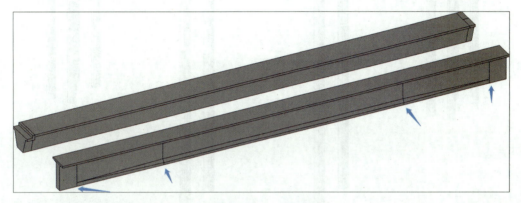

图 4.201　T 梁族

T 梁批量放置原理与小箱梁放置原理一样,只需在节点"FamilyType"中选择 T 梁族即可,如图 4.202 所示。

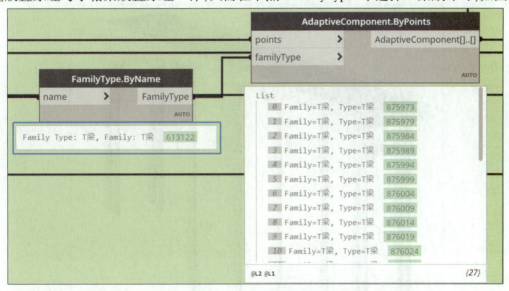

图 4.202　T 梁放置节点

根据路线数据和梁布置图先完成单跨 T 梁放置,再完成全桥 T 梁布置,如图 4.203 至图 4.205 所示。

图 4.203　单跨 T 梁放置

图 4.204　T 梁放置完成

图 4.205　桥面铺装完成

3) 钢箱梁的创建

　　在本案例中，A 匝道和 D 匝道各有一座钢箱梁，以下介绍钢箱梁的创建流程。首先根据坐标创建路线（图 4.206、图 4.207），再根据桩号创建一节钢箱梁族（图 4.208），依次创建完成全桥钢箱梁族（图 4.209、图 4.210），最后创建桥面结构（图 4.211、图 4.212），至此完成钢箱梁创建。

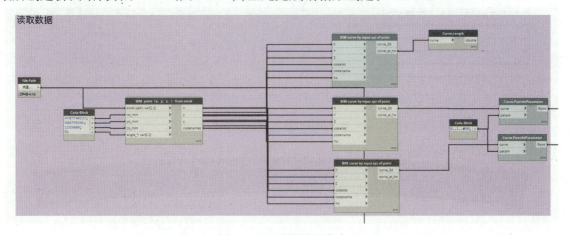

图 4.206　读取数据节点

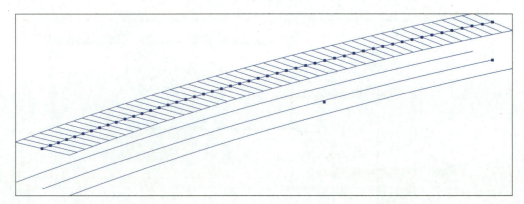

图 4.207　恢复路线

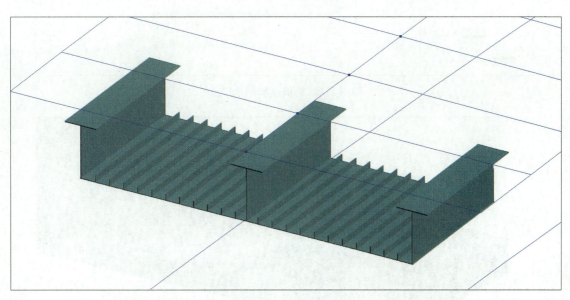

图 4.208　箱梁族放置

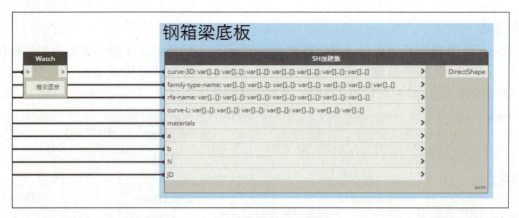

图 4.209 批量创建族节点

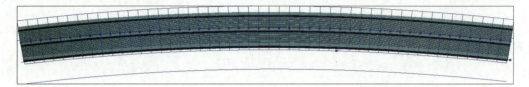

图 4.210 批量创建钢箱梁族

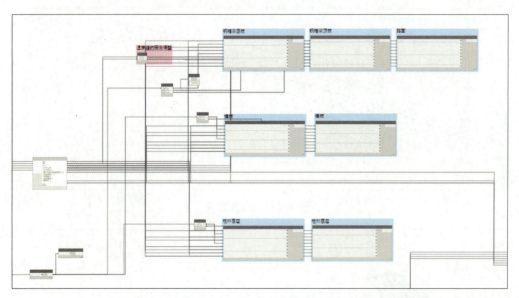

图 4.211 桥面结构创建节点

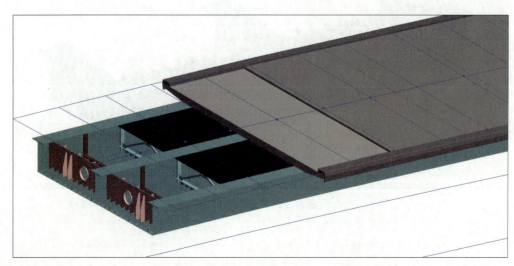

图 4.212 桥面结构完成

4.2.3 附属设施的创建

1）护栏的创建

前面完成了钢箱梁和路面结构的创建,本节创建防撞护栏,在已完成模型的基础上进行创建。首先完成防撞护栏族的创建,包括立柱族和横杆族,如图 4.213 所示。

图 4.213　护栏族

根据桩号和护栏间距完成放置工作,如图 4.214 至图 4.216 所示。

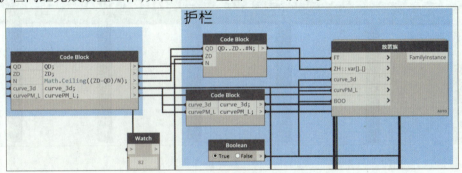

图 4.214　放置护栏立柱节点图

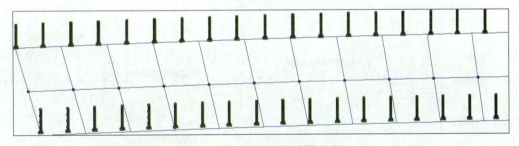

图 4.215　护栏立柱放置完成

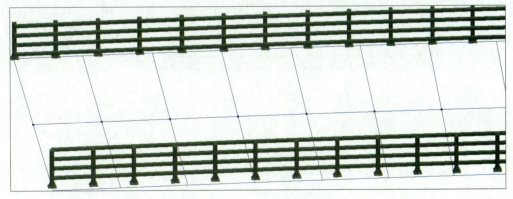

图 4.216　护栏横杆放置完成

这样就完成了桥梁上部结构的创建和下部结构的放置工作,如图 4.217 所示。

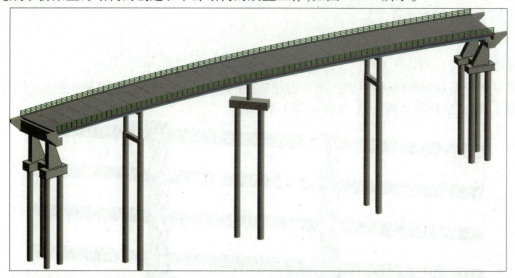

图 4.217　桥梁整合

创建路基上的护栏时,需要单独生成两条边界线,并选择路基护栏的样式,如图 4.218 所示。

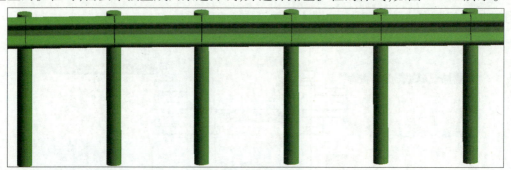

图 4.218　路基护栏样式

生成道路两侧的边线(图 4.219),链接路基模型,生成的线位正好在道路两侧,如图 4.220 所示。

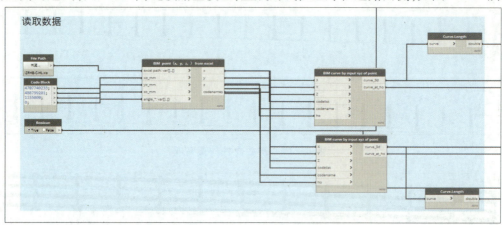

图 4.219　读取数据节点

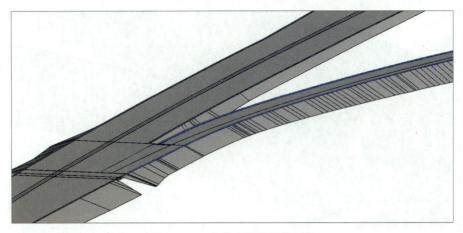

图 4.220　生成路基护栏位置线

通过程序节点放置道路左、右侧的护栏,如图 4.221 至图 4.225 所示。

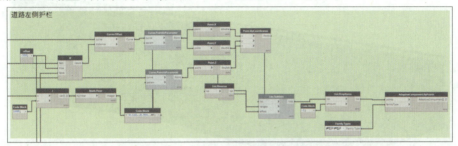

图 4.221　路基左侧护栏放置节点

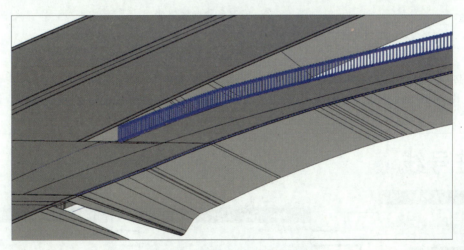

图 4.222　路基左侧护栏放置完成

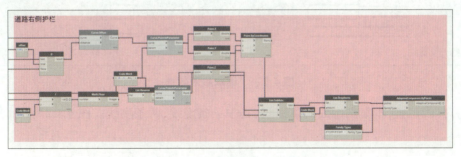

图 4.223　路基右侧护栏放置节点

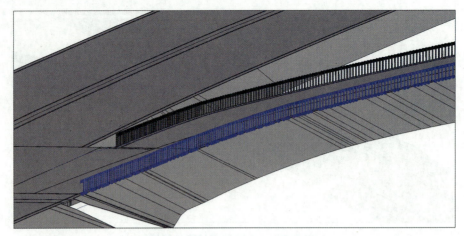

图 4.224　路基右侧护栏放置完成

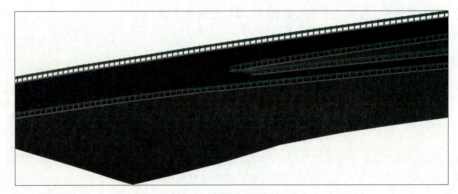

图 4.225　路基护栏放置完成

2）标线的创建

　　道路部分的标线在 Civil 3D 中创建。桥梁部分的标线既可以在 Civil 3D 中创建,也可以在 Revit 中创建。本节重点介绍在 Revit 中的创建方法,打开桥梁上部结构模型,在此基础上进行创建,第一步是读取线形数据,如图 4.226 所示。

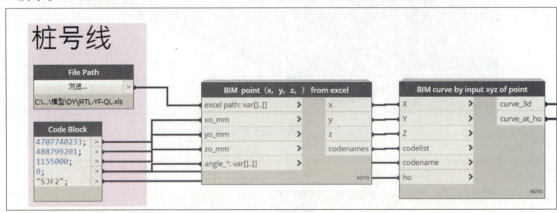

图 4.226　读取线形数据

　　第二步是计算标线位置,本案例生成 3 条标线,其中一条虚线、两条实线。图 4.227 所示为标线偏移位置。

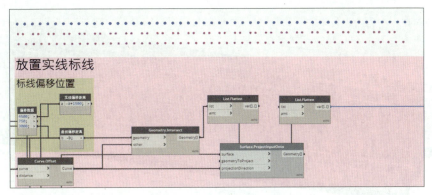

图 4.227　标线偏移位置

通过"Bridge"节点包中的"02_TangentAndCoordinateSystem"将生成的路线转换为相对应点的坐标系,通过"03_Loft"节点创建标线实体模型,标线族选择"实线"(图 4.228),生成桥梁两侧的白色标线(图 4.229)。

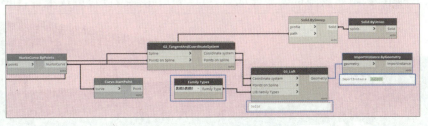

图 4.228　生成实线标线节点

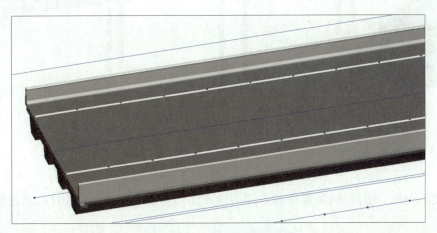

图 4.229　生成实线标线模型

生成虚线标线时,需要注意,虚线是分段创建,创建完成后要用节点"Solid. ByUnion"将一组实体合并为一个实体,如图 4.230 所示。

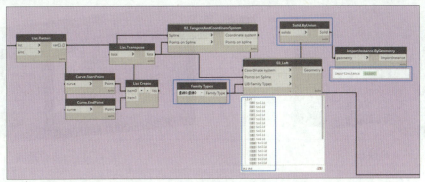

图 4.230　生成虚线标线节点

虚线的长度及虚线的间距应根据设计图纸及规范设置,图 4.231 所示为生成虚线标线模型。

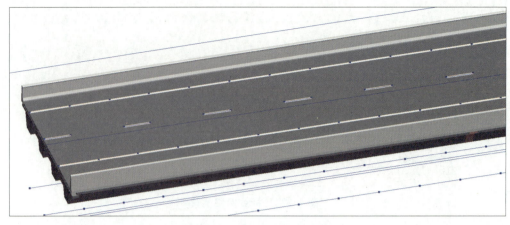

图 4.231　生成虚线标线模型

桥梁上部结构、下部结构、附属设施都创建完成后,可以和道路模型进行链接整合,如图 4.232 所示。

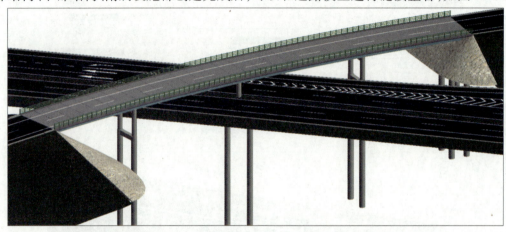

图 4.232　模型整合

4.2.4　其他桥型的创建

前面介绍了小箱梁桥、T 梁桥、钢箱梁桥的常规创建方法。本节介绍连续刚构桥、斜拉桥、悬索桥和概念桥的创建。

1)连续刚构桥的创建

对于连续刚构桥,重点是创建 0 号块族和标准节段族。完成准备工作后,可以根据线形创建全桥模型,详细创建过程不再重复。创建完成后的模型如图 4.233 至图 4.236 所示。

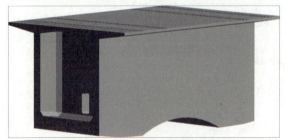

图 4.233　0 号块族

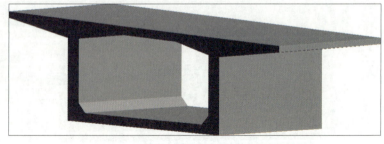

图 4.234　标准段族

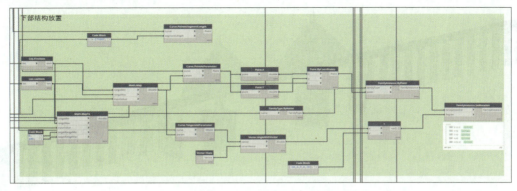

图 4.235　创建连续刚构桥节点

图 4.236　连续刚构桥模型

2) 斜拉桥的创建

对于斜拉桥,箱梁、桥墩等构件的创建方法同前述方法。区别在于斜拉索的放置,由于斜拉索长度不一样,因此要将斜拉索做成两点自适应族,通过连接部位的坐标计算即可完成斜拉索的放置,如图 4.237 至图 4.240 所示。

图 4.237　斜拉索

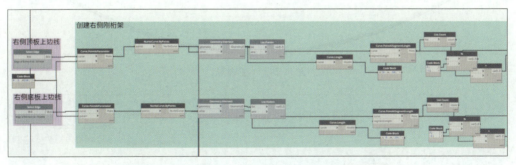

图 4.238　放置斜拉索节点

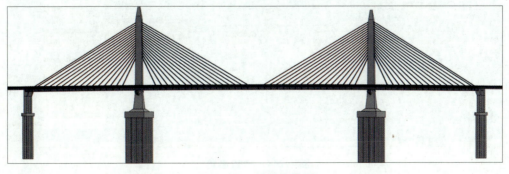

图 4.239　斜拉桥模型

图 4.240　斜拉桥主桥和引桥模型

3）悬索桥的创建

创建悬索桥时,首先是将套管族、吊索族、主缆族等创建好,重点是在放置构件族时,由于套管的角度随着主缆的变化,套管角度的计算与调整是动态的,因此角度值应根据主缆的切向量与吊索的夹角来计算。计算完成后将角度值通过"SetParameterByName"节点进行批量修改,完成模型如图 4.241 至图 4.248 所示。

图 4.241　套管族

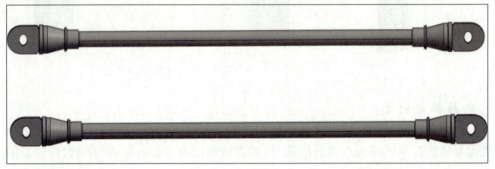

图 4.242　吊索族

图 4.243　主缆族

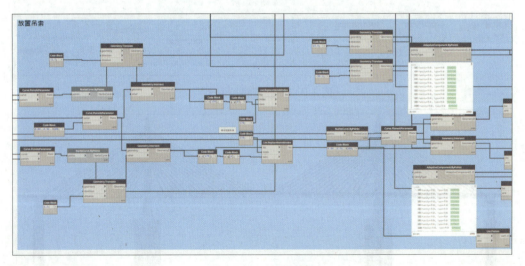

图 4.244　放置吊索

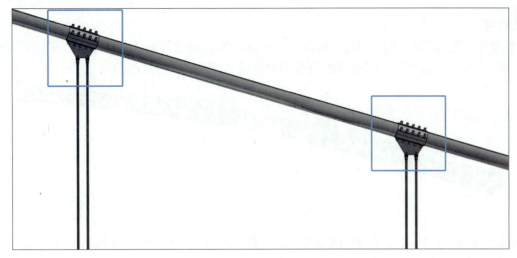

图 4.245　吊索放置完成

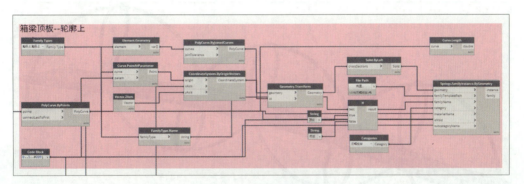

图 4.246　创建箱梁顶板

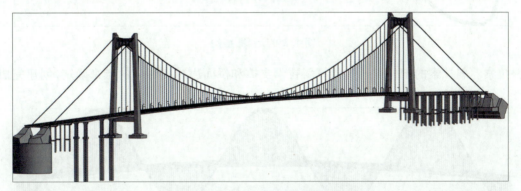

图 4.247　悬索桥模型

图 4.248　悬索桥位置

4）概念桥的创建

Dynamo 不仅可以根据图纸创建桥梁，还可以将一些异形构件创建出来。以下介绍一座概念大桥的创建。

①创建桥面。桥面两条边线由正弦函数、余弦函数组成，如图 4.249 所示。

图 4.249　桥面结构

②创建斜拉索支撑。斜拉索支撑同样也是由正弦函数、余弦函数计算得到的两条空间曲线，再由空间全线创建空间结构，创建完成如图 4.250 所示。

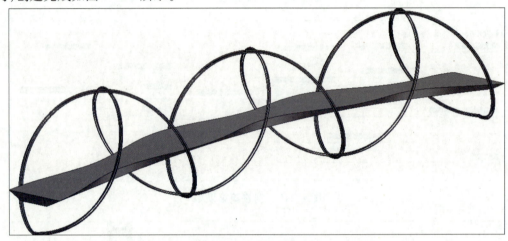

图 4.250　斜撑结构

③创建斜拉索。斜拉索的定位点通过计算斜拉索支撑和桥面边线相对应的点来确定，创建完成如图 4.251 所示。

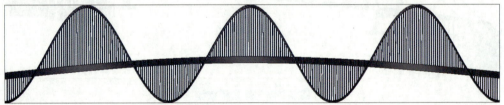

图 4.251　桥梁剖面图

桥梁模型创建完成后，从不同的角度查看效果，如图 4.252、图 4.253 所示。

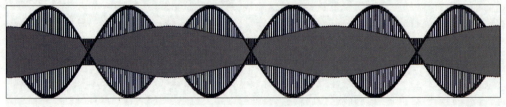

图 4.252　大桥俯视图

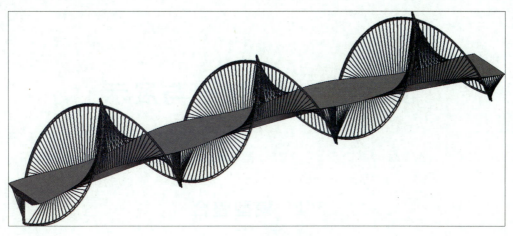

图 4.253　大桥侧视图

复习思考题

4.1　什么是可视化编程？

4.2　可视化编程有什么优缺点？

4.3　可视化编程在道路与桥梁工程建模过程中有哪些优势？

第5章　模型整合与展示

5.1　模型整合

5.1.1　Navisworks 基础知识

1）基本概念

（1）软件简介

Navisworks 是一款 3D/4D 协助设计检视软件,针对建筑、工厂和航运业中的项目生命周期设计,能提高质量、生产力、工作效率,并有效减少在工程中出现的问题,是项目工程流线型发展的稳固平台。

Autodesk Navisworks 软件能够将 AutoCAD 和 Revit 系列等应用创建的设计数据,与来自其他设计工具的几何图形和信息相结合,将其作为整体的三维项目,通过多种文件格式进行实时审阅,而无须考虑文件的大小。Navisworks 软件可以帮助所有相关方将项目作为一个整体来看待,从而优化设计决策、建筑实施、性能预测和规划直至设施管理和运营等各个环节。

Navisworks Manage 软件是设计和施工管理专业人员使用的一款全面审阅解决方案,用于保证项目顺利进行。该软件支持实现整个项目的实时可视化,审阅各种格式的文件,而无须考虑文件的大小。在实际施工前,就可以在真实的环境中体验所设计的项目,更加全面地评估和验证项目的可行性。

Navisworks Manage 是 BIM 环节中实现数据与信息整合的重要一环,使得 BIM 数据在设计环节与施工环节实现无缝连接,为各领域的工程人员提供最高效的沟通及工程数据的整合管理流程,帮助减少浪费、提升效率,同时显著减少设计变更。

（2）文件格式

①Navisworks 支持导出格式。Autodesk Navisworks 保存文件格式为 NWD、NWF 和 NWC。

a. NWD 文件格式。NWD 文件包含所有模型几何图形以及特定于 Autodesk Navisworks 的数据,如审阅标记。可以将 NWD 文件看作模型当前状态的快照。NWD 文件非常小,它们可将数据最大压缩为原始大小的 80%。

b. NWF 文件格式。NWF 文件包含指向原始原生文件（在"选择树上"列出）以及特定于 Autodesk Navisworks 数据（如审阅标记）的链接。例如:在模型文件中添加一种新材质后,此文件格式只会将添加材质的操作保存下来,而不会保存任何模型几何图形,这使得 NWF 文件的大小要比 NWD 小很多。

c. NWC 文件格式（缓存文件）。默认情况下,在 Autodesk Navisworks 中打开或添加任何原生文件时,将在原始文件所在的目录中创建一个与原始文件同名但文件扩展名为". nwc"的缓存文件。由于 NWC 文件比原始文件小,因此可以加快对常用文件的访问速度,下次在 Autodesk Navisworks 中打开或附加文件时,将从相应的缓存文件中读取数据。如果缓存文件较旧（这意味着原始文件已更改）,Autodesk Navisworks 将转换已更新文件,并为其创建一个新的缓存文件。

保存 Autodesk Navisworks 文件时,可以在 NWD 和 NWF 文件格式之间进行选择。

②Navisworks 支持导入格式。通常情况下,Navisworks 可以读取多种三维软件生成的数据文件,从而对工程项目进行整合、浏览和审阅,如图 5.1 所示。在 Navisworks 中,不论是 AutoCAD 生成的 dwg 格式,还是 3D Max 生成的 3ds、fbx 格式文件以及其他文件格式的,均可以快速被 Navisworks 读取并整合为单一的 BIM 模型。

```
Navisworks (*.nwd)
Navisworks文件集 (*.nwf)
Navisworks 缓冲 (*.nwc)
3D Studio (*.3ds;*.prj)
PDS (*.dri)
ASCII Laser (*.asc; *.txt)
CATIA (*.model;*.session;*.exp;*.dlv3;*.CATPart;*.CATProduct;*.cgr)
CIS/2 (*.stp)
MicroStation Design (*.dgn;*.prp;*.prw)
DWF (*.dwf; *.dwfx; *.w2d)
Autodesk DWG/DXF (*.dwg;*.dxf)
Faro (*.fls;*.fws;*.iQscan;*.iQmod;*.iQwsp)
FBX (*.fbx)
IFC (*.ifc)
IGES (*.igs;*.iges)
Inventor (*.ipt;*.iam;*.ipj)
JT (*.jt)
Leica (*.pts; *.ptx)
NX (*.prt)
Parasolid Binary (*.x_b)
Adobe PDF (*.pdf)
Pro/ENGINEER (*.prt*;*.asm*;*.g;*.neu*)
Autodesk ReCap (*.rcs;*.rcp)
Revit (*.rvt; *.rfa; *.rte)
Rhino (*.3dm)
RVM (*.rvm)
SAT (*.sat)
SketchUp (*.skp)
SolidWorks (*.prt;*.sldprt;*.asm;*.sldasm)
STEP (*.stp;*.step)

STL (*.stl)
VRML (*.wrl;*.wrz)
所有Navisworks文件(*.nwd;*.nwf;*.nwc)
所有文件(*.*)
Navisworks (*.nwd)
```

图 5.1　文件格式类型界面

2）基本操作

（1）模型导入

启动 Navisworks 后，默认进入空白场景。以自带样例文件为例，如图 5.2 至图 5.4 所示。单击"应用程序"按钮，在弹出的应用程序菜单中选择"打开"→"样例文件"→"Getting Started"，出现 3 个文件，分别是建筑、机电和结构。首先，鼠标左键单击第一个，之后按住 Shift 键，同时鼠标左键单击最后一个，此时 3 个文件同时选中，点击"打开"，完成模型导入。

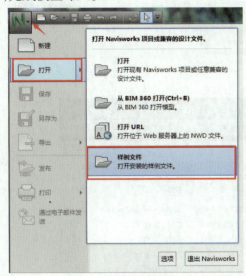

图 5.2　文件打开

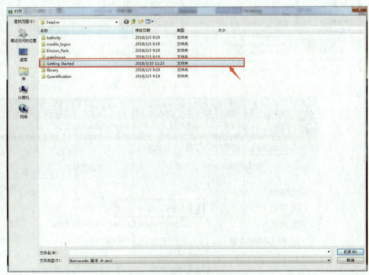

图 5.3　选择样例文件夹

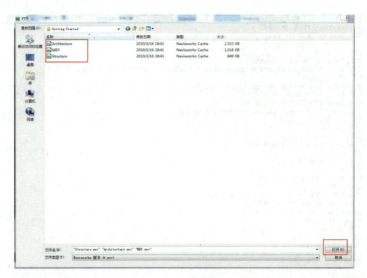

图 5.4　样例文件

需注意的是，如果打开 Getting Started 时，里面内容为空，则需要在桌面软件位置处单击鼠标右键→"打开文件位置"。如图 5.5、图 5.6 所示，在弹出的对话框中单击"Samples"→"Getting Started"，双击出现的 3 个 NWC 格式文件中任意一个，进入场景界面，其他两个文件通过附加的方式进行导入。

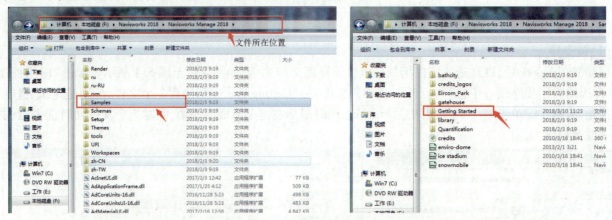

图 5.5　文件所在位置

图 5.6　示例场景

以打开某高速公路项目为例，点击附加按钮打开模型，如图 5.7 所示。

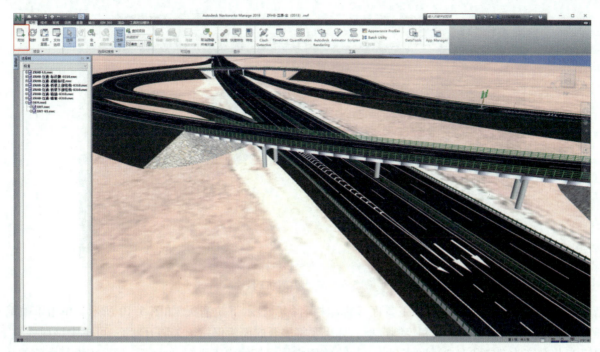

图 5.7　某高速公路互通立交

（2）界面介绍

在 Navisworks 应用界面中，单击选项卡名称，可以在各选项卡中进行切换。每个选项卡都包含一个或多个由各种工具组成的面板，每个面板都会在下方显示名称。单击面板上的工具，可以进行使用。可以在不同的选项卡中切换，熟悉各选项卡中包含的面板和工具，如图 5.8 所示。

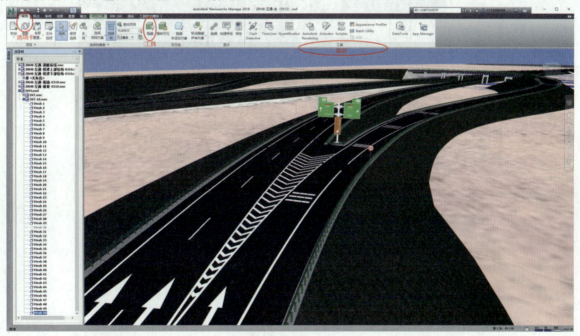

图 5.8　工具面板界面

面板中有其他可用工具时，将在工具图标下方显示下拉按钮，如图 5.9 所示。通过单击下拉按钮打开隐藏工具列表，并单击列表中相应的工具。

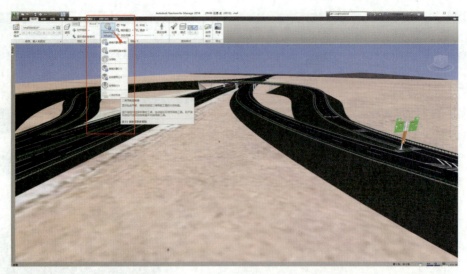

图 5.9 调用隐藏的工具栏

工具面板中存在隐藏工具时,将在工具面板标题栏名称后显示下拉箭头,如图 5.10 所示。单击下拉箭头,可以展开工具面板以查看隐藏的工具和控制选项。如果要将展开的面板保持永久展开状态,可单击该面板左下角的固定按钮 1,将其变为锁定状态 2。此时,Navisworks 将固定该面板使之不再自动隐藏。如果想恢复之前的状态,则再次单击按钮 2 即可恢复隐藏。

(a)视点面板

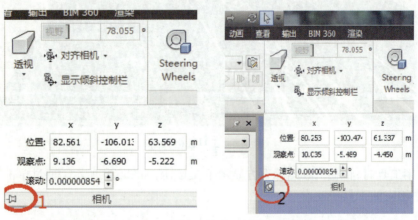

(b)标题栏名称下拉面板   (c)锁定工具面板

图 5.10 固定隐藏工具栏界面

移动鼠标指针到面板的工具按钮上,Navisworks 会弹出当前工具的名称及文字操作说明;如果鼠标指针继续停留在该工具处,系统将显示该工具的详细使用说明,如图 5.11 所示。

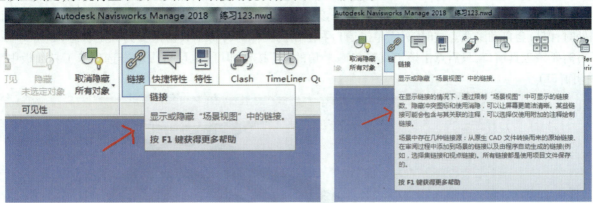

图 5.11　工具帮助说明

在 Navisworks 中选择任意模型对象时,Navisworks 将显示绿色的"项目工具"上下文选项卡。单击切换至该选项卡,如图 5.12 所示。该选项卡显示 Navisworks 中可对所选择图元进行编辑、修改的全部工具,如"变换"面板中提供移动、旋转、缩放等工具(图 5.13)。取消选择模型图元时,"项目工具"选项卡消失。由于该选项卡与所选择的图元有关系,因此将该选项卡称为上下文选项卡。

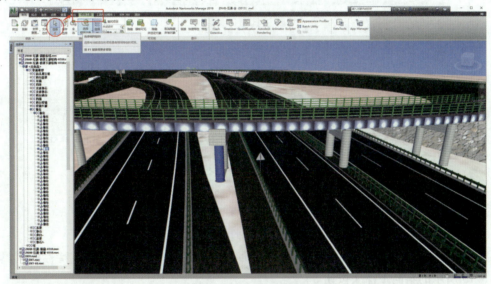

图 5.12　模型构件选择

图 5.13　构件"变换"工具

在 Navisworks 中,各工具窗口具有固定和隐藏两种状态。固定的窗口将一直在界面中显示,而隐藏的工具窗口在界面中只显示名称,如图 5.14 所示。需要单击该工具窗口名称 1 才能显示该工具窗口 2。而鼠标离开该窗口点击别处时,窗口会自动隐藏。这时,只需单击窗口右上角的图标即可将工具窗口变为固定状态,如图 5.14 所示。如果不再需要该工具窗口,只需点击该工具窗口右上角的"×"按钮即可(也可再次单击选项卡工具面板中工具按钮 1,关闭窗口)。

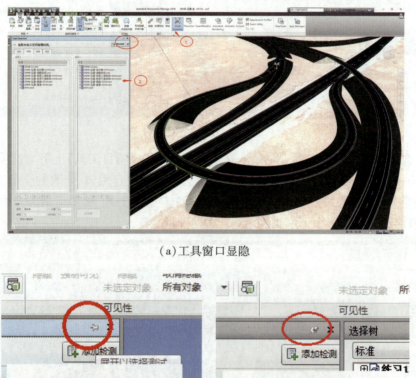

(a)工具窗口显隐

(b)隐藏状态图标   (c)锁定状态图标

图 5.14　视图窗口固定隐藏

Navisworks 还提供通过单击选项卡的方式打开该选项卡的工具窗口。所有具有该特性的工具面板均在名称右侧显示,如图 5.15 所示的斜向下箭头按钮。

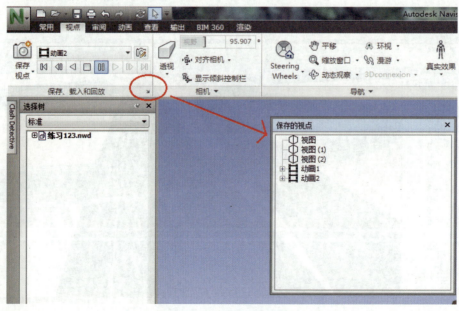

图 5.15　工具窗口界面

（3）视图浏览

在 Navisworks 中整合完成场景模型后，首先要浏览和查看模型。

①显示控制：

a. 背景设置。在场景浏览时，选择合适的背景可以使三维模型显得更加真实。通常，默认情况下显示黑色的背景，读者可以通过背景设置来修改场景中的背景颜色，如图 5.16 所示。在场景界面中，单击鼠标右键→背景，弹出"背景设置"对话框，单击"模式"下拉列表，包括渐变、单色、地平线 3 种颜色背景，也可以根据实际情况进行背景设置。

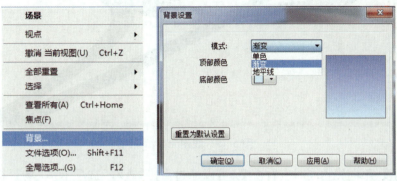

图 5.16　背景设置界面

注意：只有导入文件后，才可进行背景设置。新建空白项目不可进行背景设置，且任何时候单击"重置为默认设置"按钮，均可将改变成原默认状态下的设置。

b. 模型显示。Navisworks 提供多种不同的模型显示控制方式。点击"视点"选项卡→"渲染样式"工具面板中的"模式"下拉菜单，包括完全渲染、着色、隐藏线和线框 4 种不同的形式。另外，还可以控制模型中实体、线、点的显示，如图 5.17 至图 5.19 所示。

图 5.17　工具操作面板

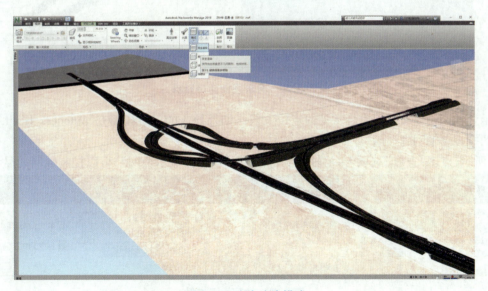

图 5.18　完全渲染模式

图 5.19　线图元显示

如果需要从多个角度、不同视角同时查看模型,可以通过点击"查看"选项卡→"场景视图"工具面板中的"拆分视图"进行视图窗口的拆分,如图 5.20 所示。点击任一窗口空白位置就可激活该视图,可在不同视口对其进行模型显示方式的选择。视图窗口互不影响。单击视口标题右上角的"关闭"按钮可关闭拆分后的视口。

图 5.20　分屏视图窗口显示

c.轴网显示。轴网是建筑工程中最常见的定位方式。如果导入的三维模型是 Autodesk Revit 创建的模型,读者还可以在视图中控制轴网的显示。

如图 5.21 所示,点击"查看"选项卡→"轴网和标高"面板中的"显示轴网",可以控制轴网的显示。

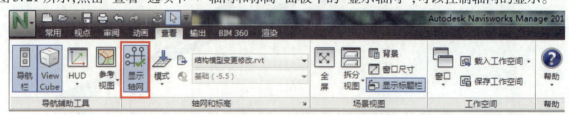

图 5.21　轴网显示工具

如图 5.22 所示,通过点击"查看"选项卡→"轴网和标高"面板中的"模式"下拉列表,选择轴网显示位置。例如,点击"上方",则表示在视点的上方以红色方式显示轴网;点击"下方",则表示在视点的下方以绿色方式显示轴网;如果点击"上方和下方",则表示在上下方都显示轴网。

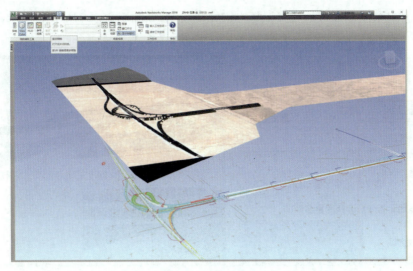

图 5.22　轴网显示

注意:轴网显示颜色的设置,需点击"查看"选项卡"轴网和标高"面板旁黑色下拉箭头,在弹出的"选项编辑器"对话框中进行颜色的编辑(或快捷键 F12),如图 5.23 所示。

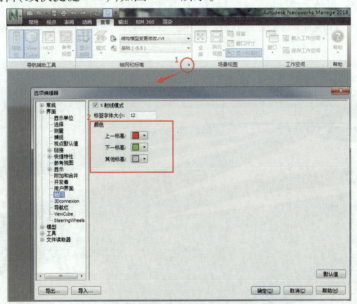

图 5.23　轴网选项编辑器

②导航工具。Navisworks 提供场景缩放、平移、动态观察、漫游等多个导航工具,用于场景中视点控制,从而更加灵活地控制场景视图的显示。

如图 5.24 所示,在"视点"选项卡→"导航"面板中提供多种场景控制工具。

a. 点击"平移"工具,移动鼠标至场景视图中,按住鼠标左键不放,上下左右拖动鼠标放置合适位置,松开鼠标左键,完成平移。

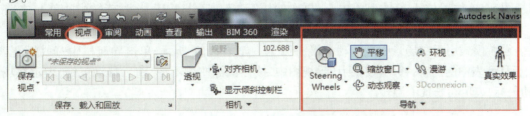

图 5.24　视图工具面板

b. 点击"缩放"工具下拉列表,如图 5.25(a)所示。在列表中以"缩放窗口"为例,点击"缩放窗口",移动鼠标至场景视图中,在需要放大显示的区域内单击并按住鼠标左键作为缩放区域的起点,按住鼠标左键不放,拖动鼠标以对角线的方式绘制范围框,绘制完成后松开鼠标左键完成绘制,如图 5.25(b)所示。Navisworks 将缩放范围框内的模型。

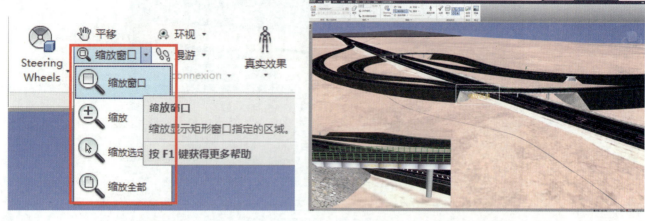

<table>
<tr><td>(a)缩放窗口</td><td>(b)完成绘制</td></tr>
</table>

图 5.25　视图缩放

c. 点击"动态观察"工具,进入场景动态观察模式,上下滑动鼠标滚轴,确定旋转轴心位置,可以根据需要随意变换轴心位置。确定轴心之后,按住鼠标左键不放,上下左右移动鼠标进行模型旋转(动态观察快捷键为 Shift+鼠标左键),如图 5.26 所示。

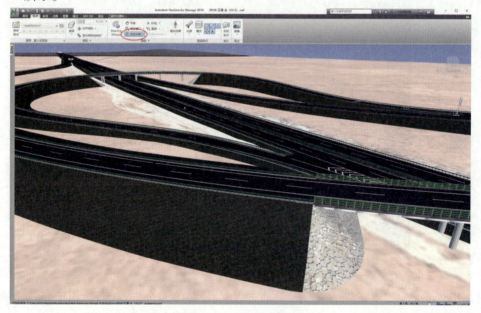

图 5.26　动态观察

注意:轴心位置的确定也可通过"导航"面板中"环视"下拉列表中的"焦点"工具进行,如图 5.27 所示。点击"焦点"工具,鼠标指针变为✛,移动鼠标指针至将要设为轴心的位置,鼠标左键单击该位置,放置焦点,Navisworks 将自动平移视图,使该位置位于场景视图中心,再次使用"动态观察"工具,此时旋转中心就是之前设置的焦点位置。

d. 漫游。漫游模式用于在场景中进行动态漫游浏览。如图 5.27 所示,单击导航栏中"漫游"工具,之后勾选"真实效果"工具列表中的内容,移动鼠标到场景视图中,按住鼠标左键不放,前后移动鼠标,表示在场景中前后行走;左右移动鼠标,表示在场景中旋转。

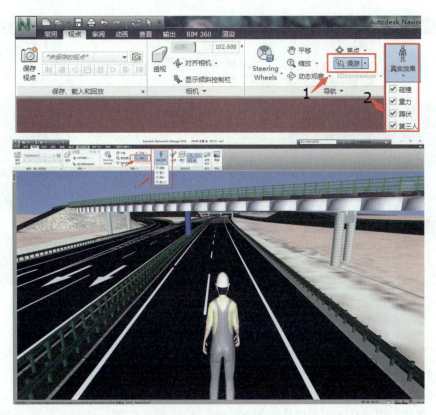

图 5.27 第三人称漫游

注意：

• 如果将"真实效果"下拉列表中的"碰撞""蹲伏"勾选，行走在幕墙图元位置处时，就无法穿越幕墙图元且自动"蹲伏"，以尝试用蹲伏的方式从模型底部通过。如果取消选择"碰撞"，"重力""蹲伏"也会同时取消。

• 使用"平移"工具，也可以调节人物所在楼层位置。

• 勾选"重力"后，由于软件需检测虚拟人物是否落于对象表面，因此会自动勾选"碰撞"。

• 虚拟人物可以通过"编辑当前时点"→设置→建筑工人进行修改，如图 5.28 所示。

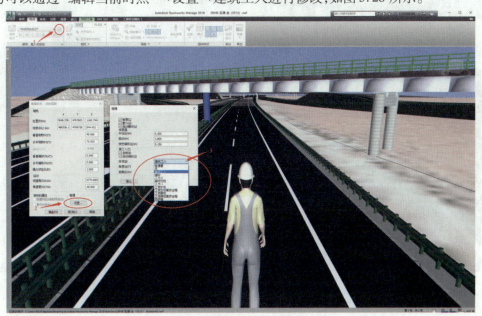

图 5.28 人物选择

e."飞行"功能操作同"漫游"，不同的是在"飞行"状态下，"重力效果"是不可用的。点击"导航"面板黑色倒三角，展开该面板，如图 5.29 所示。可以通过设置"线速度""角速度"来控制漫游时的前进速度和旋转速度。

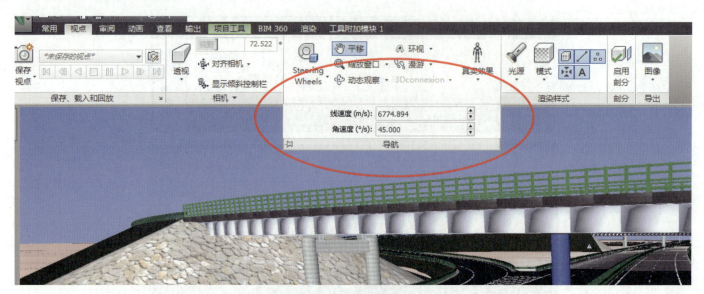

图 5.29　浏览速度设置

（4）视点动画

Navisworks 的视图浏览工具主要用于控制视点的位置,通过视点的调整与修订改变视图的显示状态。Navisworks 的视点分为静态视点和动态视点两类。

视点动画制作时,首先点击"视点"选项卡下的"保存、载入和回放"面板旁的黑色下拉箭头,会出现"保存的视点"菜单栏,然后在菜单栏空白处单击鼠标右键→添加动画→旋转模型位置→在动画位置处单击鼠标右键→保存视点。依次重复以上红色字体部分操作,完成之后,点击播放即可。

①旋转动画制作:

a. 添加动画,如图 5.30 所示。

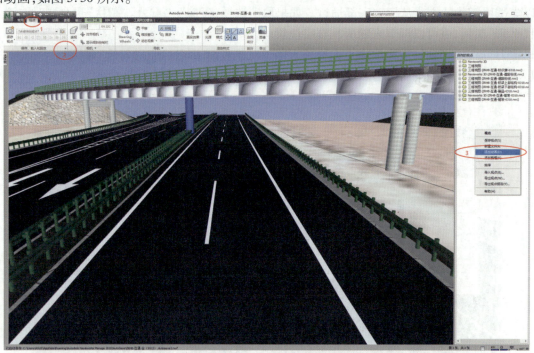

图 5.30　添加动画

b. 旋转模型保存视点,如图 5.31 所示。

图 5.31　旋转模型保存视点

c. 动画播放,如图 5.32 所示。

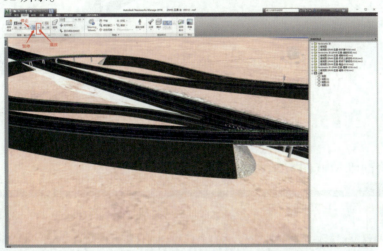

图 5.32　动画播放

在动画位置处,单击鼠标右键→编辑,弹出"编辑动画"对话框,更改动画播放速度,如图 5.33 所示。

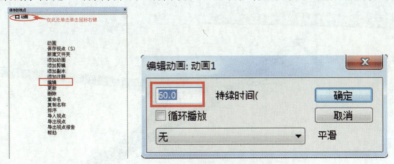

图 5.33　动画播放时间设置

②生长动画制作。该动画制作需要启用"剖分"命令,接下来步骤同上。

a. 点击"视点"选项卡"剖分"面板中的"启用剖分"工具(图 5.34)。

图 5.34　启用部分

b. 进入剖分界面,点击"移动"激活该命令(图5.35)。

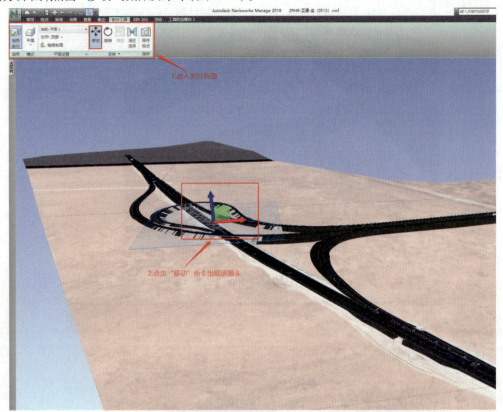

图5.35 激活移动命令

c. 根据实际需要选择剖切方向(图5.36)。

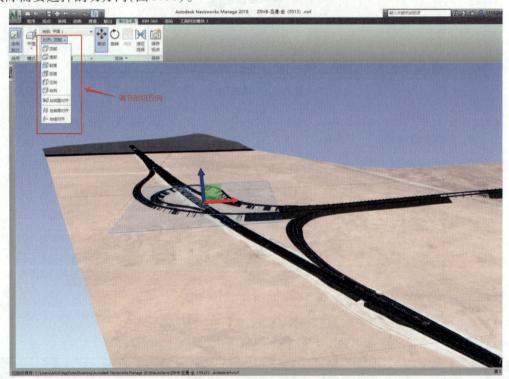

图5.36 选择剖切方向

d. 与视点动画制作一样,空白处右键"添加动画"(图5.37)。

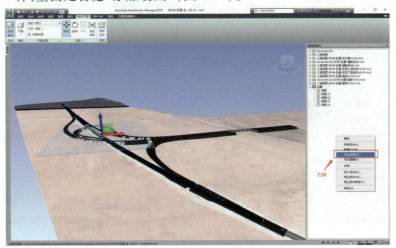

图5.37 添加动画

e. 选取不同位置保存视点(图5.38)。

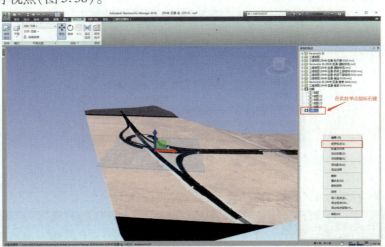

(a)建立视点保存

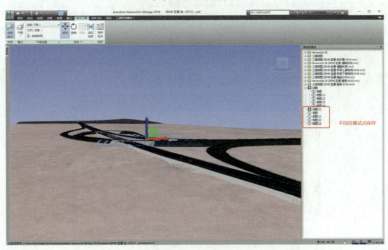

(b)视点位置保存

图5.38 保存视点

f. 动画2播放,点击"视点"选项卡下的播放,如图5.39所示。

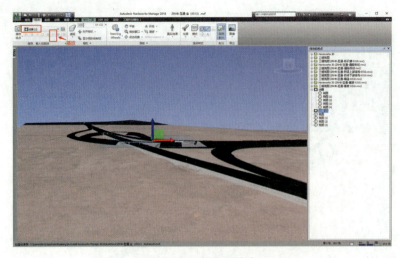

图 5.39　动画 2 播放

③动画导出：

a. 在当前视点选择需要导出的动画（图 5.40）。

图 5.40　选择需导出的动画

b. 点击"输出"选项卡"视觉效果"面板中"动画"工具按钮（图 5.41）。

图 5.41　选择"动画"工具

c. 编辑"导出动画"界面，调整导出格式，点击确定，完成导出（图 5.42）。

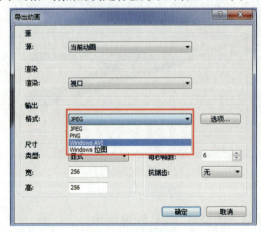

图 5.42　导出画面

3）Animator 动画

"Animator 动画"功能主要用于在场景中制作如"开门""汽车运动"等场景动画,用于增强场景浏览的真实性。Navisworks 提供包括图元、剖面、相机 3 种不同类型的动画形式,用于实现如对象移动、对象旋转、视点位置变化等动画表现。Animator 动画中做的动画称为"对象动画"。

"Animator"所在位置如图 5.43 所示,进入顺序为"常用"选项卡→"工具"面板→"Animator"。

图 5.43　Animator 动画工具

可为场景中的图元添加移动动画,用来表现图元生长、位置变化、吊车移动等动画形式。由于当前场景中未添加任何场景及动画集,因此该面板中绝大多数动画工具灰显。制作动画时,必须首先在"Animator"面板中添加场景,并在场景中添加动画集才可以进行制作。一个场景中可以添加很多个动画集,但最多不超过 5 个,否则容易卡顿。

（1）缩放动画

①打开"Animator",在如图 5.44 中所在位置,单击鼠标右键→添加场景,单击场景 1 可以进行名称修改。

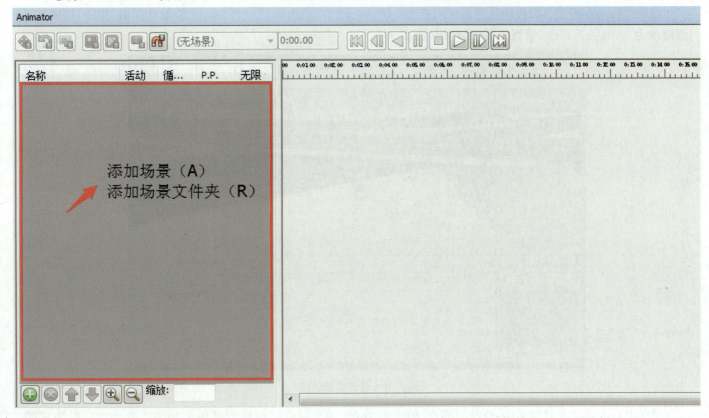

图 5.44　添加动画场景

注意:"Animator"面板中默认禁止使用中文输入法,可以在空白文本中输入中文名称后进行复制、粘贴。

②选中图元,在"Animator"工具面板中,鼠标右键单击步骤①中创建的场景名称一栏,弹出的快捷菜单中选择"添加动画集"→从当前选择,创建动画集(图 5.45)。

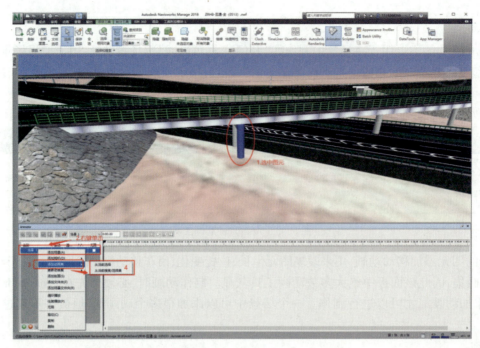

图 5.45　创建动画集

③在"Animator"工具面板确认当前时间点为 0:00.00,选中"动画集 1"一栏,点击"缩放动画集"按钮,将缩放 Z 值修改为"0.01",再点击"捕捉关键帧"按钮(图 5.46)。

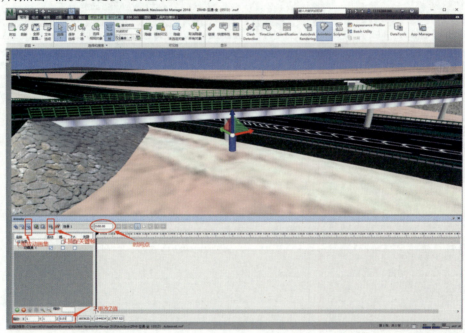

图 5.46　修改缩放参数

④在"Animator"工具面板中,修改时间点,如改为"0:05.00",并同时将缩放 Z 值由"0.01"改为"1"(即恢复图元原有尺寸大小),再次点击捕捉关键帧(图 5.47)。

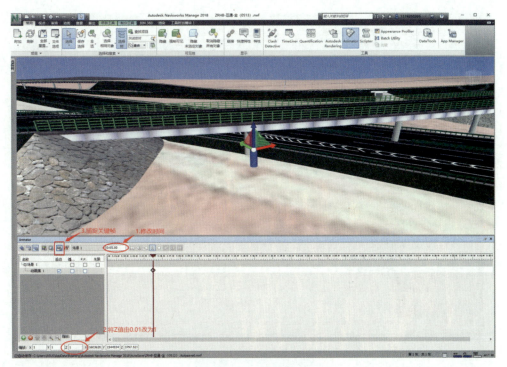

图 5.47 修改缩放参数

⑤用鼠标右键单击动画起始位置的关键帧,在弹出的快捷菜单中选择"编辑",打开"编辑关键帧"对话框,将"CZ"改为"0"。在动画的结束位置做与起始位置同样的操作,完成之后,点击播放按钮。因为默认状态下缩放位置位于桩基础的中部,桩基础动画显示两侧生长,因此,需要将起始位置和结束位置的"CZ"改为"0",这样显示的才是由下至上缩放生长状态。

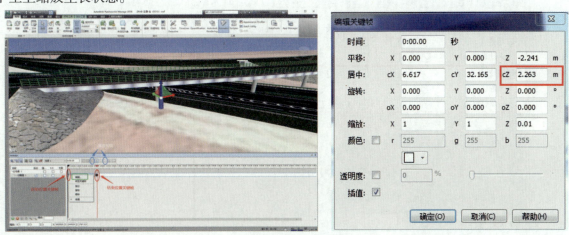

图 5.48 编辑关键帧

(2)平移动画

墩柱平移动画第一、二步操作步骤同缩放动画①、②,即添加场景、添加动画集。

第三步,在"Animator"工具面板,确认当前时间点为"0:00.00",选中"平移动画集"按钮,然后选中"柱平移"一栏,点击"捕捉关键帧"按钮,再将时间点由"0:00.00"改为"0:05.00",最后修改平移坐标器中的 X 值,如将"0"改为"10",单位为"米",再次点击"捕捉关键帧"按钮(图 5.49)。完成操作,点击播放。

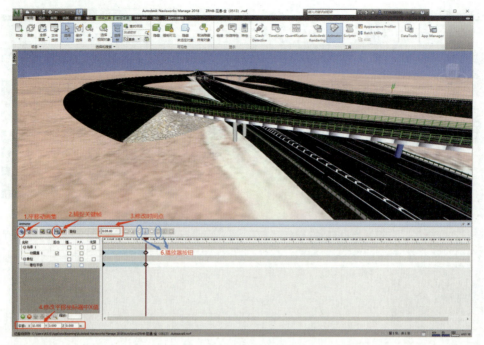

图 5.49　修改平移参数

注意：如果要同时将图元平移与缩放，只需在"场景"下方建立两个动画集，一个控制缩放，一个控制平移，如图 5.50 所示。如果勾选"循环播放"，则表示动画会一直循环播放；如果勾选"P，P"，则表示原动画结束后会再次反向播放动画。

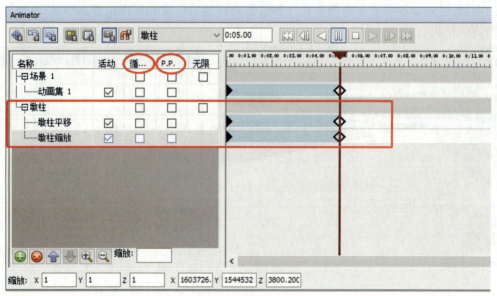

图 5.50　编辑动画集

（3）旋转动画

Navisworks 还提供旋转动画集，可以为场景中的图元添加标志片等图元旋转动画，用来表现图元角度变化、模型旋转展示等。以标志牌的旋转为例，旋转动画步骤如下：

①右键单击空白处，创建场景（图 5.51）。

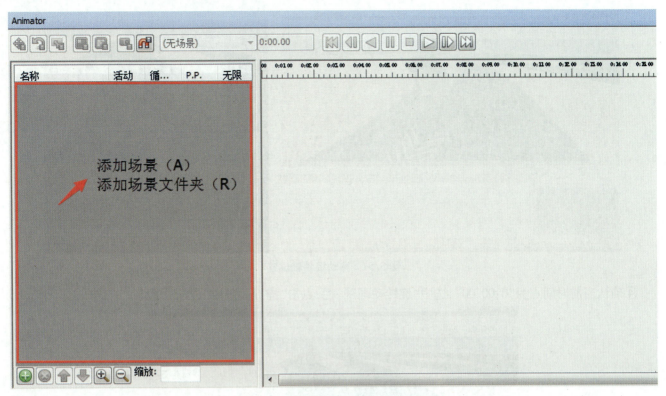

图 5.51　添加动画场景

②选中标志牌图元,鼠标右键单击"杆旋转"场景,在弹出的对话框中选择"添加动画集"(图 5.52)。

需要注意的是,为防止选择标志牌主杆构件时连其他构件一起选中,需设置模型的选取精度。一般情况下,将选取精度设置为最高层级的对象,但对于标志杆旋转来说,需要先将其选取精度设为几何图形,这样就不会连标志牌一起选中(图 5.53)。

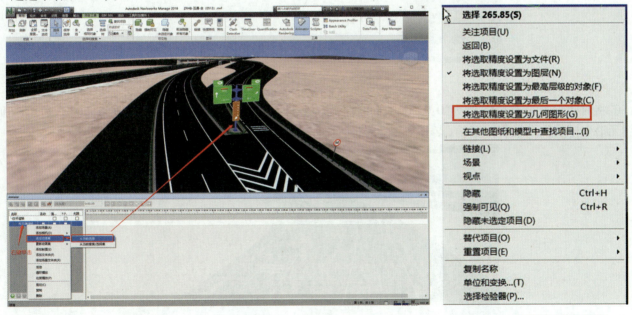

图 5.52　添加动画集　　　　　　　　　　　图 5.53　设置模型选取精度

③在"Animator"工具面板中,点击"旋转动画集"按钮,在场景中会显示一个坐标小控件,默认位于中间位置。需要移动的坐标小控件位于标志牌中心轴位置处(图 5.54)。

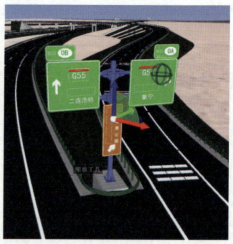

图 5.54　移动控件轴位置

④确认当前时间点为"0:00.00"，选中"旋转动画"一栏，点击"捕捉关键帧"（图 5.55）。

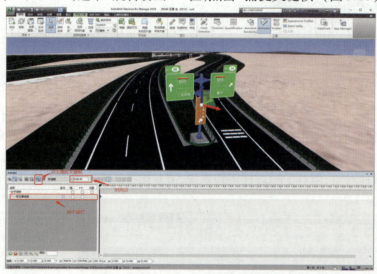

图 5.55　捕捉关键帧

⑤将时间点由"0:00.00"改为"0:05.00"，同时将旋转坐标中的 Z 轴旋转角度由"0°"改为"70°"（表示动画集中图元沿坐标位置 Z 轴旋转 90°），点击"捕捉关键帧"。完成动画编辑，点击播放。

图 5.56　修改旋转角参数

4) Scripter 脚本控制

　　脚本是 Navisworks 中用于控制场景及动画的方法。使用脚本可以使场景展示更为生动。例如,在设置构件旋转的场景动画后,可以通过脚本定义场景漫游,当人物到达或离开构件附近时,构件会自动发生旋转。打开"常用"选项卡→"工具"面板中的"脚本"(图 5.57)。

图 5.57　Scripter 脚本工具

　　①以标志牌旋转为例,进入到脚本界面中,包括脚本、事件、操作、特性四大块。在脚本模块空白处单击鼠标右键,在弹出的快捷菜单中选择"添加新脚本"并做相应的命名(图 5.58)。

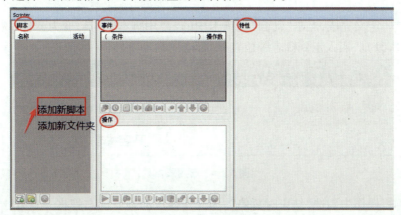

图 5.58　添加新脚本

　　②脚本添加完成后,在"事件"模块空白处,点击下方触发类型,添加事件。以"热点触发"为例,点击下方菜单栏"热点触发",条件空白处出现"热点触发"事件,在特性一栏中,根据实际情况,需修改触发时间,拾取坐标位置并修改相应半径。以标志牌旋转为例,触发时间为进入,在标志牌附近拾取位置,修改半径为"2 米"(图 5.59)。

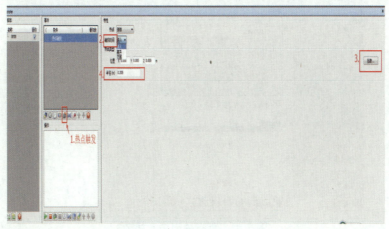

图 5.59　添加热点触发

　　③在"操作"模块,点击下方显示栏中"播放动画",添加此操作,在特性模块中,选择动画为旋转动画,勾选"结束时暂停",设置开始时间为"开始",结束时间为"结束"(图 5.60)。

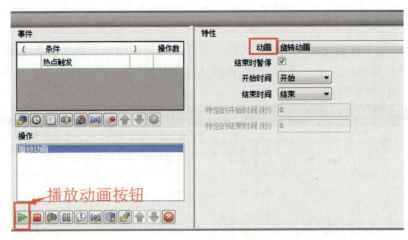

图 5.60　选择旋转动画

④"标志牌动画脚本"定义完成,点击"动画"选项卡中的"启用脚本"工具,变为蓝色,说明在场景中激活脚本,之后开启漫游功能(图 5.61)。当人走到标志牌位置处,标志牌自动旋转。

图 5.61　启用脚本

⑤由于在"播放动画"操作中勾选"结束时暂停",因此在播放动画后标志牌将一直处于播放状态,需要继续修改脚本。在"动画"选项卡"脚本"面板中,将"启用脚本"关闭,灰显状态即为关闭,则此时 Scripter 处于可编辑状态。

点击"操作"模块中"暂停"按钮,在特性中将延迟时间修改为"5 秒",即激活脚本时间后将暂停 5 秒再执行后续操作(图 5.62)。

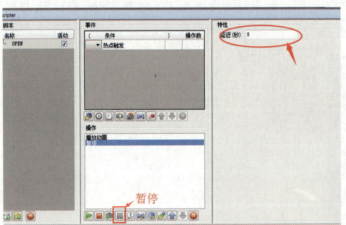

图 5.62　延迟关闭脚本状态

注意:在特性中的"延迟时间"与"所选动画播放时间"有关系。当"延迟时间"比"动画播放时间"长时,门开启动作执行停留几秒后再次执行门关闭动作;当"延迟时间"比"动画播放时间"短或相等时,门开启动作跟门关闭动作中间没有停顿时间。

⑥继续单击"播放动画"按钮,添加播放动画操作,在"特性"模块中,选择动画为"旋转动画",勾选"结束时暂停",设置开始时间为"结束",结束时间为"开始"(图 5.63)。

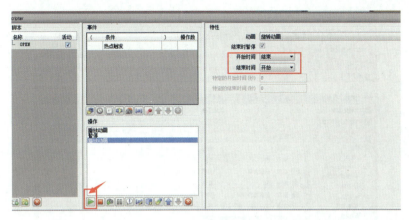

图 5.63　添加动画脚本

⑦再次激活脚本,开启"漫游",方法同上。

5）Autodesk Rendering 材质贴图、渲染

在 Autodesk Rendering 中进行渲染表现之前,首先需要为场景中的图元设置正确的材质。Navisworks 导入 Revit 创建的场景时,在 Revit 中设置的图元材质信息会随图元一并导入 Navisworks。因此,Navisworks 可根据需要在场景中修改材质。

（1）材质添加

①在"选项卡"工具面板中点击"Autodesk Rendering"选项,在 Navisworks 中将显示"Autodesk Rendering"工具窗口,如图 5.64 所示。

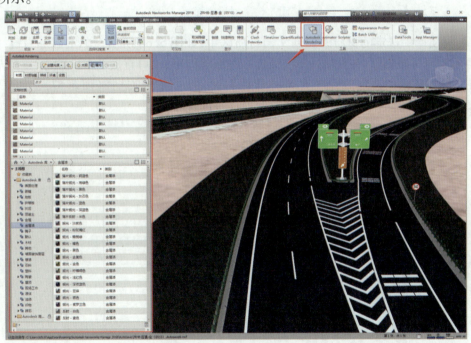

图 5.64　材质添加窗口

如图 5.65 所示,在 Autodesk Rendering 工具窗口面板中,切换至"材质"一栏。该面板主要分为 3 个区域:灯光控制区、文档材质区、Autodesk 材质库(图 5.65)。

图 5.65　材质库面板

②将 Autodesk 材质库中选定的材质添加到文档材质区中,如图 5.66 所示。单击鼠标右键,添加到文档材质(如将文档材质中不需要材质删除,在材质处单击鼠标右键删除即可,也可直接 Delete 删除)。然后,选定需要附材质的模型图元,在文档材质区中选定一种材质,单击鼠标右键,指定给当前选择(图 5.67)。如果需要对附加材质的图元进行还原,需选中该图元,单击鼠标右键→重置项目→重置外观。

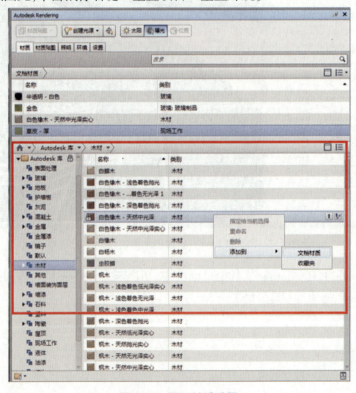

图 5.66　图元材质重置

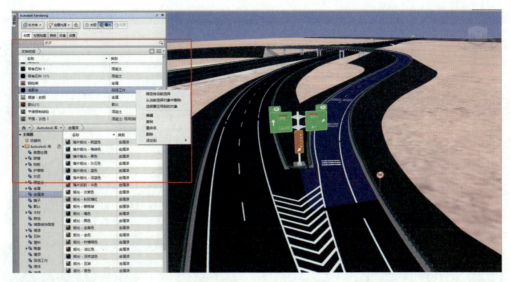

图 5.67　材质更新面板

③材质编辑。可以对所添加的材质进行编辑和替换,如图 5.68 所示。双击文档材质中某一材质,弹出"材质编辑器"对话框。该对话框中显示材质的详细情况。可以对材质的名称、颜色、纹理显示等参数进行设置(图 5.69)。注意:纹理编辑器中,亮度设置越高,在使用该贴图时,材质显示越亮;样例尺寸设置得越大,该材质在对象中显示越大。例如,对材质的外观进行贴图选择与替换[步骤为在"材质编辑器"中双击英文字母(或双击图像进入纹理编辑器,双击"源"),进入系统 C 盘→Program Files(X86)→Common Files→Autodesk Shared→Materials→Textures→2→Mats]。

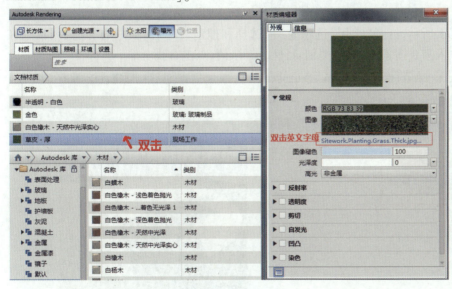

图 5.68　材质编辑

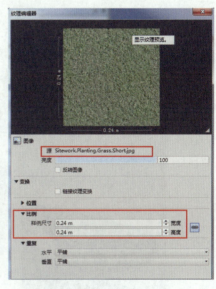

图 5.69　贴图纹理设置

④附材质时,如果单个指定,效率会大大降低,因此,可以将需要附相同材质的图元全部选定,统一附材质。其方法有两种:第一种方法是打开"常用"选项卡→"选择和搜索"工具面板中的"选择树",在选择树界面中,按住 Ctrl键,将相同材质的图元全部选中,然后打开材料库,在文档材质一栏中选中材质,单击右键指定给当前选择即可(图5.70)。

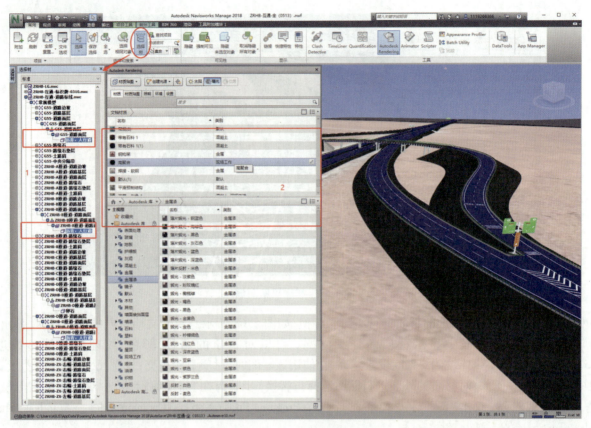

图 5.70　多构件材质批量选择

第二种方法是查找项目。如图 5.71 所示，打开"常用"选项卡→"选择和搜索"工具面板中的"查找项目"，在查找项目工具面板中选择搜索范围，填入需要搜索的条件：类别、特性、条件、值，点击查找全部。

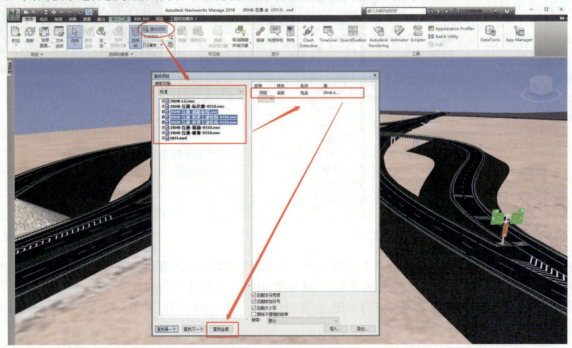

图 5.71　项目查找

以桥梁为例，首先选中桥梁，打开"常用"选项卡→"显示"工具面板中的"特性"，然后点击"查找项目"。将"特性"中的内容对应输入"查找项目"列表中，如图 5.72 所示，类别对应①栏中项目；特性对应②栏中名称；条件为包含，值对应的为③栏中"LW Concrete on"。最后点击查找（图 5.73）。

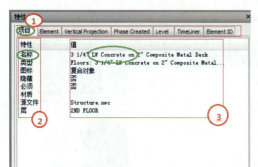

图 5.72　构件特性设置

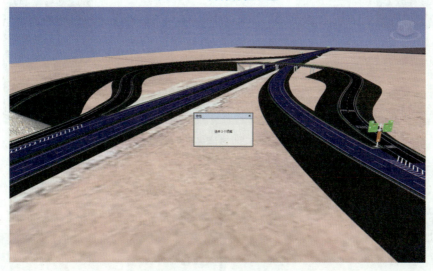

图 5.73　查找结果

　　需要注意的是,图元显示类型设置的不同会导致"特性"内容详细程度的不同。一般将图元的选择对象设置为最高级的对象,显示的才是当前 Revit 中所有参数(步骤:选中楼板→单击鼠标右键→将选取精度设置为最高级的对象即可)。

　　⑤过滤条件的导出与导入。在一个项目中,根据需要,在"查找项目"中设置过滤条件,对于下一个项目中相同条件的,可以进行"过滤条件"导出,如图 5.74、图 5.75 所示。导出 xml 格式的文件,然后新建一个项目,在"查找项目"工具列表中点击导入即可,不用重复输入,如图 5.76 所示。

图 5.74　条件设置

图 5.75 "过滤条件"导出

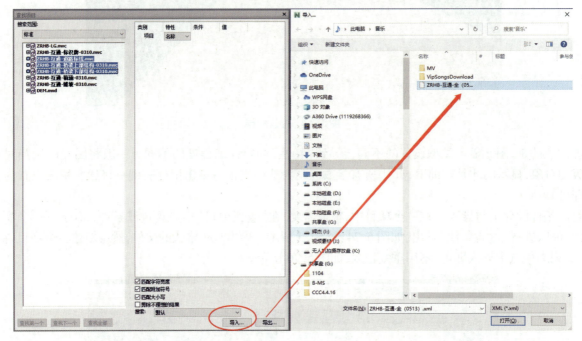

图 5.76 xml 格式文件导入

(2)管理搜索集

①搜索集的创建。过滤条件太多时,不宜导出保存成多个文件再导入,因此,用到另一个工具"集合",如图 5.77 所示。步骤如下:

a.进行"查找项目",将过滤条件输入,查找全部。

b.点击"常用"选项卡→"选择和搜索"面板中的"集合",打开"集合"下拉中的"管理集"。进入到管理集界面中,将鼠标放到空白处,单击鼠标右键,点击保存搜索。

如果需要具体互通立交的桥墩,则需要在原有条件下再加入一个条件。完成搜索后,在"集合"工具面板中,点击保存搜索。同时存在多个过滤条件时,需要确认两者之间的关系,过滤条件默认同时存在,如图 5.78 所示。

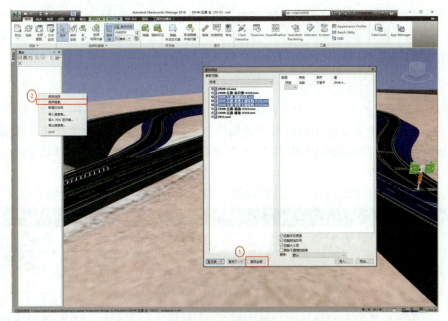

图 5.77　创建搜索集

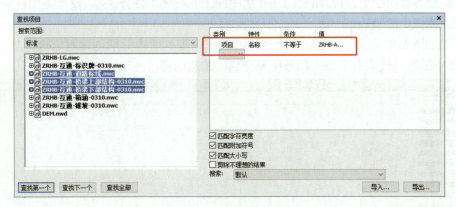

图 5.78　条件设定

注意:保存选择是指保存当前所选择的所有对象;保存搜索是指保存当前的搜索条件。两者的不同之处在于,如果当前项目模型更新后,如新增两个构件,"保存选择"不会将新增的构件进行保存,而"保存搜索"会将新增的构件一起选中。因此,一般选择"保存搜索"。

②导出、导入搜索集。创建多个搜索集后,"集合"工具面板中显示在该场景文件中保存的集合,可以将需要的搜索集右键进行导出,保存为 xml 格式文件。然后再新打开一个项目,在"集合"→"管理集"中,右键导入搜索集即可,如图 5.79 所示。

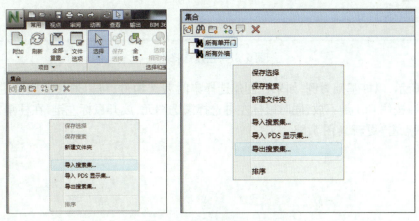

图 5.79　搜索集导入、导出

Navisworks 通过搜索集文件以便于在不同项目间共享相同条件的搜索集设置。搜索集是通过过滤某些特定对象,方便、快速地为其添加材质,同时也为后期创建施工进度模拟做基础的准备工作。

5.1.2　Navisworks 应用场景

1)TimeLiner 施工进度模拟

Timeliner 模块用于在场景中定义施工时间节点周期信息,并根据所定义的施工任务生成施工过程模拟动画。因为在三维场景添加时间信息,使得场景由 3D 信息升级为 4D 信息,因此施工过程模拟动画又称为 4D 模拟动画。

（1）施工进度模拟基本操作

如图 5.80 所示,单击"常用"选项卡→"工具"面板→"Timeliner",将打开该工具窗口。

图 5.80　Timeliner 工具

定义施工模拟动画所需的全部内容包括制订施工任务,设置施工任务的计划开始及结束时间、实际开始及结束时间、人工费、材料费等费用信息,并将指定的选择集中的图元与施工任务关联,设置施工任务的任务类型,以明确各任务在施工动画模拟中的表现。

①创建选择集。如图 5.81 所示,根据桩基础、承台、墩柱等基本结构分别创建对应选择集。要确保选择集正确,因为每个选择集中的图元代表每个施工任务中要完成的建造内容。

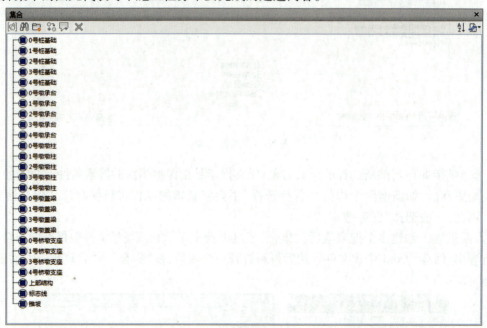

图 5.81　创建选择集

注意:如图 5.82 所示,以桩基础为例,如果在创建选择集时漏选构件,可以通过此方法进行添加。操作步骤:选中已创建好的集合→按住 Ctrl 键不放,同时鼠标左键选择漏选图元,放开鼠标左键,在柱集合位置处单击鼠标右键,在弹出的对话框中点击"更新"（图 5.83）。

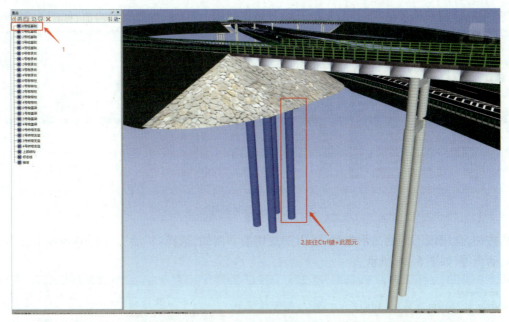

图 5.82　创建桩基础集合

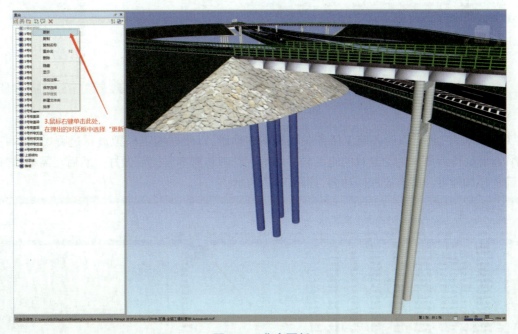

图 5.83　集合更新

②创建施工任务。如图 5.84 所示,根据对应的选择集,在"Timeliner"工具窗口中"任务"选项卡状态下,单击鼠标右键→自动添加任务→针对每个集合,施工任务创建完成。

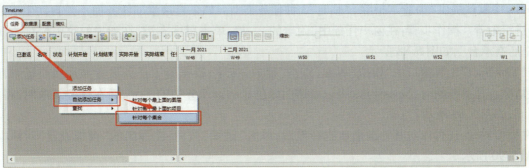

图 5.84　创建施工任务

③修改任务中的计划开始及结束时间、实际开始及结束时间,将任务类型改为构造,如图 5.85 所示。

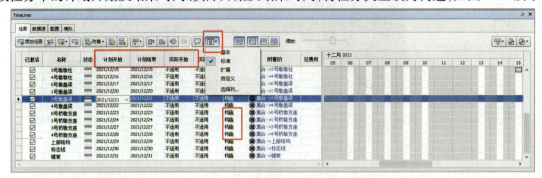

图 5.85　任务时间修改

点击"列"按钮,会出现不同的显示类型,可以随意切换。例如,选择"扩展",在任务列表中就会出现人、材、机费用以及脚本、动画等,如图 5.86 所示。

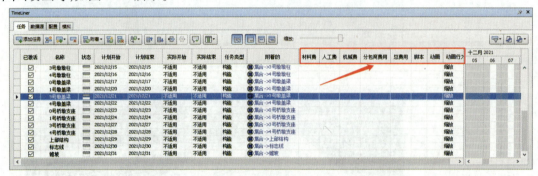

图 5.86　扩展显示界面

注意:在 Timeliner 中,还可以为各施工任务关联脚本和动画,以便在施工模拟显示过程中显示各任务的同时触发脚本或播放动画,得到更加生动逼真的施工动画展示。动画和脚本需提前做好。然后在需要添加动画的位置处,点击下拉箭头添加即可。脚本添加同动画,如图 5.87 所示。

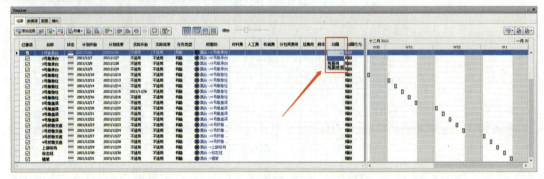

图 5.87　脚本动画添加

Navisworks 中默认提供"构造""拆除""临时"3 种任务类型。如果直接添加任务而不是自动生成的,则需要将任务与集合进行附着。操作步骤:在窗户任务中"附着的"一栏,单击鼠标右键,在弹出的菜单栏对话框中选择"附着集合"→"所有承台",如图 5.88 所示。

④点击"Timeliner"工具窗口中"模拟"界面,点击"播放"按钮,根据施工任务设置显示当前场景,可以预览施工任务进展情况。任务开始时,Navisworks 将以半透明绿色显示该任务中的图元,而在任务结束时,将以模型颜色显示任务图元,如图 5.89 所示。

注意:在模拟界面,还可以对其动画播放进行设置,单击"设置"按钮,在弹出的"模拟设置"对话框中,对其进行修改,如图 5.90 所示。

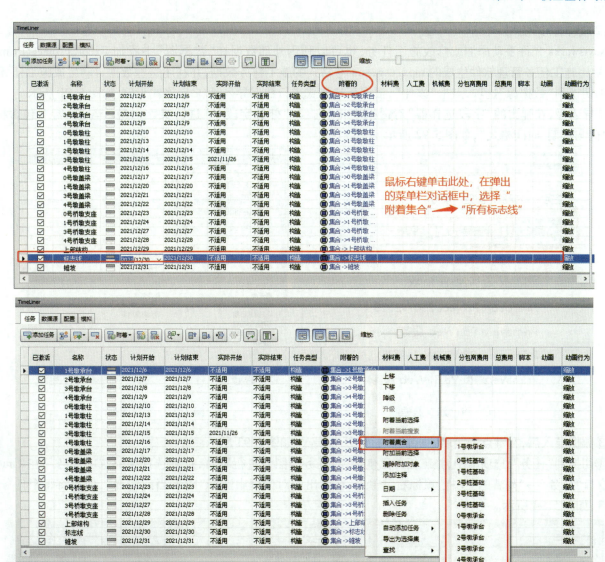

图 5.88　附着集合面

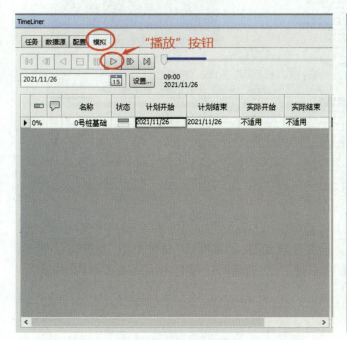

图 5.89　模拟动画播放

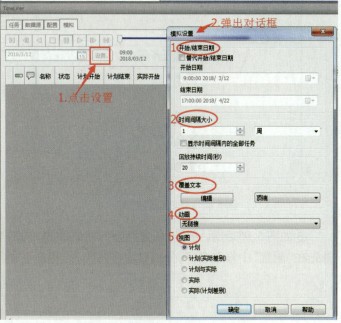

图 5.90　播放设置

（2）数据源的使用

Navisworks 允许手动添加或修改施工任务，也可以利用外部数据在"数据源"中添加 Excel、Project、Primavera P6 等常用施工任务管理软件生成的 mpx、csv、xml 等格式的施工任务数据，并利用这些数据自动生成施工任务。

①切换到"数据源"选项，点击"添加"，根据所选格式进行数据导入，以 csv 格式为例，如图 5.91 所示。

②导入后，在弹出的"字段选择器"对话框中将"列"与"外部字段名"进行文字对应。勾选"行 1 包含标题""自动检测日期/时间格式"，如图 5.92 所示。

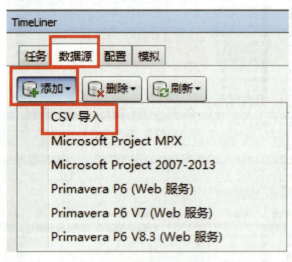
图 5.91 添加数据源

图 5.92 字段选择

③数据导入后，右键点击"新数据源"→重建任务层次，如图 5.93 所示。

④切换到"任务"选项卡中，施工任务已生成，将任务与图元进行附着，打开选择树→选中任务→在 Timeliner 工具窗口"任务"→"附着的"一栏，鼠标右键单击，在弹出的对话框中选择"附着当前选择"，依次将每个任务都进行附着，如图 5.94 所示。

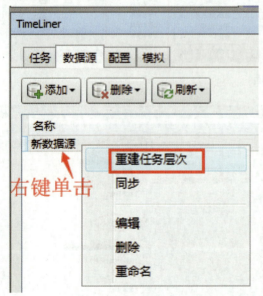

图 5.93 重建任务层次

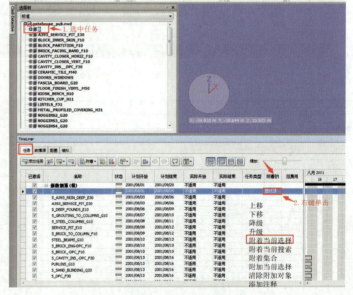
图 5.94 任务附着面

⑤如图 5.95 所示，选择"任务类型"，将其改为"构造"。需要注意的是，如果默认"任务类型"为英文状态，则需先在"配置"中修改名字，分别对应将其改为"构造""拆除""临时"。然后返回任务中，将任务类型改为"构造"。

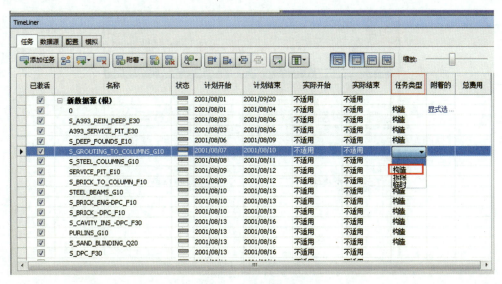

图 5.95　更改任务类型

⑥切换到"模拟"选项卡，播放视频。需要注意的是，如果播放按钮处于灰显状态，则需修改设置中视图一栏中的条件，默认状态为"实际"，将实际修改为计划，如图 5.96 所示。

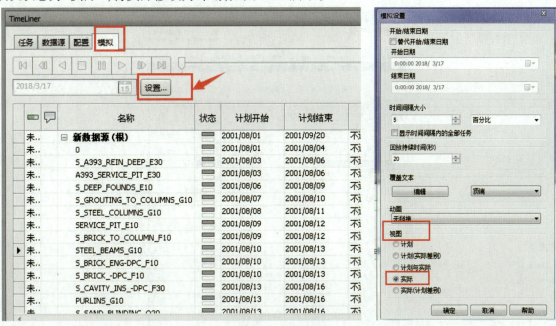

图 5.96　模拟设置

2）Clash Detective 碰撞检查

①点击"常用"选项卡→"工具"面板→ "Clash Dective"，打开碰撞检查工具窗口（图 5.97）。

图 5.97　打开碰撞检查工具

②在"Clash Dectieve"工具窗口中，首先需要添加检测，才能激活界面。默认为"测试 1"，以风和结构碰撞为例，双击"测试 1"修改名称为 "风 VS 结构"（图 5.98）。

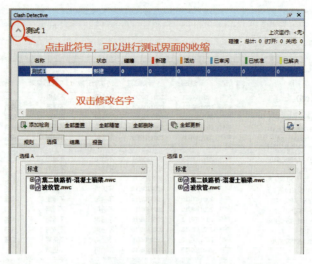

图 5.98　修改名称

③任何一个碰撞检查项目都必须指定两组参与检测的图元选择集。在"选择 A"和"选择 B"中，分别选择需要参与碰撞的箱梁钢筋和波纹管，并确保"曲面"处于激活状态。选择碰撞类型为"硬碰撞"。点击"运行检测"，完成（图 5.99）。

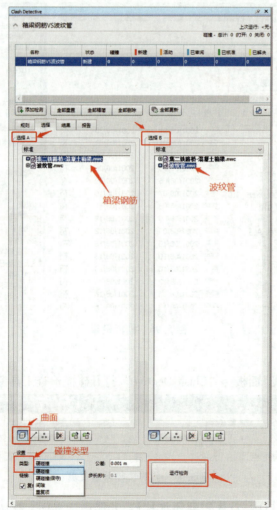

图 5.99　运行检测

注意：

a. Revit 模型导入到 Navisworks 中，都以曲面形式展现，而不是实体展示。如果将曲面关掉，则模型显示为空白。因为 Navisworks 中模型都以面的形式展示。

b.Navisworks 中,提供 4 种碰撞检测方式,分别是硬碰撞、硬碰撞(保守)、间隙和重复项。常用的是"硬碰撞""间隙碰撞":硬碰撞是指两个模型图元发生实体接触的碰撞;间隙碰撞是指未发生空间接触的两个模型图元之间的间距是否满足要求,小于指定间距的图元视为碰撞。

c.对于"选择 A"中,选择树的显示方式有标准、紧凑、特性、集合 4 种,一般选择"标准"(图 5.100)。

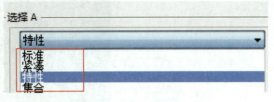

图 5.100 选择树

d. 运行完成后,Navisworks 将自动切换至"Clash Dective"的"结果"选项卡,显示碰撞结果(图 5.101)。

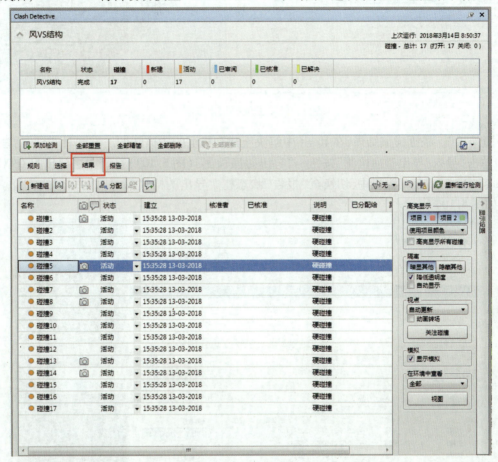

图 5.101 显示碰撞结果

e.单击任意碰撞结果,Navisworks 将自动切换至该视图,以查看图元碰撞的情况(图 5.102)。"高亮显示"中可以调整图元显示情况,一般情况下使用项目 1(红色)、项目 2(绿色)。"隔离"中可以调整其他未选中图元的显示状态,"暗显其他"是指将未选中图元以线框模式显示,"隐藏其他"是指将未选中图元进行隐藏,视图中不再显示。"视点"中有 3 种视点显示方式,一般默认为自动更新。Navisworks 会自动为每个碰撞创建一个视点,方便观察碰撞检测的结果。需注意的是,该视点位置不会保存在"视点"工具窗口。

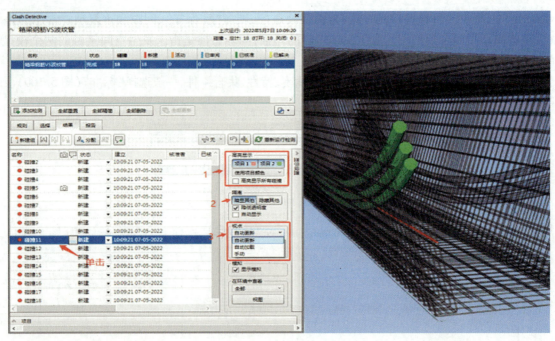

图 5.102　图元碰撞点查看

f. 导出"碰撞结果"。根据碰撞结果,在 Revit 中解决土建和机电的碰撞问题。有两种方法:方法一是在"Clash Dective"列表中单击"导入／导出碰撞检测"按钮→"导出碰撞检测"(图 5.103)。该方法导出只有 XML 一种格式。方法二是在"Clash Dective"工具窗口中,切换至"报告"状态栏。导出的格式都可以网页形式打开,一般为"HTML(表格)"格式,如图 5.104 所示。

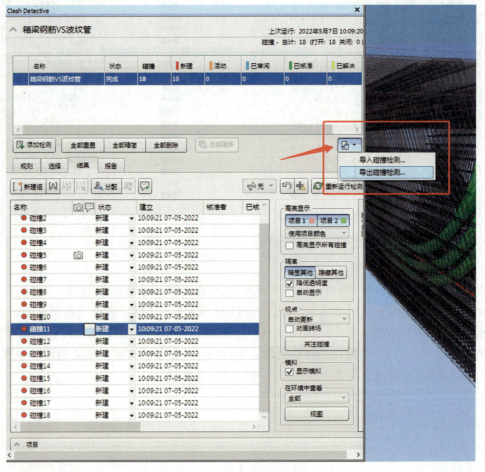

图 5.103　导出碰撞检测

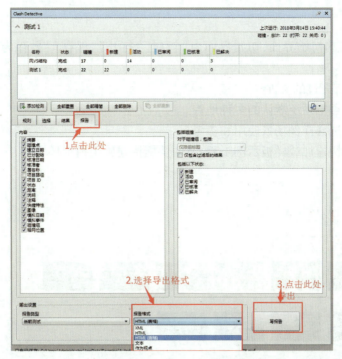

图 5.104　导出 HTML 表格

5.2　施工模拟

随着 BIM 技术的发展与应用,在三维模型建立后,都会用模拟动画的形式展示施工方案流程、做施工方案可视化评审、质量安全交底等。用施工模拟动画做方案交底可以让管理人员和施工人员更清晰地了解施工作业的重点和难点,理解工艺流程。通过对复杂情况的预判,可以及时调整施工部署。

5.2.1　BIM-FILM 基础知识

BIM-FILM 虚拟施工系统是一款利用 BIM 技术结合游戏级引擎技术,能够快速制作建设工程 BIM 施工动画的国产可视化工具系统(以下简称"BIM-FILM"),可用于建设工程领域招投标技术方案可视化展示、施工方案评审可视化展示、施工安全技术可视化交底、教育培训课程制作等领域,其简洁的界面、丰富的素材库、内置的可定义动画、实时渲染输出等功能,使系统具备易学性、易用性、专业性的特点。

1) BIM-FILM 2.0

进入软件初始登录界面,输入个人账号和密码即可登录(图 5.105)。

图 5.105　BIM-FILM 登录界面

2）初始界面

BIM-FILM 登录后,进入其初始界面,初始界面由"新建""打开""保存""另存为""退出"五大部分组成(图5.106)。

①最近打开:显示最近打开过的文件。

②新建-地貌:可以选择点击系统默认的多种地貌。

③新建-样例场景:可以选择样例场景使用和参考。

④新建-样板工程:可以快速加载样板示例工程,方便快捷搭建施工模拟环境。

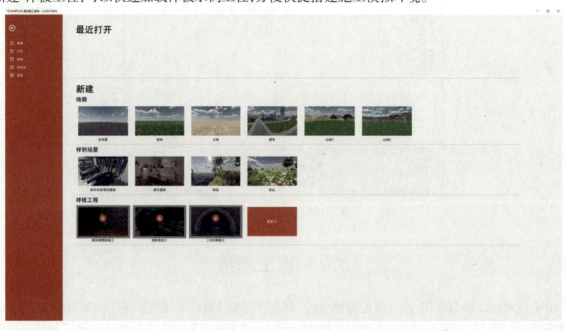

图5.106 BIM-FILM 初始界面

⑤新建-更多:可以跳转到 BIM-FILM 系统的网页平台"BIM 秀秀网",其中包含所有使用用户上传的模型族库、模拟动画库、动画脚本库以及360°全景制作(图5.107)。

图5.107 BIM 秀秀网

3）工作界面

点击"新建"按钮,新建一个地貌为土地的项目,进入 BIM-FILM 的工作界面,如图 5.108 所示。BIM-FILM 的工作界面(UI)由 5 个主要功能区组成。

①菜单栏和工具栏:菜单栏中包含地形地貌编辑、施工部署模拟、环境部署、成果输出及实验功能等功主要基本功能。

②素材列表:模拟素材族库浏览,默认情况下库中显示为基本体构件。软件提供的 BIM 模型库里包含工程项目中的人、材、机、具、构件、节点、案例等模型,基本可以满足施工现场制作施工模拟动画的要求,如图 5.109 所示。

③动画列表:添加机械、人物、模型的动作关键帧,模拟的时间轴以及动画帧属性。内置动画包括相机、音频、节点、显隐、位移、旋转、缩放、自转、环绕、跟随、闪烁、透明、颜色、剖切,组合使用这些动画就可以模拟出真实的人员、机械工作过程。同时,族库中大部分人物、机械有标准的内置动画和自定义动画,使用关键帧即可完成动画的制作。

④资源列表:导入场景的模型、人物、机械等资源的列表。

⑤属性面板:查看所选构件的属性,修改构件信息、材质及物理参数。

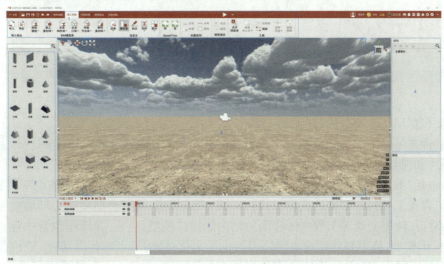

图 5.108　BIM-FILM 工作面板

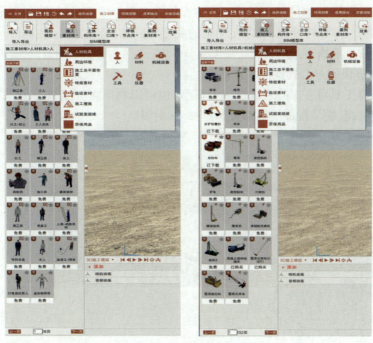

图 5.109　BIM-FILM 素材库

（1）地形地貌

对菜单栏中的工具进一步解释，如图 5.110 所示。地形地貌共有以下 5 部分内容：

①创建：有地形和海洋两个功能，可以快速构建不同类型地貌特征的地面。

②操作：对所创建的地形可进行删除、移动、隐藏。

③地貌：可以利用笔刷工具快速描绘出同一地面不同类型的多种地貌，以及创建大量树木和花草、布置自然环境（图 5.111）。

④编辑：对已创建的地面进行局部高度编辑，也可以通过设定地形标高准确调整，快速构建地形起伏。

⑤笔刷：使用不同范围和力度的笔刷工具实现以上功能的编辑。

图 5.110　BIM-FILM 地形地貌

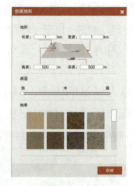

图 5.111　地形地貌类型

（2）施工部署

施工部署中主要包括以下 7 部分内容（图 5.112）：

①导入导出。软件支持导入多种软件模型格式，目前支持的模型格式有 dae、fbx、obj、3ds、skp、ifc 等主流软件格式，也支持导入图片和视频文件。

②BIM 模型库：包括"我的模型""施工素材库""主体构件库""企业 CI 库""样板节点库""案例素材库"6 个模块。施工素材库中包含施工项目中丰富的人物、材料、机械、措施模型、临建模型和周边环境模型；主体构件库中包含房建、市政、道桥、隧道、轨道交通等工程主体和围护结构的构件模型；企业 CI 库中包含中建、中交、中铁、中铁建 4 大建筑央企的 CI 标识模型，能更好地展现集团公司的企业文化；样板节点库包含房建、道桥、隧道工程中的施工构造节点模型，可直接作为施工工艺交底模型；案例素材库包含房建、古建、道桥、轨道交通等工程的实际项目案例模型等。

③自定义：包括施工动画的特效素材里，还有不少工程作业场景中常用的特效，如浇水、混凝土浇筑、电焊焊接等效果，让场景显得更生动；三维标注功能，可以在动画的关键时间和关键位置标注构件尺寸、放置模型文字、注释标高、角度等信息，将重要信息准确表达出来。

④SpeedTree。动态植被快速点击放置树木和草坪。

⑤布置排列。使用布置工具可一次阵列放置多个模型，也可以利用对齐工具沿着某一方向快速对齐模型，使用组合命令可将多个模型编组，便于批量模型布置和添加动画操作。

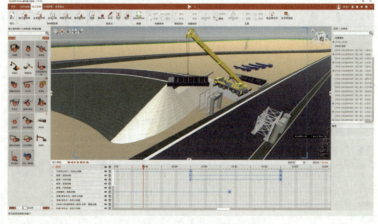

图 5.112　施工部署

⑥模型组合。可以将模型批量组合、拆分,更便捷地添加动画。

⑦工具。可以利用语音合成工具来制作配音讲解音频,再将音频添加到动画里,用来转语音的文字并生成字幕,与配音自动对齐,一步到位,不需要后期再添加。

（3）环境部署

BIM-FILM 还可以真实模拟一天各时间点的日光照射变化,还原多种天气情况及风向、风力,基本满足施工模拟天气还原的需求,如图 5.113 所示。

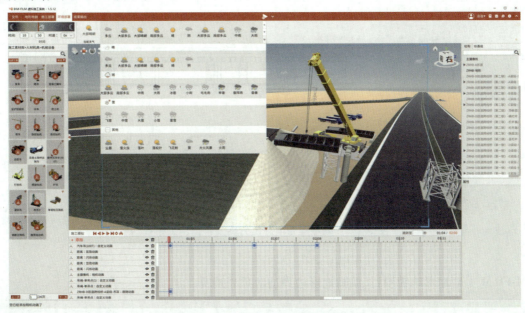

图 5.113　环境部署

（4）成果输出

BIM-FILM 使用游戏引擎,实时渲染,可以快速输出 4K 效果图。视频输出还可以选择输出类型为 2D、360°全景视频以及分辨率和帧率的选择。最高可以输出 4K 画质的视频,同时还可以快速添加 Logo 和字幕,如图 5.114 所示。

图 5.114　成果输出

5.2.2 BIM-FILM 项目实战

苏张高速苏尼特右旗至化德(蒙冀界)段公路朱日和北互通(DK0+453.417)匝道桥采用钢箱组合梁工程专项施工方案。朱日和北互通匝道桥为 3×25 m+3×18 m 6 跨布置,桥梁平面位于半径为 108 m 圆曲线上,钢梁高 1.4 m,由无缝钢管组焊成桁架式空腹横隔板,沿道路曲线径向布置(图 5.115)。

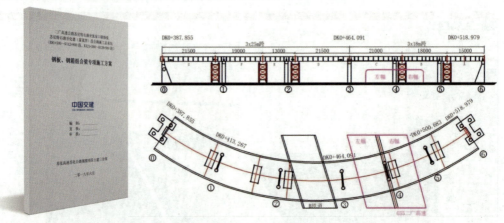

图 5.115 钢箱梁专项施工方案及平面施工布置

1)新建项目

新建 BIM-FILM 土地地形地貌项目,编辑地形边界适应项目所需。

2)模型导入

将 Revit 模型导出的 Dae 格式按项目基点依次导入 BIM-FILM 中(图 5.116、图 5.117)。

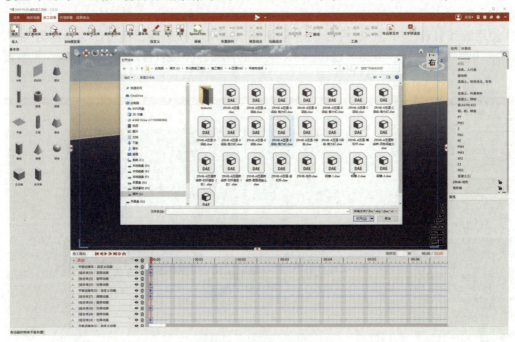

图 5.116 互通立交模型导入

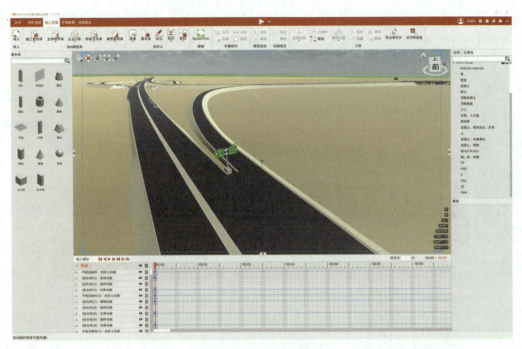

图 5.117　集合模型

3）梁段运输

模拟钢箱梁运输路线及构件捆绑要求,钢丝绳与承载台整体捆绑后用钢丝绳卡扣紧固;钢梁与车板间应垫放硬木板或纤维层胶皮,以保护梁体;紧固时钢丝绳呈"八"字或"倒八字"形,避免梁段滑脱,如图 5.118 所示。

图 5.118　梁段运输模拟

(1)机械添加

在施工部署中添加平板运输车机械(图 5.119)。

(2)模型组织

将导入拆分的梁段模型移动放置于运输车上,按方案要求放置工字钢及紧固时呈"八"字或"倒八字"形的钢丝绳,并根据施工方案运输要求添加运输车辆数量(图 5.120)。

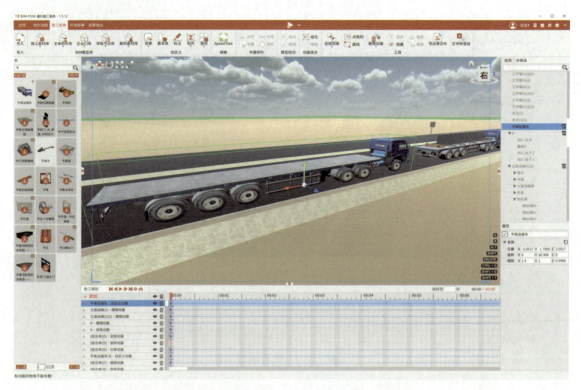

图 5.119　运输工具添加

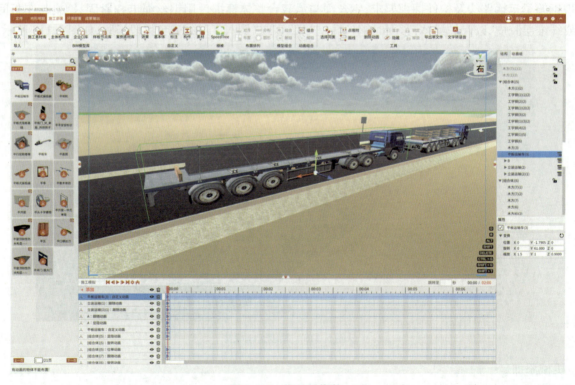

图 5.120　钢丝绳绑扎

（3）模型组合

将运输车、梁段、钢丝绳、垫块等模型进行组合，便于整体添加动画（图 5.121）。

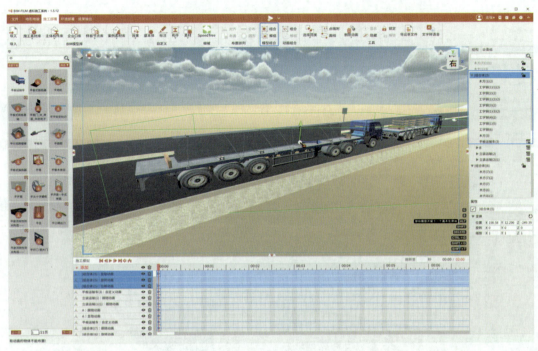

图 5.121　运输机械组合

（4）动画制作

为组合体添加位移动画，通过添加关键帧及修改该帧的位置参数，同时在转角处配合旋转动画，组合实现车辆水平运输及转弯的模拟效果（图 5.122、图 5.123）。

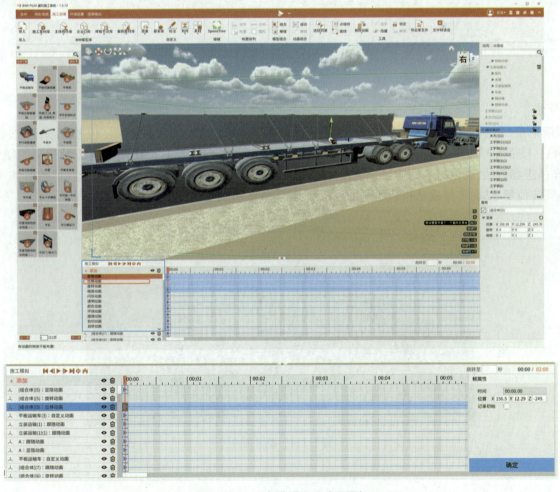

图 5.122　组合模型位移动画添加

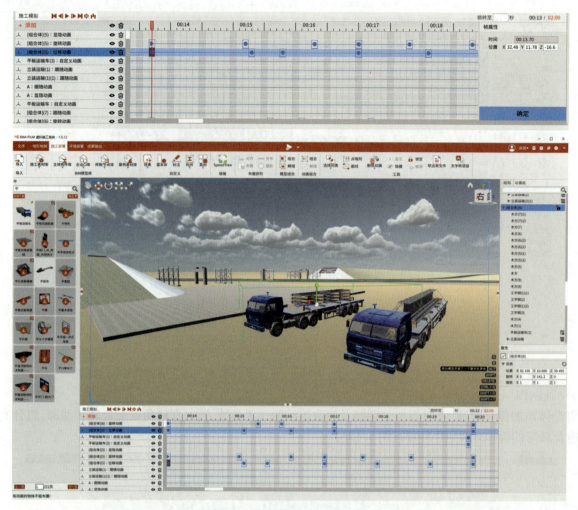

图 5.123　添加位移动画节点

4）钢梁吊装

模拟钢箱梁、钢板梁采用汽车运输板单元至安装现场再进行现场梁段组拼,成桥后采用汽车吊吊装（图 5.124）。按照专项施工方案吊装流程,先进场进行场地布置规划,吊车站位作业区域需做相应的硬化和平整处理,汽车吊进场就位;梁段拼装完毕后并验收合格,进行第一跨 A 段吊装,采用一台 500 t 汽车吊吊装;吊车站位在钢梁与安装位置之间,将梁段从拼装场地吊至桥位,随后依次吊装其余梁段,如图 5.125 所示。

图 5.124　梁端焊接

图 5.125　梁段吊装

（1）梁段拼装

将导入的梁段模型调整到方案要求的胎架位置上方,根据梁段拆分尺寸分别添加显隐动画,并设置关键帧属性(图 5.126、图 5.127)。根据方案人员焊接要求,放置焊接施工人员、焊接设备以及焊接特效,对人员的位置及角度、焊接设备和焊接特效调整至合适状态。添加焊工内置动画,并对焊接设备的内置动画进行调整(图 5.128)。根据方案中焊接节点施工规范要求的距离及要求,使用自定义模块中的标注功能实现三维标注,并赋予显隐动画及闪烁动画增强提示效果(图 5.129、图 5.130)。

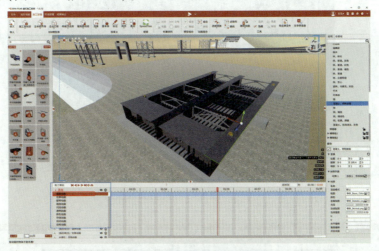

图 5.126　添加显隐动画

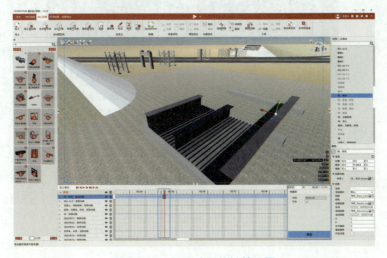

图 5.127　显隐动画关键帧设置

图 5.128　添加焊接工人

图 5.129　添加人物内置动画及关键帧

图 5.130　添加文字注释

（2）梁段吊装

按方案要求放置工字钢及紧固时呈"八"字或"倒八字"形的钢丝绳，并根据施工方案运输要求添加运输车辆数量。对汽车吊添加自定义动画，分别设置各关键帧机械臂的动态参数，通过多关键帧协调配合，完成吊车作业；

在吊车的吊钩位移位置到达钢箱梁上方时,将所需吊绳添加显隐动画及闪烁动画,重点提示吊绳与梁段形成的夹角及吊装捆绑要求;同时将吊绳与梁段模型组合,添加跟随动画,在跟随动画关键帧中选择关联汽车吊钩(图 5.131 至图 5.135)。

图 5.131　汽车吊及箱梁段布置

图 5.132　汽车吊自定义动画关键帧设置

图 5.133　吊绳布置及闪烁动画添加设置

图 5.134　跟随动画设置

图 5.135　钢箱梁吊装跟随

5)现场焊接

现场焊接主要是纵横梁连接及段间焊接。焊缝的焊接顺序为:预拼吊装段(钢板梁)→梁段间横向连接→纵横梁连接、桁架式隔板连接→梁段间纵向连接→预留腹板与顶底板角焊缝、加劲肋嵌补(图 5.136)。调整梁段间隙,保证梁段吊点间距;梁段对接环缝焊接前,对焊缝及两侧各除锈 50 mm,不得有水、油、氧化皮等污物,贴陶质衬垫面 120 mm 内不得有灰尘、水、油等污物;端口粘贴陶质衬垫面应将纵向焊缝余高铲磨距端口至少 60 mm 宽,以便粘贴陶质衬垫及探伤,确保焊缝质量;桥上焊接作业应采取防风、防雨等保护措施。箱内设置有效的通风、除尘及照明设施。雾天或湿度大于 80% 时,采取火焰烘烤措施进行除湿,箱内施工应设置必要的脚手架等辅助设施。

图 5.136　梁段焊接

（1）基地构件焊缝

根据方案焊接要求对衬垫的陶瓷垫片添加显隐动画及剖切动画（图 5.137）。

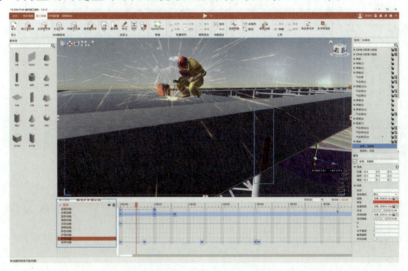

图 5.137　接缝焊缝

（2）基地构件焊缝

根据方案焊接要求布置焊工员及设备，按前述制作流程为焊工添加自定义动画和焊接特效（图 5.138 至图 5.140）。

图 5.138　焊接人员站位模拟

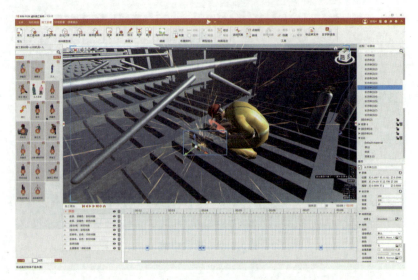

图 5.139　马板焊接

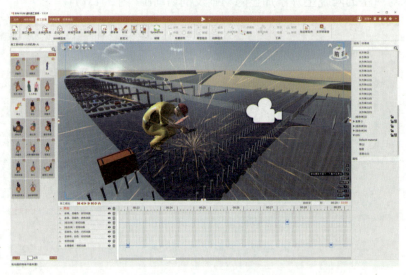

图 5.140　剪力钉焊接

6）钢箱梁现场涂装

焊接部位的修补：钢结构在现场安装焊接时，焊接部位的涂层遭到破坏。首先对焊接部位进行机械打磨，除掉氧化皮、焊渣、焊药、烧蚀的漆皮等，用真空吸尘或压缩空气吹扫干净，经有机溶剂脱脂后，按配套体系规定涂相应的涂料，并达到规定的厚度。

漆膜损伤的修补：对于在安装和运输过程中，已涂装完成的漆膜造成的损伤需要进行修补；对于没有损伤到底材的部位（底漆完好），可用砂纸打磨，并在破损边缘打磨成坡口，经表面除尘，溶剂脱脂后，涂相应涂料，直至达到规定的厚度；对于已损伤到底材，即底漆涂层已破损，并产生铁锈的部位，用机械打磨方法达到 St3.0 级，并在破损边缘处打出坡度，经除尘脱脂后按配套体系规定涂上相应的涂料。

最后一道面漆施工：钢梁施工作业全部完成，清除第一道面漆涂层表面的油污、污物等，然后再进行整体面漆的涂装，以保证其美观及整体防腐性能，如图 5.141 所示。

（1）人员及机械布置

从 BIM 模型库中添加喷涂人员及吊车机械设备，调整到合适位置（图 5.142）。

图 5.141　钢箱梁涂装模拟

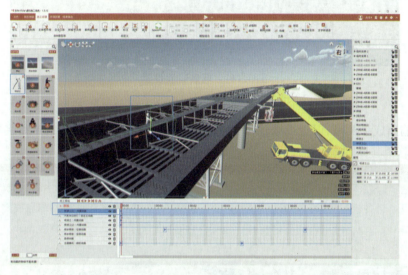

图 5.142　添加涂装人员

（2）动画添加

根据方案要求放置喷涂人员及机械，对喷涂人员添加内置动画，建立关键帧的同时在第一个关键帧勾选"循环"模块，在最后的关键帧即可拖动实现循环动画的时间设置（图 5.143）。

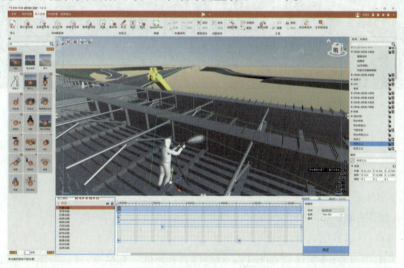

图 5.143　添加内置动画

7）环境部署

调整施工模拟输出的日照时间及光照强度，选择合适的天气情况和阳光朝向，如图 5.144 所示。

图 5.144　场景环境设置

8）成果输出

调整输出格式及输出成果类型，设置视频输出分辨率，同时选择视频输出的 Logo 和字幕；选择输出时间区间进行视频渲染导出，如图 5.145 所示。

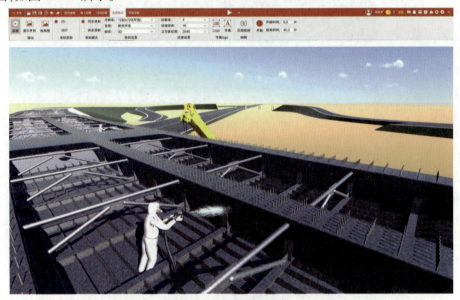

图 5.145　视频输出

5.3　模型展示

5.3.1　Infraworks 基础知识

InfraWorks 是一款适用于基础设施项目的规划和方案设计软件。InfraWorks 适用于前期方案设计和后期设计成果整合、展示。它是全新的设计工具与集成平台。其具备的主要功能可划分为 3 个部分：

1）创建基础模型

将传统地形、GIS 数据、卫星影像、正射影像等数据快速建立三维地形模型，支持多种数据格式（如 3ds、fbx、

dae、obj、dwg、imx、ifc、rvt、xml、tif、tiff、sdf、shp、skp），文件以数据库形式储存，支持数据库（SQLite）导入，同时整合模型可导入 Civil 3D 中。

2）方案设计及分析

在基础模型的基础上可以进行道路、桥梁、排水系统的设计、查看、创建等工作，同时还拥有强大的分析功能，如地形分析、要素分析、光照分析、交通量模拟、视距分析等功能。

3）漫游浏览及展示

交互式漫游，实时更新数据；快速切换比选方案；使用超链接和工具提示，更好地了解项目信息，轻松制作渲染图片和漫游动画。

5.3.2　Infraworks 应用场景

使用本项目的测绘数据和卫星影像，结合前面内容创建的模型，在 InfraWorks 中进行模型整合。

1）导入地形数据

对地形数据进行坐标匹配，即数据源配置，根据项目位置选择坐标系为"Xian80. GK3d/CM-111E"，如图 5.146 所示，配置完成后地形即显示在工作空间。

图 5.146　导入地形数据

2）导入卫星影像

数据源配置时，坐标系与地形数据设置一样，如图 5.147 所示。

图 5.147　导入影像数据

3）导入平面位置

将道路平面位置图导入到项目中，如图 5.148 所示，配置时注意坐标系的选择要一致。

图 5.148　导入平面位置

4）导入三维模型

将道路与桥梁以及附属设施的 Revit 模型导出为 fbx 格式后，再导入 InfraWorks 中进行配置；坐标系设置同地形设置一样，设置为同一个坐标系。导入后的模型如图 5.149、图 5.150 所示。

图 5.149　朱日和北互通立交

图 5.150　集二铁路大桥

5）导出展示视频

模型全部导入并配置完成后，对道路两侧进行绿化。绿化布置完成后可以通过故事版创建器创建视频动画，在故事版界面可以给视频添加标题、字幕、时间等信息,最后导出展示视频,完成项目可视化展示(图 5.151、图 5.152)。

图 5.151　创建故事版

图 5.152　互通立交整体展示

复习思考题

5.1　如何基于 Navisworks 对项目进度进行管理?

5.2　BIM-FILM 虚拟施工系统做施工动画的优缺点有哪些?

5.3　InfraWorks 进行项目整体展示的流程有哪些?

参考文献

[1] 梅君,陈楚江.中国交通 BIM 产业发展研究报告:2010—2020[J].中国公路学会,2021.

[2] 任耀. AutoCAD Civil 3D 应用宝典[M].上海:同济大学出版社,2013.

[3] 杨新新.Revit 2019 参数化从入门到精通[M].北京:机械工业出版社,2019.

[4] 罗嘉祥.Autodesk Revit 炼金术:Dynamo 基础实战教程[M].上海:同济大学出版社,2017.

[5] 王君峰.Autodesk Navisworks 实战应用思维课堂[M].北京:机械工业出版社,2019.

[6] 顾年福,林玫.基于 BIM 工作流的 BIM-FILM 可视化应用[J].中小企业管理与科技(上旬刊),2021.

[7] 朱明.桥梁工程 BIM 技术标准化应用指南[M].北京:机械工业出版社,2019.

[8] 朱明.公路工程技术 BIM 标准构件应用指南[M].北京:机械工业出版社,2019.

[9] 徐益飞.道路工程 BIM 建模 Civil3D&InfraWorks 入门、精通与实践[M].北京:电子工业出版社,2021.

[10] 孙立山.BIM 路桥专业基础知识[M].北京:中国建筑工业出版社,2019.

[11] 李建成,王广斌.BIM 应用·导论[M].上海:同济大学出版社,2015.

[12] 何关培.BIM 总论[M].北京:中国建筑工业出版社,2011.

[13] 刘占省,赵雪峰.BIM 技术与施工项目管理[M].北京:中国电力出版社,2015.

[14] 张建平.信息化土木工程设计 Autodesk Civil 3D[M].北京:中国建筑工业出版社,2005.

[15] 丁士照.建设工程信息化导论[M].北京:中国建筑工业出版,2005.